高等院校立体化创新经管教材系列

证券投资基金教程

王立志 姜 睿 李 莹 主 编
汤 洋 胡桥茜 谢婉秋 副主编

清华大学出版社
北京

内容简介

近年来，中国证券投资基金市场体系逐步完善，品种日益丰富，法律法规不断健全，投资主体空前壮大，证券投资基金理论与实践不断得到深化。本书围绕证券投资基金基础知识、投资基金交易、证券投资基金运作、证券投资基金业绩评价与监管等四大主题，分别探讨了证券投资基金的概念、特点与类型，证券投资基金的交易，证券投资基金募集，证券投资基金估值，证券投资基金费用、利润分配与税收，证券投资基金的信息披露，证券投资基金投资管理，证券投资基金风险管理，证券投资基金业绩评价，证券投资基金监管与职业道德等内容。本书知识体系完整，编写体例新颖，注重对学生基本金融理论、基本投资技能的培养，也关注学生投资能力的训练和实际操作能力的培养。除纸质教材外，本书还配有 PPT 课件和测试题，并提供相关网络视频，增进了师生互动。

本书注重理论联系实际，突出投资能力的提升，可供高等院校投资学、保险学、会计学、金融学、财务管理、经济学、国际经济与贸易等经济管理类专业学生使用。

本书封面贴有清华大学出版社防伪标签，无标签者不得销售。
版权所有，侵权必究。举报：010-62782989，beiqinquan@tup.tsinghua.edu.cn。

图书在版编目(CIP)数据

证券投资基金教程/王立志，姜睿，李莹主编. —北京：清华大学出版社，2023.7
高等院校立体化创新经管教材系列
ISBN 978-7-302-63755-4

Ⅰ.①证… Ⅱ.①王… ②姜… ③李… Ⅲ.①证券投资—投资基金—高等学校—教材 Ⅳ.①F830.91

中国国家版本馆 CIP 数据核字(2023)第 104028 号

责任编辑：	陈冬梅
封面设计：	刘孝琼
责任校对：	周剑云
责任印制：	宋　林
出版发行：	清华大学出版社
网　　址：	http://www.tup.com.cn, http://www.wqbook.com
地　　址：	北京清华大学学研大厦 A 座　邮　编：100084
社 总 机：	010-83470000　邮　购：010-62786544
投稿与读者服务：	010-62776969, c-service@tup.tsinghua.edu.cn
质量反馈：	010-62772015, zhiliang@tup.tsinghua.edu.cn
课件下载：	http://www.tup.com.cn, 010-62791865
印 装 者：	北京嘉实印刷有限公司
经　　销：	全国新华书店
开　　本：	185mm×260mm　印　张：15.5　字　数：374 千字
版　　次：	2023 年 7 月第 1 版　印　次：2023 年 7 月第 1 次印刷
定　　价：	48.00 元

产品编号：099285-01

前　言

本书是基于慕课建设成果、按照高等学校经济管理类专业的教学要求编写的，主要介绍了证券投资的基本知识、基本理论和基本方法，深入分析了证券投资基金市场的运行过程和运行规则，全面阐释了证券投资基金的现代理念和应掌握的重要方法，探讨了证券投资基金的投资策略、业绩评价和监管等问题，适合各级各类高等院校经济管理类专业的学生在课堂教学与慕课中使用，具有以下特点：

(1) 隐性融入思政元素。围绕绿色低碳、ESG、共同富裕等新发展理念，从新时代十年基金市场取得的伟大成就、中国式现代化推进中华民族伟大复兴基金行业的使命任务、新时期党和国家的最新要求等方面入手，将习近平总书记在中国共产党第二十次全国代表大会上的报告中明确指出的"我们要办好人民满意的教育，全面贯彻党的教育方针，落实立德树人根本任务，培养德智体美劳全面发展的社会主义建设者和接班人，加快建设高质量教育体系，发展素质教育，促进教育公平。"融入课程思政，全面增强学生服务中国式现代化和民族伟大复兴的责任感和使命感。

(2) 理论与实践相统一。本书在内容选取时，参阅了大量相关的文献和最新研究成果，力争与国内外最新教学内容基本保持同步。在理论知识之外，精选多个详尽分析的案例，案例不仅紧贴教学内容，还紧扣经济社会热点。

(3) 体例安排新颖合理。本书创新性地融入了翻转课堂、课程思政、实验教学等教学元素，强调理论与实践相结合，突出实用性，图文并茂、层次清晰。

(4) 教学资源丰富。除出版纸质教材外，还配有PPT课件和测试题。同时，我们还将建设"证券投资基金"慕课资源，提供网络视频，增进师生互动。

本书共11章。第1章介绍了证券投资基金的概念、特点及证券投资基金与股票、债券的关系；第2章介绍了证券投资基金的类型；第3章介绍证券投资基金的认购和证券投资基金的交易；第4章介绍了证券投资基金的募集程序和募集文件；第5章介绍了证券投资基金的估值原理和实务操作；第6章介绍了证券投资基金费用、利润分配与税收；第7章介绍了证券投资基金信息披露的基本原理和实务操作；第8章介绍了证券投资基金的投资策略和组合管理理论；第9章介绍了证券投资基金风险的类型、测量和管理；第10章介绍了证券投资基金业绩评价的基本原理和基金收益计算的方法；第11章介绍了证券投资基金的监管与职业道德。

本书由王立志、姜睿、李莹主持编写并负责全书的修改定稿，黑龙江证监局提供了相关法律、法规、政策等方面的指导，董雪梅老师、越文君老师为本教材的编写提出了宝贵的意见和建议，姜睿编写了第五章、第六章、第七章、第十一章，李莹编写了第二章、第三章、第四章、第九章，胡桥茜编写了第十章，谢婉秋和徐博文编写了第八章，汤洋、李春丽编写了第一章，哈尔滨金融学院的领导给予了大力支持，在此一并表示衷心的感谢。

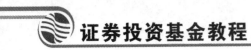

本书可作为高等学校投资学、保险学、会计学、金融学、财务管理、经济学、国际经济与贸易等经济管理类专业"证券投资基金"课程教材，也可作为"投资学"课程教材，还可作为金融机构从业人员的参考读物。

本书难免有疏漏之处，恳请各界专家、学者批评指正，以使其日臻完善。

编　者

目 录

第一章 证券投资基金概述 ... 1

第一节 证券投资基金的含义和特点 ... 1
一、证券投资基金的概念 ... 1
二、证券投资基金的特点 ... 2
三、证券投资基金与其他金融工具的比较 ... 3

第二节 证券投资基金的运作和参与主体 ... 4
一、证券投资基金当事人 ... 4
二、证券投资基金市场服务机构 ... 5
三、证券投资基金监管机构和自律组织 ... 6
四、证券投资基金运作关系 ... 7

第三节 证券投资基金的法律形式和运作方式 ... 7
一、证券投资基金的法律形式 ... 7
二、证券投资基金的运作方式 ... 8

【本章小结】 ... 9
【翻转话题】 ... 9
【课程思政案例】 ... 9
【复习思考题】 ... 10

第二章 证券投资基金的类型 ... 13

第一节 按投资对象分类的证券投资基金 ... 14
一、股票基金在投资组合中的作用 ... 14
二、股票基金与股票的区别 ... 14
三、股票基金的类型 ... 15
四、债券基金的类型 ... 17
五、货币市场基金 ... 18
六、混合基金及其分类 ... 19
七、避险策略基金 ... 19

第二节 按投资目标分类的证券投资基金 ... 20
一、增长型基金 ... 20
二、收入型基金 ... 22
三、平衡型基金 ... 22

第三节 主动基金和指数基金 ... 23
一、主动基金概述 ... 23
二、指数基金的概念 ... 23
三、指数基金的优缺点 ... 24
四、指数基金的种类 ... 24
五、指数基金的选择方法 ... 24
六、指数基金的投资运作 ... 25
七、指数基金的购买渠道 ... 26
八、指数基金的发展历程 ... 26

第四节 特殊类型基金 ... 26
一、系列基金 ... 27
二、基金中的基金 ... 27
三、上市交易型开放式指数基金 ... 27
四、QDII 基金 ... 31
五、基础设施公募 REITs ... 32

【本章小结】 ... 34
【翻转话题】 ... 34
【课程思政案例】 ... 34
【复习思考题】 ... 35

第三章 证券投资基金的交易 ... 37

第一节 证券投资基金的认购 ... 37
一、开放式基金的认购 ... 37
二、封闭式基金的认购 ... 39
三、ETF 和 LOF 份额的认购 ... 40
四、QDII 基金份额的认购 ... 41

第二节 开放式基金交易 ... 42
一、封闭期及基金开放申购和赎回 ... 42
二、开放式基金的申购和赎回原则 ... 42
三、开放式基金申购和赎回的场所及时间 ... 43
四、申购和赎回的费用及销售服务费 ... 43
五、申购份额及赎回金额的计算 ... 44

六、开放式基金申购和赎回登记
　　　　及款项的支付................ 45
　　七、开放式基金巨额赎回的认定
　　　　及处理........................ 46
　　八、开放式基金份额的转换、非交易
　　　　过户、转托管与冻结............ 46
　第三节　封闭式基金交易............ 47
　　一、交易账户的开立................ 47
　　二、交易规则...................... 47
　　三、交易费用...................... 48
　　四、折(溢)价率.................... 48
　第四节　特殊基金交易.............. 49
　　一、ETF 的交易.................... 49
　　二、LOF 的交易.................... 50
　　三、QDII 基金的申购与赎回......... 50
　【本章小结】......................... 51
　【翻转话题】......................... 51
　【课程思政案例】..................... 52
　【复习思考题】....................... 53

第四章　证券投资基金募集......... 55

　第一节　证券投资基金募集程序...... 55
　　一、证券投资基金募集申请.......... 55
　　二、证券投资基金募集申请的注册.... 57
　　三、证券投资基金份额的发售........ 57
　　四、证券投资基金的合同生效........ 57
　第二节　证券投资基金合同和托管协议.. 58
　　一、证券投资基金合同.............. 58
　　二、证券投资基金托管协议.......... 89
　第三节　证券投资基金招募说明书.... 92
　　一、招募说明书封面应载明下列
　　　　事项.......................... 93
　　二、招募说明书正文................ 93
　【本章小结】........................ 101
　【翻转话题】........................ 101
　【课程思政案例】.................... 101
　【复习思考题】...................... 102

第五章　证券投资基金估值......... 104

　第一节　证券投资基金估值概述..... 105

　　一、证券投资基金资产估值的
　　　　概念......................... 105
　　二、证券投资基金资产估值的
　　　　意义......................... 105
　　三、证券投资基金资产估值应注意的
　　　　问题......................... 106
　第二节　证券投资基金估值的原则
　　　　与方法....................... 107
　　一、证券投资基金估值的原则....... 107
　　二、证券投资基金估值的方法....... 107
　第三节　证券投资基金估值实务..... 110
　　一、证券投资基金资产估值的
　　　　责任人....................... 110
　　二、证券投资基金的估值程序....... 110
　　三、计价错误的处理及责任承担..... 111
　　四、暂停估值的情形............... 111
　　五、QDII 基金资产的估值问题...... 111
　【本章小结】........................ 112
　【翻转话题】........................ 112
　【课程思政案例】.................... 112
　【复习思考题】...................... 113

第六章　证券投资基金费用、利润分配
　　　　与税收..................... 115

　第一节　证券投资基金费用......... 115
　　一、基金费用的种类............... 116
　　二、各种费用的计提标准及计提
　　　　方式......................... 116
　　三、不列入基金费用的项目......... 117
　第二节　证券投资基金利润分配..... 118
　　一、证券投资基金利润............. 118
　　二、证券投资与基金利润有关的几个
　　　　财务指标..................... 118
　　三、证券投资基金利润分配......... 119
　　四、证券投资基金份额的分拆、
　　　　合并......................... 120
　第三节　证券投资基金的税收....... 122
　　一、增值税....................... 122
　　二、印花税....................... 123

三、所得税 123
【本章小结】 124
【翻转话题】 125
【课程思政案例】 125
【复习思考题】 126

第七章 证券投资基金的信息披露 128

第一节 证券投资基金信息披露概述 129
一、证券投资基金信息披露的含义与作用 129
二、我国证券投资基金信息披露的制度体系 130
三、证券投资基金信息披露的原则 131
四、证券投资基金信息披露的分类 132
五、证券投资基金信息披露的禁止行为 132

第二节 证券投资基金主要当事人的信息披露义务 133
一、证券投资基金管理人的信息披露义务 133
二、证券投资基金托管人的信息披露义务 135
三、证券投资基金份额持有人的信息披露义务 135

第三节 证券投资基金信息披露实务 136
一、证券投资基金募集信息披露 136
二、证券投资基金运作信息披露 138
三、特殊证券投资基金品种的信息披露 143

【本章小结】 145
【翻转话题】 145
【课程思政案例】 145
【复习思考题】 147

第八章 证券投资基金投资管理 149

第一节 证券投资基金投资决策程序 149
一、证券投资基金的决策系统 150

二、证券投资基金的投资目标和理念 154

第二节 证券投资基金组合管理 157
一、现代投资组合理论 157
二、资本市场理论 173

第三节 证券投资基金投资策略 182
一、被动投资和主动投资 183
二、资产配置和投资组合构建 186

【本章小结】 187
【翻转话题】 188
【课程思政案例】 188
【复习思考题】 189

第九章 证券投资基金风险管理 191

第一节 证券投资基金风险的类型 191
一、市场风险 192
二、流动性风险 193
三、信用风险 194

第二节 证券投资基金风险的测量 194
一、风险指标 194
二、风险敞口 195
三、风险价值 196

第三节 证券投资基金风险的管理 197
一、股票基金的风险管理 197
二、债券基金的风险管理 198
三、混合基金的风险管理 199
四、货币基金的风险管理 200
五、指数基金与ETF的风险管理 200
六、避险策略基金的风险管理 201
七、合格境内机构投资者(QDII)基金的风险管理 201

【本章小结】 202
【翻转话题】 202
【课程思政案例】 202
【复习思考题】 203

第十章 证券投资基金业绩评价 205

第一节 基金业绩评价概述 206
一、证券投资基金业绩评价的概念、目的及原则 206

二、投资基金业绩评价应考虑的
因素 207
第二节 绝对收益与相对收益 207
一、绝对收益 207
二、相对收益 209
三、风险调整后收益 209
四、特雷诺比率、詹森指数与证券
市场线的关系 211
五、基金业绩评价的基准组合 212
第三节 业绩归因 212
一、绝对收益归因 212
二、相对收益归因 213
【本章小结】 214
【翻转话题】 214
【课程思政案例】 214
【复习思考题】 215

第十一章 证券投资基金监管与职业
道德 217
第一节 证券投资基金监管概述 217
一、证券投资基金监管的概念
及特征 217
二、证券投资基金监管的目标 218

三、证券投资基金监管的基本
原则 219
第二节 证券投资基金监管机构和行业
自律组织 220
一、中国证监会 220
二、中国证券投资基金业协会 222
三、证券交易所 223
第三节 证券投资基金监管实务 223
一、证券投资基金机构的监管 223
二、证券投资基金活动的监管 228
第四节 证券投资基金职业道德 230
一、守法合规 230
二、诚实守信 231
三、专业审慎 232
四、客户至上 232
五、忠诚尽责 233
六、保守秘密 234
【本章小结】 234
【翻转话题】 235
【课程思政案例】 235
【复习思考题】 236

参考文献 238

第一章　证券投资基金概述

【学习要点及目录】

- 了解基金发展和起源的过程。
- 熟悉投资基金的基本类型。
- 掌握开放式和封闭式基金概念。
- 掌握契约型和公司型基金的区别。

【核心概念】

基金当事人　公司型基金　契约型基金　开放式基金　封闭式基金

【引导案例】

截至 2022 年 6 月，我国公募基金资产规模达 26.79 万亿元，公募基金 10010 只，其中封闭式基金 1245 只，基金份额 30706.01 亿份，基金净值 32694.87 亿元；开放式基金 8765 只，基金份额 207943.24 亿份，基金净值 235167.94 亿元，公募基金管理人 153 家。私募证券投资基金规模 19.97 万亿元，私募基金 133797 只，私募基金管理人 24330 家。

【案例导学】

近年来，证券投资基金在我国得到了蓬勃发展，日益受到投资者的青睐。基金市场的兴盛与其自身的性质和特点密切相关。基金当事人包括管理人、托管人和份额持有人，那么他们之间具有何种关系？基金的组织方式有哪些？基金是如何运作的？

第一节　证券投资基金的含义和特点

一、证券投资基金的概念

证券投资基金是指通过发售基金份额，将众多不特定投资者的资金汇集起来，形成独立财产，由基金管理人管理、基金托管人托管，以资产组合方式进行证券投资，基金份额持有人按其所持份额享受收益和承担风险的投资工具。基金管理机构和托管机构分别作为基金管理人和基金托管人，一般按照基金的资产规模获取一定比例的管理费收入和托管费收入。

基金的概念与特点

世界各国和地区对投资基金的称谓有所不同，证券投资基金在美国被称为"共同基金"(mutual fund)，在英国和我国香港特别行政区被称为"单位信托基金"(unit trust fund)，在欧洲一些国家被称为"集合投资基金"(collective investment fund)或"集合投资计划"

**证券投资基金的
起源和发展**

(collective investment scheme)，在日本和我国台湾省则被称为"证券投资信托基金"(securities investment trust fund)。

世界上第一只公认的证券投资基金——"海外及殖民地政府信托基金"诞生于1868年的英国，而投资基金真正得到发展却是在美国。1924年成立的"马萨诸塞投资信托基金"被公认是美国开放式公司型共同基金的鼻祖。经过近百年的发展，全球证券投资基金市场已经呈现出以美国为主导，其他国家和地区发展迅猛，开放式基金成为证券投资基金的主流产品，行业集中度不断提升，机构投资者，尤其是退休养老金成为基金重要资金来源等趋势和特点。

1998年3月27日，经中国证监会批准，新成立的南方基金管理公司和国泰基金管理公司分别设立了规模均为20亿元的两只封闭式基金——"基金开元"和"基金金泰"，由此拉开了中国证券投资基金试点的序幕。

二、证券投资基金的特点

(一)集合理财、专业管理

基金将众多投资者的资金集中起来，委托基金管理人进行共同投资，表现出一种集合理财的特点。通过汇集众多投资者的资金，积少成多，有利于发挥资金的规模优势，降低了投资成本。基金由基金管理人进行投资管理和运作，基金管理人一般拥有大量的专业投资研究人员和强大的信息网络，能够更好地对证券市场进行全方位的动态跟踪与深入分析。将资金交给基金管理人管理，使中小投资者也能享受到专业化的投资管理服务。

(二)组合投资、分散风险

为了降低投资风险，一些国家的法律法规规定基金除另有规定外，一般需以组合投资的方式进行基金投资运作，从而使"组合投资、分散风险"成为基金的一大特色。一般中小投资者由于资金量小，无法通过购买数量众多的股票分散投资风险。基金通常会购买几十只甚至上百只股票，投资者购买基金就相当于用很少的资金购买了"一篮子"股票。在多数情况下，某些股票价格下跌造成的损失可以用其他股票价格上涨产生的盈利来弥补，因此基金投资者可以充分享受到组合投资、分散风险的好处。

(三)利益共享、风险共担

证券投资基金实行利益共享、风险共担的原则。基金投资者是基金的所有者，基金投资收益在扣除由基金承担的费用后的盈余，全部归基金投资者所有。基金投资者一般会按照所持有的基金份额比例进行分配。

(四)严格监管、信息透明

为切实保护投资者的利益，增强投资者对基金投资的信心，各国及各地区基金监管机构都对证券投资基金业实行严格的监管，对各种有损于投资者利益的行为进行严厉打击，并强制基金进行及时、准确、充分的信息披露。在这种情况下，严格监管与信息透明也就成了公募证券投资基金的另一个显著特点。

(五)独立托管、保障安全

基金管理人负责基金的投资操作,本身并不参与基金财产的保管。基金财产的保管由独立于基金管理人的基金托管人负责。这种相互制约、相互监督的制衡机制为投资者的利益提供了重要的保障。

三、证券投资基金与其他金融工具的比较

(一)基金与股票、债券的差异

1. 反映的经济关系不同

股票反映的是所有权关系,是一种所有权凭证,投资者在购买股票后就成了公司的股东;债券反映的是债权债务关系,是一种债权凭证,投资者在购买债券后就成了公司的债权人;基金反映的则是一种信托关系,是一种受益凭证,投资者通过购买基金份额可成为基金的受益人。

2. 所筹资金的投向不同

股票和债券是直接投资工具,筹集到的资金主要投向实业领域;基金是一种间接投资工具,所筹集的资金主要投向有价证券等金融工具或产品。

3. 投资收益与风险大小不同

通常情况下,股票价格的波动性较大,是一种高风险、高收益的投资品种;债券可以给投资者带来较为确定的利息收入,波动性也比股票小,是一种低风险、低收益的投资品种;基金的投资收益和风险取决于基金种类以及投资对象,总的来说,由于基金可以投资于众多金融工具或产品,能有效地分散风险,是一种风险相对适中、收益相对稳健的投资品种。

(二)基金与银行储蓄存款的差异

由于开放式基金长期以来主要通过银行代销,许多投资者便误认为基金是银行发行的金融产品,与银行储蓄存款没有太大区别。实际上,二者有着本质的不同,主要表现在以下几个方面。

1. 性质不同

基金是一种受益凭证,基金财产独立于基金管理人,基金管理人只是受托管理投资者的资金,并不承担投资损失的风险;银行储蓄存款表现为银行的负债,是一种信用凭证,银行对存款者负有法定的保本付息责任。

2. 收益与风险特性不同

基金收益具有一定的波动性,存在投资风险;银行存款利率相对固定,投资者损失本金的可能性很小。

3. 信息披露程度不同

基金管理人必须定期向投资者公布基金的投资运作情况；银行在吸收存款后，则不需要向存款人披露资金的使用情况。

第二节 证券投资基金的运作和参与主体

在基金市场上，存在许多不同的参与主体。依据所承担的职责与作用不同，可以将基金市场的参与主体分为基金当事人、基金市场服务机构、基金监管机构和自律组织三大类。

基金的当事人

一、证券投资基金当事人

我国的证券投资基金依据基金合同设立，基金份额持有人、基金管理人与基金托管人是基金合同的当事人，简称基金当事人。

(一)基金份额持有人

基金份额持有人即基金投资者，是基金的出资人、基金资产的所有者和基金投资回报的受益人。按照《中华人民共和国证券投资基金法》(以下简称《证券投资基金法》)的规定，我国基金份额持有人享有以下权利：分享基金财产收益，参与分配清算后的剩余基金财产，依法转让或者申请赎回其持有的基金份额，按照规定召开基金份额持有人大会，对基金份额持有人大会审议事项行使表决权，查阅或者复制公开披露的基金信息资料，对基金管理人、基金托管人、基金销售机构损害其合法权益的行为依法提出诉讼，以及基金合同约定的其他权利。

(二)基金管理人

基金管理人是基金产品的募集者和管理者，其最主要的职责是按照基金合同的约定，负责基金资产的投资运作，在有效控制风险的基础上为基金投资者争取最大的投资收益。基金管理人在基金运作中具有核心作用，基金产品的设计、基金份额的销售与注册登记、基金资产的管理等重要职能大多由基金管理人或基金管理人选定的其他服务机构承担。在我国，基金管理人一般由依法设立的基金管理公司、证券公司、证券资产管理公司等金融机构担任。

(三)基金托管人

为了保证基金资产的安全，《证券投资基金法》规定，基金资产必须由独立于基金管理人的基金托管人保管，从而使基金托管人成为基金的当事人之一。基金托管人的职责主要体现在基金资产保管、基金资金清算、会计复核以及对基金投资运作的监督等方面。在我国，基金托管人一般由依法设立并取得基金托管资格的商业银行或其他金融机构担任。

二、证券投资基金市场服务机构

基金管理人、基金托管人既是基金的当事人,又是基金的主要服务机构。除基金管理人与基金托管人外,基金市场上还有许多面向基金提供各类服务的其他机构。这些机构主要包括基金销售机构、基金销售支付机构、基金份额登记机构、基金估值核算机构、基金投资顾问机构、基金评价机构、基金信息技术系统服务机构以及律师事务所、会计师事务所等。

基金市场服务机构

(一)基金销售机构

基金销售是指基金宣传推介、基金份额发售或者基金份额的申购、赎回,并收取以基金交易(含开户)为基础的相关佣金的活动。基金销售机构是指从事基金销售业务活动的机构,包括基金管理人以及经中国证券监督管理委员会(以下简称中国证监会)认定的可以从事基金销售的其他机构。目前可申请从事基金代理销售的机构主要包括商业银行、证券公司、保险公司、保险代理公司、期货公司、证券投资咨询机构、独立基金销售机构等。

(二)基金销售支付机构

基金销售支付是指在基金销售活动中基金销售机构、基金投资人之间的货币资金转移活动。基金销售支付机构是指从事基金销售支付业务活动的商业银行或者支付机构。基金销售支付机构从事销售支付活动的,应当取得中国人民银行颁发的《支付业务许可证》(商业银行除外),并制定完善的资金清算和管理制度,能够确保基金销售结算资金的安全、独立和及时划付;基金销售支付机构从事公开募集基金销售支付业务的,应当按照中国证监会的规定进行备案。

(三)基金份额登记机构

基金份额登记是指基金份额的登记过户、存管和结算等业务活动。基金份额登记机构是指从事基金份额登记业务活动的机构。基金管理人可以办理其募集基金的份额登记业务,也可以委托基金份额登记机构代为办理基金份额登记业务。公开募集基金份额登记机构由基金管理人和中国证监会认定的其他机构担任。基金份额登记机构的主要职责包括建立并管理投资人的基金账户、负责基金份额的登记、基金交易确认、代理发放红利、建立并保管基金份额持有人名册及法律法规或份额登记服务协议规定的其他职责。

(四)基金估值核算机构

基金估值核算是指基金会计核算、估值及相关信息披露等业务活动。基金估值核算机构是指从事基金估值核算业务活动的机构。基金管理人可以自行办理基金估值核算业务,也可以委托基金估值核算机构代为办理基金估值核算业务。基金估值核算机构拟从事公开募集基金估值核算业务的,应当向中国证监会申请注册。

(五)基金投资顾问机构

基金投资顾问是指按照约定向基金管理人、基金投资人等服务对象提供基金以及其他中国证监会认可的投资产品的投资建议,辅助客户作出投资决策,并直接或者间接获取经济利益的业务活动。基金投资顾问机构是指从事基金投资顾问业务活动的机构。基金投资顾问机构提供公开募集基金投资顾问业务的,应当向工商登记注册地的中国证监会派出机构申请注册。未经中国证监会派出机构注册,任何机构或者个人不得从事公开募集基金投资顾问业务。基金投资顾问机构及其从业人员提供投资顾问服务,应当具有合理的依据,对其服务能力和经营业务进行如实陈述,不得以任何方式承诺或者保证投资收益,不得损害服务对象的合法权益。

(六)基金评价机构

基金评价是指对基金投资收益和风险或者基金管理人管理能力进行的评级、评奖、单一指标排名或者中国证监会认定的其他评价活动。评级是指运用特定的方法对基金的投资收益和风险或者基金管理人的管理能力进行综合性分析,并使用具有特定含义的符号、数字或者文字来展示分析的结果。基金评价机构是指从事基金评价业务活动的机构,基金评价机构从事公开募集基金评价业务并以公开形式发布基金评价结果的,应当向基金业协会申请注册。基金评价机构及其从业人员应当客观公正,依法开展基金评价业务,禁止误导投资人,防范可能发生的利益冲突。

(七)基金信息技术系统服务机构

基金信息技术系统服务是指为基金管理人、基金托管人和基金服务机构提供基金业务核心应用软件开发、信息系统运营维护、信息系统安全保障和基金交易电子商务平台等的业务活动。从事基金信息技术系统服务的机构应当具备国家有关部门规定的资质条件或者取得相关的资质认证,具有开展业务所需要的人员、设备、技术、知识产权等条件,其信息技术系统服务应当符合法律法规、中国证监会以及行业自律组织等的业务规范要求。

(八)律师事务所和会计师事务所

律师事务所和会计师事务所作为专业、独立的中介服务机构,为基金提供法律、会计服务。

三、证券投资基金监管机构和自律组织

(一)基金监管机构

基金监管和自律机构

为了保护基金投资者的利益,世界上不同国家和地区都对基金活动进行了严格的监督管理。基金监管机构通过行使审批或核准权,依法办理基金备案,对基金管理人、基金托管人以及其他从事基金活动的服务机构进行监督管理,对违法违规行为进行查处,因此在基金的运作过程中起着重要作用。

(二)基金自律组织

证券交易所是基金的自律管理机构之一。我国的证券交易所是依法设立的,不以盈利为目的,为证券的集中和有组织交易提供场所和设施,履行国家有关法律法规、规章、政策规定的职责,实行自律性管理的法人。一方面,封闭式基金、上市开放式基金和交易型开放式指数基金等需要通过证券交易所募集和交易,必须遵守证券交易所的规则;另一方面,经中国证监会授权,证券交易所对基金的投资交易行为还承担着重要的一线监控职责。

基金自律组织是由基金管理人、基金托管人及基金市场服务机构共同成立的同业协会。同业协会在促进同业交流、提高从业人员素质、加强行业自律管理、促进行业规范发展等方面起着重要作用。我国的基金自律组织是2012年6月7日成立的中国证券投资基金业协会。

四、证券投资基金运作关系

基金投资者、基金管理人与基金托管人是基金的当事人。基金投资者与基金管理人、基金托管人是委托受托的关系。基金管理人与基金托管人是相互制衡的关系。基金市场上的各类中介服务机构通过自己的专业服务参与基金市场,监管机构则对基金市场上的各种参与主体实施全面监管。

基金参与主体的关系

第三节 证券投资基金的法律形式和运作方式

一、证券投资基金的法律形式

证券投资基金依据法律形式的不同,可分为契约型基金与公司型基金。目前,我国的证券投资基金均为契约型基金,公司型基金则以美国的投资公司为代表。

契约型基金是指依据基金合同设立的一类基金。基金合同是规定基金当事人之间权利义务的基本法律文件。在我国,契约型基金依据基金管理人、基金托管人之间所签署的基金合同设立。基金投资者自取得基金份额后即成为基金份额持有人和基金合同的当事人,依法享受权利并承担义务。

公司型基金在法律上是具有独立法人地位的股份投资公司。公司型基金依据基金公司章程设立,基金投资者是基金公司的股东,享有股东权,按所持有的股份承担有限责任,分享投资收益。公司型基金公司设有董事会,代表投资者的利益行使职权。虽然公司型基金在形式上类似于股份公司,但不同于股份公司的是,它委托基金管理公司作为专业的投资顾问来经营与管理基金资产。契约型基金与公司型基金主要有以下几点区别。

(一)法律主体资格不同

契约型基金不具有法人资格,公司型基金具有法人资格。

(二)投资者的地位不同

契约型基金依据基金合同成立,基金投资者尽管也可以通过基金份额持有人大会发表意见,但与公司型基金的股东大会相比,契约型基金持有人大会赋予基金持有者的权利相对较小。

(三)基金营运依据不同

契约型基金依据基金合同营运基金,公司型基金依据投资公司章程营运基金。公司型基金的优点是法律关系明确清晰,监督约束机制较为完善。契约型基金的优点是在设立上更为简单易行。两者的区别主要表现为法律形式的不同,并无优劣之分。

二、证券投资基金的运作方式

依据运作方式的不同,基金可以分为封闭式基金与开放式基金。封闭式基金是指基金份额在基金合同期限内固定不变,基金份额可以在依法设立的证券交易所交易,但基金份额持有人不得申请赎回的一种基金运作方式;开放式基金是指基金份额不固定,基金份额可以在基金合同约定的时间和场所进行申购或者赎回的一种基金运作方式。这里所说的开放式基金专指传统的开放式基金,不包括交易型开放式指数基金(ETF)和上市开放式基金(LOF)等新型开放式基金。

封闭式基金与开放式基金主要有以下不同。

(一)期限不同

封闭式基金一般有一个固定的存续期,而开放式基金一般没有特定存续期限。《证券投资基金法》规定,封闭式基金合同中必须规定基金封闭期,封闭式基金期满后可以通过一定的法定程序延期或者转为开放式基金。

(二)份额限制不同

封闭式基金的基金份额是固定的,在封闭期限内未经法定程序认可不能增减;开放式基金规模不固定,投资者可随时提出申购或赎回申请,基金份额会随之增加或减少。

(三)交易场所不同

封闭式基金份额固定,在完成募集后,基金份额在证券交易所上市交易,投资者买卖封闭式基金份额,只能委托证券公司在证券交易所按市价买卖,交易在投资者之间完成;开放式基金份额不固定,投资者可以按照基金管理人确定的时间和地点向基金管理人或其销售代理人提出申购、赎回申请,交易在投资者与基金管理人之间完成。

(四)价格形成方式不同

封闭式基金的交易价格主要受二级市场供求关系的影响。当需求旺盛时,封闭式基金二级市场的交易价格会超过基金份额净值出现溢价交易现象;反之,当需求低迷时,交易价格会低于基金份额净值出现折价交易现象。开放式基金的买卖价格以基金份额净值为基础，不受市场供求关系的影响。

(五) 激励约束机制与投资策略不同

封闭式基金份额固定，即使基金表现好，其扩展能力也会受到较大的限制。如果表现不尽如人意，由于投资者无法赎回投资，基金经理通常也不会在经营与流动性管理上面临直接压力。与此不同，如果开放式基金的业绩表现好，通常会吸引新的投资者，基金管理人的管理费收入也会随之增加；如果基金的业绩表现差，开放式基金则会面临来自投资者要求赎回投资的压力。因此，与封闭式基金相比，一般开放式基金可以向基金管理人提供更好的激励约束机制。

但从另一方面看，由于开放式基金的份额不固定，投资操作常常会受到不可预测的资金流入、流出的影响与干扰。特别是为了满足基金赎回的需要，开放式基金必须保留一定的现金资产，并高度重视基金资产的流动性。这在一定程度上会给基金的长期经营带来不利影响。相对而言，由于封闭式基金份额固定，没有赎回压力，基金投资管理人员完全可以根据预先设定的投资计划进行长期投资和全额投资，并将基金资产投资于流动性相对较弱的证券上。这在一定程度上有利于基金长期业绩的提高。

【本章小结】

(1) 证券投资基金是一种集合投资方式，具有集合理财、专业管理，组合投资、分散风险，利益共享、风险共担，严格监管、信息透明，独立托管、保障安全的特点。

(2) 基金与股票、债券虽同属于证券投资工具，但所反映的经济关系、所筹资金的投向、投资的收益与风险的大小都有所区别。

(3) 基金当事人包括基金份额持有人、基金管理人、基金托管人，除此以外，基金市场还有许多面向基金提供各类服务的其他机构、监管机构和自律组织。

(4) 证券投资基金依据法律形式的不同，可分为契约型基金与公司型基金；依据运作方式的不同，还可以将基金分为封闭基金与开放式基金。

【翻转话题】

请分享一个基金投资的小故事。

【课程思政案例】

"基民"的长期投资习惯正在养成

随着2021年的落幕，公募基金延续高速发展态势，行业整体规模连创新高，创新产品推陈出新，A股流通市值占比节节攀升。2021年12月，蚂蚁基金联合43家基金公司发布基金经理调研报告。报告称，通过对12000名基金投资者调研发现，人们的长期价值投资习惯正在养成，44%的"基民"希望通过中长期投资获取更高的收益。回顾2021年，亏损"基民"认为行情走势、未及时止盈、持有时间短等是影响收益的主因。关于"基民"2022年的持基心态和行为，基金经理建议"降低收益预期""树立中长期持有的心态"及"达到投资目标可适当止盈"等。

通过问卷调查，报告发现"基民"长期价值投资的意识正在养成。关于预期目标，有44%的受访"基民"表示，未来要通过中长期投资获取20%以上的收益，追逐短期获得较高收益的约25%。同时，当持有基金出现亏损时，约47%的"基民"会等待反弹后盈利才卖出。至于亏损时继续持有的原因，近7成受访者选择"相信长期持有的回报"。

不过，非理性投资行为依旧存在。在选择基金时，"基民"考虑的前三个要素分别为历史收益、整体资产配置和当下热门题材，折射出了追涨、追热点的偏好。虽然约有39%的"基民"过去持有单只基金最长时间超过1年，但也有35%的"基民"持有单只基金时长不超过6个月。

(资料来源：詹晨.2021年基金整体收益出炉基民长期投资习惯正养成[EB|OL]. (2022-01-10). https://baijiahao.baidu.com/s?id=1721498128999534625&wfr=spider&for=pc.)

案例点评：

基金具有集合理财、专业管理、组合投资、分散风险等优势，是适合非专业中小投资者的主要投资工具之一。长期以来，公募基金行业普遍存在"基金赚钱、基民不赚钱"的现象，只有引导投资者建立长期投资行为、长期投资理念，才能实现行业发展和投资者价值的同提升、共进步。

【复习思考题】

一、单项选择题(以下各小题所给出的4个选项中，只有1项最符合题目要求，请选出正确的选项)

1. 投资基金集中社会资金的方式主要是向投资者发行(　　)。
   A. 受益凭证　　B. 资金拨付确认函　　C. 债务凭证　　D. 股票
2. 关于封闭式基金和开放式基金的价格形成方式，以下表述错误的是(　　)。
   A. 根据市场行情变化，封闭式基金交易价格相对于单位资产净值可能出现折溢价情况
   B. 开放式基金的买卖价格以基金份额净值为基础
   C. 封闭式基金交易价格主要受二级市场供求关系的影响
   D. 开放式基金的买卖价格同时也受到市场供求关系的影响
3. 基金托管人的职责不包括(　　)。
   A. 基金投资运作的监督
   B. 基金资产的保管
   C. 基金资金清算、会计复核

D. 基金份额的发售
4. 以下关于契约型基金的表述，错误的是(   )。
   A. 契约型基金是依据基金管理人、基金托管人之间所签署的基金合同设立的
   B. 基金投资者是基金公司的股东
   C. 基金投资者依法享受权利并承担义务
   D. 基金投资者自取得基金份额后即成为基金份额持有人和基金合规的当事人
5. 关于基金与股票所反映的经济关系，以下表述错误的是(   )。
   A. 股票反映是一种所有权关系
   B. 投资者购买基金份额就成为基金的受益人
   C. 投资者购买股票后就成为公司的债权人
   D. 基金反映的是一种信托关系

二、多项选择题(以下各小题所给出的 4 个选项中，有 2 个或 2 个以上符合题目要求，请选出正确的选项)

1. 关于基金与股票所反映的经济关系，以下表述正确的是(   )。
   A. 股票反映的是一种所有权关系
   B. 投资者购买基金份额就成为基金的受益人
   C. 投资者购买股票后就成为公司的债权人
   D. 基金反映的是一种信托关系
2. 关于封闭式基金和开放式基金的价格形成方式，以下表述正确的是(   )。
   A. 根据市场行情变化，封闭式基金交易价格相对于单位资产净值可能出现折溢价情况
   B. 开放式基金的买卖价格以基金份额净值为基础
   C. 封闭式基金交易价格主要受二级市场供求关系的影响
   D. 开放式基金的买卖价格同时也受到市场供求关系的影响
3. 以下不同投资工具关于投资收益与风险的说法，错误的是(   )。
   A. 债券是一种债权关系，所以债券投资基本上没有什么风险
   B. 股票价格的波动性较大，是一种高风险、高收益的投资品种
   C. 基金可以投资于众多金融工具和产品，所以风险有限，收益相对较高
   D. 银行存款利率相对固定，投资者绝对没有损失
4. 基金托管人的职责包括(   )。
   A. 监督基金投资运作   B. 保管基金资产
   C. 基金资金清算、会计复核   D. 发售基金份额
5. 以下关于契约型基金的正确表述是(   )。
   A. 契约型基金是依照基金管理人、基金托管人之间所签署的基金合同设立的
   B. 基金投资者是基金公司的股东
   C. 基金投资者依法享受权利并承担义务
   D. 基金投资者自取得基金份额后即成为基金份额持有人和基金合规的当事人

三、判断题(判断以下各小题的对错，正确的填 A，错误的填 B)

1. 随着市场行情的变化，封闭式基金交易价格相对于单位资产净值可能出现折溢价情况。（ ）
2. 开放式基金的买卖价格同时也受到市场供求关系的影响。（ ）
3. 开放式基金的买卖价格以基金份额净值为基础。（ ）
4. 封闭式基金交易价格主要受二级市场供求关系的影响。（ ）
5. 契约型基金是依据基金管理人、基金托管人之间所签署的基金合同设立的。（ ）

第二章 证券投资基金的类型

【学习要点及目录】

- 掌握按投资对象分类的证券投资基金的种类。
- 掌握按投资目标分类的证券投资基金的种类。
- 掌握主动基金和指数基金的特点、区别。
- 掌握特殊类型基金的种类、特点。

【核心概念】

基金种类

【引导案例】

提到"张亮",人们的第一反应就是"麻辣烫",因为他是麻辣烫创始人。而华安基金基金经理"张亮"正好与之同名,因而也被业内人士称之"麻辣烫"基金经理。2022年8月6日,华安基金管理公司发布公告,张亮因"个人原因"离任华安品质甄选混合、华安品质领先混合、华安国企改革、华安价值驱动混合等4只基金的基金经理。上述4只基金的基金经理分别由刘畅畅、陈媛、王春、万建军接任。对于上述产品的接任人选,华安基金表示,公司经过慎重考虑,采用"投资老将+中生代+新生代"的团队管理模式,刘畅畅是2021年以来炙手可热的"画线派"基金经理之一,所谓"画线派",是指在震荡行情中管理能力突出、回撤控制得比较好、产品净值持续走高的管理风格。陈媛专注在大消费赛道,有超过14年的基金从业经验,4年以上公募基金投资经验,重点深耕大消费、大金融领域投资。王春注重对组合风险收益比的动态考量。万建军重视行业配置,精选行业龙头,他管理的"华安研究精选A"最近3年业绩为167.21%。未来,华安基金管理公司将继续依托华安基金基于平台的阿尔法能力优势,用更好的长期业绩和更好的投资体验回馈各位投资人的信赖和托付。

【案例导学】

华安基金管理公司下设很多证券投资基金类品种,这些品种都有哪些?它们各自有哪些特点?什么样的基金适合什么样的投资者?如何正确选择适合投资人风格的基金管理人?

随着基金数量、品种的不断增多,对基金进行科学合理的分类,无论是对投资者、基金管理公司,还是对基金研究评价机构、监管部门,都有重要意义。对基金投资者而言,基金数量越来越多,投资者需要在众多基金中选择适合自己风险收益偏好的基金,科学合理的基金分类将有助于投资者加深对各种基金的认识及对风险收益特征的把握,有助于投资者作出正确的投资选择与比较;对基金管理公司而言,基金业绩的比较应该在同一类别中进行才公平合理;对基金研究评价机构而言,基金的分类则是进行基金评级的基础;对监管部门而言,明确基金的类别特征将有利于针对不同基金的特点实施更有效的分类监管。

第一节　按投资对象分类的证券投资基金

根据投资对象不同，基金可以分为股票基金、债券基金、货币市场基金和混合基金等。

股票基金是指以股票为主要投资对象的基金。股票基金在各类基金中历史最悠久，也是各国各地区广泛采用的一种基金类型。根据中国证监会对基金类别的分类标准，基金资产80%以上投资于股票的为股票基金。

按投资对象的基金分类

债券基金主要以债券为投资对象。根据中国证监会对基金类别的分类标准，基金资产80%以上投资于债券的为债券基金。

货币市场基金以货币市场工具为投资对象。根据中国证监会对基金类别的分类标准，仅投资于货币市场工具的为货币市场基金。

混合基金同时以股票、债券等为投资对象，以期通过在不同资产类别上的投资实现收益与风险之间的平衡。根据中国证监会对基金类别的分类标准，投资于股票、债券和货币市场工具，但股票投资和债券投资的比例不符合股票基金、债券基金规定的为混合基金。

另外，80%以上的基金资产投资于其他基金份额的，为基金中的基金。

依据投资对象的不同对基金进行分类，简单明确，对投资者具有直接的参考价值。

一、股票基金在投资组合中的作用

股票基金以追求长期的资本增值为目标，比较适合长期投资。与其他类型的基金相比，股票基金的风险较高，但预期收益也较高。股票基金提供了一种长期的投资增值性，可供投资者以满足教育支出、退休支出等远期支出的需要。与房地产一样，股票基金也是应对通货膨胀最有效的手段。

二、股票基金与股票的区别

作为"一篮子"股票组合的股票基金，与单一股票之间存在许多不同。

(1) 股票价格在每个交易日内始终处于变动之中；股票基金净值的计算每天只进行一次，因此每一交易日股票基金只有一个价格。

(2) 股票价格会由于投资者买卖股票的数量和强弱而受到影响；股票基金份额净值不会由于买卖数量或申购、赎回数量的多少而受到影响。

(3) 人们在投资股票时，一般会根据上市公司的基本面，如财务状况、市场竞争力、盈利预期等方面的信息对股票价格高低的合理性作出判断，却不能对股票基金份额净值进行合理与否的评判。换而言之，对基金份额净值高低进行合理与否的判断是没有意义的，因为基金份额净值是由其持有的证券价格复合而成的。

(4) 单一股票的投资风险较为集中，投资风险较大；股票基金由于分散投资，投资风险低于单一股票的投资风险。

三、股票基金的类型

股票可以根据所在市场、规模、性质以及所属行业等归结为几种主要类型。与此相对应,可以根据基金所投资股票的特性对股票基金进行分类。一种股票可能同时具有两种以上的属性,类似的,一只股票基金也可以划为不同的类型。

(一)按投资市场分类

按投资市场分类,股票基金可分为国内股票基金、国外股票基金与全球股票基金三大类。国内股票基金以本国股票市场为投资场所,投资风险主要受国内市场的影响;国外股票基金以非本国的股票市场为投资场所,由于币制不同,存在一定的汇率风险;全球股票基金以包括国内股票市场在内的全球股票市场为投资对象,进行全球化分散投资,可以有效地克服单一国家或区域投资风险,但由于投资跨度大,费用相对较高。

国外股票基金又可进一步分为单一国家型股票基金、区域型股票基金、国际股票基金三种类型。单一国家型股票基金以某一国的股票市场为投资对象,以期分享该国股票投资的较高收益,但会面临较高的国家投资风险;区域型股票基金以某一区域内的国家组成的区域股票市场为投资对象,以期分享该区域股票投资的较高收益,但会面临较高的区域投资风险;国际股票基金以除本国以外的全球股票市场为投资对象,能够分散本国市场外的投资风险。

(二)按股票规模分类

按股票市值的大小股票可分为小盘股票、中盘股票与大盘股票。这是一种最基本的股票分析方法。与此相对应,专注于投资小盘股票的基金就称为小盘股票基金,类似的,也就有了中盘股票基金与大盘股票基金之分。

对股票规模的划分并不严格,通常有两种划分方法:一种方法是依据市值的绝对值进行划分,如通常将市值小于 5 亿元人民币的公司股票归为小盘股,将超过 20 亿元人民币的公司股票归为大盘股;另一种方法是依据相对规模进行划分,如将一个市场的全部上市公司按市值大小排名,市值较小、累计市值占市场总市值 20%以下的公司股票归为小盘股,市值排名靠前、累计市值占市场总市值 50%以上的公司股票归为大盘股。

(三)按股票性质分类

根据股票性质的不同,股票可分为价值型股票与成长型股票。

价值型股票通常是指收益稳定、价值被低估、安全性较高的股票,其市盈率、市净率通常较低;成长型股票通常是指收益增长速度快、未来发展潜力大的股票,其市盈率、市净率通常较高。一般价值型股票的投资者比成长型股票的投资者表现得更有耐心,更倾向于长期投资。与此相反,一旦市场有变,成长型股票的投资者往往会选择快进快出,进行短线操作。专注于价值型股票投资的股票基金称为价值型股票基金,专注于成长型股票投资的股票基金称为成长型股票基金,同时投资于价值型股票与成长型股票的基金则称为平衡型基金。价值型股票基金的投资风险要低于成长型股票基金,但回报通常也不如成长型股票基金。平衡型基金的收益、风险则介于价值型股票基金与成长型股票基金之间。

在价值型与成长型分类中还可以对股票的性质做进一步细分，由此便出现了各种不同的价值型基金与成长型基金。价值型股票可以进一步被细分为低市盈率股、蓝筹股、收益型股票、防御型股票、逆势型股票等，从而也就有了蓝筹股基金、收益型基金等。低市盈率股票是指某只股票的股份收益比率或本益比相对较低，其效应是指由低市盈率股票组成的投资组合的表现要优于由高市盈率股票组成的投资组合的表现。蓝筹股是指规模大、发展成熟、质量高的公司的股票，如上证50指数、上证180指数中的成分股等；收益型股票是指高分红的一类股票；防御型股票是指利润不随经济衰退而下降，可以有效抵御经济衰退影响的一类股票；逆势型股票是指价值被低估或非市场热点的一类股票，往往是典型的周期性衰退公司的股票，专注于此类股票投资的基金经理期望这些股票能进入周期性反弹或其收益能有较大的改善。成长型股票可以进一步分为持续成长型股票、趋势增长型股票、周期型股票等，于是也就有了持续成长型基金、趋势增长型基金等。持续成长型股票是指业绩能够持续稳定增长的一类股票；趋势增长型股票是指波动大、业绩有望加速增长的一类股票；周期型股票是指利润随经济周期波动变化比较大的一类股票。

(四)按基金投资风格分类

一只小盘股既可能是一只价值型股票，也可能是一只成长型股票；而一只较大规模的大盘股同样既可能是价值型股票，也可能是成长型股票。为有效分析股票基金的特性，人们常常会根据基金所持有的全部股票市值的平均规模与性质的不同而将股票基金分为不同投资风格的基金，如大盘价值型基金、大盘平衡型基金、大盘成长型基金、小盘价值型基金、小盘平衡型基金、小盘成长型基金等。表2-1直观地将股票基金按投资风格分成了九种类型。

表2-1 股票基金投资风格类型

股票基金投资风格	小 盘	中 盘	大 盘
成长	小盘成长	中盘成长	大盘成长
平衡	小盘平衡	中盘平衡	大盘平衡
价值	小盘价值	中盘价值	大盘价值

需要注意的是，很多基金在投资风格上并非始终如一，而是会根据市场环境对投资风格进行不断的调整，以期获得更好的投资回报。这一现象就是风格轮换现象。

(五)按行业分类

同一行业内的股票往往会表现出类似的特性与价格走势。以某一特定行业或板块为投资对象的基金就是行业股票基金，如基础行业基金、资源类股票基金、房地产基金、金融服务基金、科技股基金等。不同行业在不同经济周期中的表现不同，为追求较好的回报，就有了行业轮换型基金。行业轮换型基金集中于行业投资，投资风险相对较高。

四、债券基金的类型

(一)债券基金在投资组合中的作用

债券基金主要以债券为投资对象,因此对追求稳定收入的投资者具有较强的吸引力。债券基金的波动性通常要小于股票基金,因此常常被投资者认为是收益适中、风险适中的投资工具。此外,当债券基金与股票基金进行适当的组合投资时,常常能较好地分散投资风险。

(二)债券基金与债券的区别

作为投资于"一篮子"债券的组合投资工具,债券基金与单一债券有以下重大区别。

1. 债券基金的收益不如债券的利息固定

投资者购买固定利率性质的债券,在购买后会定期得到固定的利息收入,并可在债券到期时收回本金。债券基金作为不同债券投资的组合,尽管也会定期地将收益分配给投资者,但债券基金分配的收益有升有降,不如债券的利息固定。

2. 债券基金没有确定的到期日

与一般债券会有一个确定的到期日不同,债券基金由一组具有不同到期日的债券组成,因此它并没有一个确定的到期日。不过为了分析债券基金的特性,仍可以对债券基金所持有的所有债券计算出一个平均到期日。

3. 收益的可预测性不同

债券基金的收益率比买入并持有具有到期日的单一债券的收益率更难以预测。单一债券的收益率可以根据购买价格、现金流以及到期收回的本金计算其投资收益率,但债券基金由一组不同的债券组成,收益率较难以计算和预测。

4. 投资风险不同

单一债券随着到期日的临近,所承担的利率风险会下降。债券基金没有固定的到期日,所承担的利率风险取决于所持有的债券的平均到期日。债券基金的平均到期日常常会相对固定,债券基金所承受的利率风险通常也会保持在一定的水平。单一债券的信用风险比较集中,而债券基金通过分散投资可以有效地避免单一债券可能面临的较高的信用风险。

(三)债券基金的类型

根据债券发行者的不同,债券可分为政府债券、企业债券、金融债券等;根据债券到期日的期限长短,债券可分为短期债券、长期债券等;根据债券信用等级,债券可分为低等级债券、高等级债券等。与此相对应,也就产生了以某一类债券为投资对象的债券基金。

除上述分类外,事实上我国市场上的债券基金分类还有其自身特点,常见的有以下几种。

(1) 标准债券型基金,是指仅投资于固定收益类金融工具,不能投资于股票市场的债券基金,常称为"纯债基金"。标准债券型基金又可细分为短债基金、信用债基金等类型。

(2) 普通债券型基金，即主要进行债券投资(80%以上基金资产)，但也投资于股票市场的债券基金，这类基金在我国市场上占主要部分，可再细分为两类：可参与一级市场新股申购、增发等但不参与二级市场买卖的"一级债基"；既可参与一级市场新股申购、增发，又可在二级市场买卖股票的"二级债基"。

(3) 其他策略型债券基金，如可转债基金等。

五、货币市场基金

(一)货币市场基金在投资组合中的作用

与其他类型的基金相比，货币市场基金具有风险低、流动性好的特点。货币市场基金是厌恶风险、对资产流动性和安全性要求较高的投资者进行短期投资的理想工具，或暂时存放现金的理想场所。需要注意的是，货币市场基金的长期收益率较低，并不适合长期投资。

(二)货币市场工具

货币市场工具通常是指到期日不足一年的短期金融工具。由于货币市场工具到期日非常短，因此也称为现金投资工具。货币市场工具通常由政府、金融机构以及信誉卓著的大型工商企业发行。货币市场工具流动性好、安全性高，但其收益率与其他证券相比则非常低。货币市场与股票市场的一个主要区别是货币市场的门槛通常很高，在很大程度上限制了一般投资者的进入。此外，货币市场属于场外交易市场，交易主要由买卖双方通过电话或电子交易系统以协商价格完成。货币市场基金的投资门槛极低，因此，货币市场基金为普通投资者进入货币市场提供了重要渠道。

(三)货币市场基金的投资对象

按照《货币市场基金管理暂行规定》以及其他有关规定，目前我国货币市场基金能够进行投资的金融工具主要包括以下几种。

(1) 现金。

(2) 1 年以内(含 1 年)的银行定期存款、大额存单。

(3) 剩余期限在 397 天以内(含 397 天)的债券。

(4) 期限在 1 年以内(含 1 年)的债券回购。

(5) 期限在 1 年以内(含 1 年)的中央银行票据。

(6) 剩余期限在 397 天以内(含 397 天)的资产支持证券。

货币市场基金不得投资于以下金融工具。

(1) 股票。

(2) 可转换债券。

(3) 剩余期限超过 397 天的债券。

(4) 信用等级在 AAA 级以下的企业债券。

(5) 国内信用评级机构评定的 A-1 级或相当于 A-1 级的短期信用级别及该标准以下的短期融资券。

(6) 流通受限的证券。

(四)货币市场基金的功能拓展

国外货币市场基金账户可以开出支票,因此货币市场基金具有了货币的支付功能。比如,美国的货币市场基金兼具银行储蓄和支票账户的功能,投资者可以根据货币市场基金账户余额开出支票用于支付,并且可以在自动取款机(ATM)上从货币市场基金账户中提取现金。我国近年货币市场基金的发展也具有了一定的支付功能和流动性管理功能。

六、混合基金及其分类

(一)混合基金在投资组合中的作用

混合基金的风险低于股票基金,预期收益高于债券基金。它为投资者提供了一种在不同资产类别之间进行分散投资的工具,适合较为保守的投资者。

(二)混合基金的类型

混合基金尽管会同时投资于股票、债券等,但常常会依据基金投资目标的不同而进行股票与债券的不同配比。因此,通常可以依据资产配置的不同将混合基金分为偏股型基金、偏债型基金、股债平衡型基金、灵活配置型基金等。

偏股型基金中股票的配置比例较高,债券的配置比例相对较低,通常股票的配置比例为50%~70%,债券的配置比例为30%~50%。

偏债型基金与偏股型基金正好相反,债券的配置比例较高,股票的配置比例则相对较低。股债平衡型基金中股票与债券的配置比例较为均衡,两者的比例通常为40%~60%。

灵活配置型基金在股票、债券上的配置比例则会根据市场状况进行调整,有时股票配置的比例较高,有时债券配置的比例较高。

七、避险策略基金

避险策略基金

避险策略基金20世纪80年代中期起源于美国,其核心是运用投资组合保险策略进行基金的操作。国际上比较流行的投资组合保险策略主要有对冲保险策略与固定比例组合保险(constant proportion portfolio insurance,CPPI)策略。

对冲保险策略主要依赖金融衍生产品,如股票期权、股指期货等,实现投资组合价值的保本与增值。国际成熟市场的避险投资策略较多地采用衍生金融工具进行操作,目前,国内尚缺乏这些金融工具,主要选择固定比例组合保险策略作为投资的保本策略。

CPPI是一种通过比较投资组合现时净值与投资组合价值底线,从而动态地调整投资组合中风险资产与保本资产的比例,以兼顾保本与增值目标的保本策略。CPPI投资策略的投资步骤可分为以下三步。

第一步,根据投资组合期末最低目标价值(基金的本金)和合理的折现率设定当前应持有的保本资产的价值,即投资组合的价值底线。

第二步,计算投资组合现时净值超过价值底线的数额。该值通常称为"安全垫",是风险投资(如股票投资)可承受的最高损失限额。

第三步,按"安全垫"的一定倍数确定风险资产投资的比例,并将其余资产投资于保本资产(如债券投资),从而在确保实现保本目标的同时,实现投资组合的增值。风险资产投资额通常可用下式确定:

$$风险资产投资额=放大倍数\times(投资组合现时净值-价值底线)$$
$$=放大倍数\times 安全垫$$

$$风险资产投资比例=\frac{风险资产投资额}{基金净值}\times 100\%$$

如果"安全垫"不放大,将投资组合现时净值高于价值底线的资产完全用于风险资产投资,即使风险资产(股票)投资完全亏损,基金也能够实现到期保本。因此,可以适当地放大"安全垫"的倍数,提高风险资产投资比例以增加基金的收益。例如,将投资债券确定的投资收益的 2 倍投资于股票,也就是将"安全垫"放大 1 倍,那么如果股票亏损的幅度在 50%以内,基金仍能实现保本目标。"安全垫"放大倍数的增加,尽管能提高基金的收益,但投资风险也将趋于同步增大;而放大倍数过小,则使基金收益不足。基金管理人必须在股票投资风险加大和收益增加这两者之间寻找适当的平衡点,也就是说,要确定适当的"安全垫"放大倍数,以求既能保证基金本金的安全,又能尽量为投资者创造更多的收益。

通常,保本资产和风险资产的比例并不经常发生变动,必须在一定时间内维持恒定比例,以避免出现过激投资行为。基金管理人一般只在市场可能发生剧烈变化时,才对基金"安全垫"的中长期放大倍数进行调整。在放大倍数一定的情况下,随着"安全垫"价值的上升,风险资产投资比例将随之上升。一旦投资组合现时净值向下接近价值底线,系统将自动降低风险资产的投资比例。

第二节 按投资目标分类的证券投资基金

根据投资目标的不同,基金可分为增长型基金、收入型基金和平衡型基金。

一、增长型基金

(一)增长型基金的概念

增长型基金是指以追求资本增值为基本目标、较少考虑当期收入的基金,主要以具有良好增长潜力的股票为投资对象。增长型基金是基金市场的主流品种。在定义增长型基金时,主要是根据基金所持有的股票特性进行划分。增长型基金所持有的股票一般具有较高的业绩增长记录,同时也具有较高的市盈率与市净率等。

投资于增长型股票的基金,期望其所投资公司的长期盈利潜力超过市场预期,这种超额收益可能来自产品创新、市场份额的扩大或者其他原因导致的公司收入及利润增长。总而言之,增长型公司被认为具有比市场平均水平更高的增长速度。

一些增长型基金投资范围很广,包括很多行业;有些增长型基金投资范围则相对集中,比如集中投资于某一类行业的股票或价值被认为低估的股票。增长型基金价格波动一般要比保守的收益型基金或货币市场基金要大，但收益一般也要高。还有一些增长型基金衍生出了新的类型，例如资金成长型基金，其主要目标是争取资金的快速增长，有时甚至是短期内的最大增值，一般投资于新兴产业公司等。这类基金往往有很强的投机性，因此波动也比较大。

(二)增长型基金的特点

1. 选股注重上市公司的成长性

上市公司的成长性既可以表现为上市公司所处行业发展前景好，属于朝阳行业，行业利润率远远高于其他行业的平均水平，该行业在财政税收方面享受优惠或在其他方面受到国家政策的倾斜，也可以表现为上市公司主营业务具有突出的市场地位，抑或由于兼并收购等资产重组行为使得企业基本面发生重大变化，企业经营状况发生实质性改善而实现上市公司的快速成长。当前具有较高成长性的行业非高科技板块和生物医药板块莫属，所以成长型投资基金在选股时也较为青睐上述两个板块的股票。

2. 持股相对比较集中

增长型基金在进行分散风险、组合投资的同时，对某些重点看好的股票也保持了较高的持仓比例。这一点基金安信和基金裕阳的表现最为突出。从重仓持有的前十名股票占基金资产净值的总比例来看，安信盈利2022年平均为54.93%，建信优选为60.54%，表现出持股的相对集中。

3. 收益波动两极分化

从理论上讲，增长型基金在获得较高收益的同时，也承担了较高的风险。一般来说，随着市场行情的上涨和下跌，增长型基金收益波动性比较大。从单位净值变化上看，部分成立时间较短的成长型基金，净值变化幅度较大，但是那些"老牌绩优"的增长型基金却能在强势中实现净值较快增长，在弱势中表现出较强的抗跌性。

增长型基金又分为积极增长型基金和稳定增长型基金两种。积极增长型基金追求资本长期增值，但在目标选择上更偏好规模较小的成长型企业，风险高、收益大；而稳定增长型基金一般不从事投机活动，追求的是资本长期增值，以稳定持续的长期增长为目标。

(三)增长型基金的发展历程

1. 美国增长型基金的发展历程

美国较早的增长型基金 putnam investors fund 成立于1925年，由 Putnam 投资公司管理。另外一只成立较早的增长型基金 general american investors 由美国通用投资公司管理。

1929—1932年美国发生经济危机，股市萧条，增长型基金发展缓慢。随着美国证券市场监管体系的逐步完善，市场信心得到恢复，增长型基金在20世纪60年代发展较为迅速，进入20世纪90年代后更是达到了迅猛发展阶段。

2. 中国增长型基金的发展历程

中国增长型股票基金起源于封闭式基金，盛行于开放式基金。截至2021年年底，封闭式基金资产净值为3.2万亿元，开放式增长型基金规模为3.53万亿元。开放式增长型基金规模是 2006 年同期的 69 倍。

二、收入型基金

(一)收入型基金的概念

收入型基金是指以追求稳定的经常性收入为基本目标的基金,主要以大盘蓝筹股、公司债、政府债券等稳定收益证券为投资对象。收入型基金以获取当期的最大收入为目的,追求基金当期收入为投资目标。其投资对象主要是绩优股、债券、大额可转让定期存单等收入比较稳定的有价证券。收入型基金一般会把所得的利息、红利都分配给投资者。这类基金虽然成长性较弱,但风险相应也较低,适合保守的投资者和退休人员。

收入型基金的优点是降低了投资者本金遭受损失的风险,缺点是使基金丧失了投资于风险较高但具有成长潜力的有价证券的机会,基金发展因此受到制约。此类基金一般适合于保守型投资者,这类投资者往往对风险的承受能力低,只想快投资快见效,并且希望保住本金。

(二)收入型基金的种类

收入型基金一般会将其资金投资于各种可以带来收入的有价证券,因此收入型基金基本有两种类型。

(1) 在较低的风险下,强调不变收入,即其收入是比较固定的,因而有人将这种基金称为固定收入型基金。

(2) 力图实现最大收入,且运用财务杠杆。因为主要投资于普通股,因而这类基金也被称为股票收入型基金。

前者的投资对象主要是将资金投资于债券和优先股股票,后者则主要投资于普通股。相比之下,后者的成长潜力较大,但容易受股市波动的影响。

三、平衡型基金

(一)平衡型基金的概念

平衡型基金是指既注重资本增值又注重当期收入的基金。

一般而言,增长型基金的风险大、收益高,收入型基金的风险小、收益较低,平衡型基金的风险、收益介于增长型基金与收入型基金之间。根据投资目标的不同,既有以追求资本增值为基本目标的增长型基金,也有以获取稳定的经常性收入为基本目标的收入型基金和兼具增长与收入双重目标的平衡型基金。不同的投资目标决定了基金的基本投向与基本投资策略,以适应不同投资者的投资需要。

(二)平衡型基金的种类

平衡型基金可以粗略地分为两种,一种是股债平衡型基金,即基金经理会根据行情变化及时调整股债配置比例,当基金经理看好股市的时候,增加股票的仓位,而当其认为股票市场有可能出现调整时,会相应地增加债券配置;另一种平衡型基金则在股债平衡的同时，强调到点分红，更多地考虑落袋为安，这也是规避风险的方法之一。以上投摩根双息平衡基金为例，该基金契约规定，当已实现收益超过银行一年定期存款利率(税前)1.5 倍时，必须分红。偏好分红的投资者可考虑此类基金。

(三)平衡型基金的投资技巧

1. 先观后市再操作

基金投资的收益来自未来，比如要赎回股票型基金，就要先看一下股票市场未来的发展是牛市还是熊市。如果是牛市，那就可以再持有一段时间，使收益最大化；如果是熊市，就要提前赎回，落袋为安。

2. 转换成其他产品

把高风险的基金产品转换成低风险的基金产品，也是一种赎回，比如把股票型基金转换成货币基金。这样做可以降低成本，转换费一般低于赎回费，而货币基金风险低，相当于现金，收益又比活期利息高。因此，转换也是一种赎回的思路。

3. 定期定额赎回

与定期投资一样，定期定额赎回，可以作为日常的现金管理，又可以平抑市场的波动。定期定额赎回是配合定期定额投资的一种赎回方法。

第三节　主动基金和指数基金

根据投资理念不同，基金可分为主动基金与被动(指数)基金两种。主动基金是一类力图取得超越基准组合表现的基金。与主动基金不同，被动基金并不主动寻求取得超越市场的表现，而是试图复制指数的表现。被动基金一般选取特定的指数作为跟踪的对象，因此通常又被称为指数基金。

一、主动基金概述

主动基金一般是以寻求取得超越市场的业绩表现为目标的一种基金。它以超越市场收益率为目标，对基金经理依赖程度高，所以管理费比较高，一般在 1.2%以上，甚至可高达 1.5%。主动基金采取的投资策略比较激进，基金经理更加主动调整标的组合、仓位，顺应趋势，不会被动等待。主动基金以股票或期货等为主要标的，比如，债券型基金、混合型基金、股票型基金基本都属于主动基金。相对来说，主动基金的风险会更大，收益也会更高。因为前面已经介绍了债券型、混合型、股票型基金的特点及操作方法，这里就不再赘述。

二、指数基金的概念

顾名思义指数基金就是以特定指数(如沪深 300 指数、标普 500 指数、纳斯达克 100 指数、日经 225 指数等)为标的指数，并以该指数的成分股为投资对象，通过购买该指数的全部或部分成分股构建投资组合，以追踪标的指数表现的基金产品。

投资服务机构 Portfolio Solutions 和 Betterment 曾经发布研究报告，分析持有 10 种资产的投资组合在 1997—2012 年的表现发现，指数基金投资在 82%～90%的情况下表现好于主动管理投资。

三、指数基金的优缺点

(一)指数基金的优点

(1) 受人为因素影响很小。
(2) 费率低，一般股票型基金申购和赎回的费率是 1%～1.5%，而指数基金是 0.5%～1.2%。
(3) 被动跟踪指数个人理财计算器，非常直观，也适合短期波段操作。
(4) 长期投资风险小、回报优。

(二)指数基金的缺点

(1) 波动太大，对于短线操作来说，风险很高。
(2) 领涨但不抗跌。在任何市场下，指数基金都是高仓位的，无法通过基金经理的操作来规避股市的风险。
(3) 基金赎回有风险。如果想提前退出，要在低位卖出，容易亏损。
(4) 基金定投并非所有情况都适用，效果差异很大。

四、指数基金的种类

(一)按复制方式分类

(1) 完全复制型指数基金：力求按照基准指数的成分和权重进行配置，以最大限度地减小跟踪误差为目标。
(2) 增强型指数基金：在将大部分资产按照基准指数权重配置的基础上，也用一部分资产进行积极的投资，其目标为在紧密跟踪基准指数的同时获得高于基准指数的收益。

(二)按交易机制分类

(1) 封闭式指数基金：可以在二级市场交易，但是不能申购和赎回。
(2) 开放式指数基金：不能在二级市场交易，但可以向基金公司申购和赎回。
(3) 指数型(exchange traded fund，ETF)：可以在二级市场交易，也可以申购、赎回，但申购、赎回必须采用组合证券的形式。
(4) 指数型(listed open-ended fund，LOF)：既可以在二级市场交易，也可以申购、赎回。

五、指数基金的选择方法

市场上的指数基金越来越多，选择指数基金的难度也越来越大，投资者在选择指数基金时需要重视两点：一是选择跟踪成长性较好的指数基金，因为找到这样的指数基金其难度不亚于选股票；二是选择投资跟踪误差较小的指数基金，因为误差越小的基金，表明基金经理的管理能力越强，投资者更能实现获得较高指数收益率的目标。

(一)关注基金公司实力——基金为先

在选择基金时，基金公司实力应该是投资者关注的首要因素，指数基金也不例外。虽然指数基金属于被动式投资，运作较为简单，但跟踪标的指数同样是一个复杂的过程，需要精密的计算和严谨的操作流程。实力较强的基金公司，往往能够更加紧密地跟踪标的指数。

(二)关注基金费用——成本制胜

相对于主动管理型基金，指数基金的优势之一就是费用低廉，但不同指数基金费用"低廉"的程度却有所不同，尽量减少投资成本是非常必要的。当然，应注意的是较低的费用固然重要，但前提是基金要有良好的收益，切勿片面追求较低费用而盲目选择指数基金。

(三)关注标的指数——重中之重

指数基金的核心在于其跟踪的指数，因此挑选指数基金时，了解其所对应的市场尤为重要。此外，投资者还可以通过投资不同的指数基金，来达到资产配置的目的。

当前境内市场的指数种类繁多，可谓"百花齐放，百家争鸣"，不同指数覆盖的市场范围不同，其风险收益特征也不同，如上证 180 指数和深证 100 指数，分别反映沪深两市的情况；中证 100 指数和中小板指数，则分别反映沪、深两市大盘蓝筹企业与中小企业的情况。甚至随着跨境 ETF 的推出，同时选择沪、深 300 指数基金与投资海外市场指数基金，也是很好的资产配置方向，能够在一定程度上起到分散投资、分散风险的作用。

六、指数基金的投资运作

指数基金的投资运作是指通过购买指数的成分股票(或其他证券)来跟踪指数的一个过程，主要包括建仓、再投资和跟踪调整等，具体的运作过程可以归纳为以下几个方面。

(一)标的指数的选择

不同的指数基金具有不同的收益与风险预期，因此也要选择不同的标的指数来满足基金投资的需求，既可以选择反映全市场的指数作为跟踪目标，以获取市场的平均收益，也可以选择某一特定类型的指数(如大盘股指数、成长型指数等)作为跟踪目标，在承担相应风险的前提下获取相应的投资回报。

(二)投资组合的构建

在确定了标的指数后，就可以构建相应的投资组合，按照一定预设的比例买入构成投资组合相应指数的各种证券。考虑到建仓成本与效率等因素，可以采取完全复制、分层抽样、行业配比等方法进行投资组合的构建。完全复制是一种完全按照构成指数的各种证券以及相应的比例来构建投资组合的方法，而分层抽样和行业配比都是利用统计原理，选择构成指数的证券中最具代表性的一部分证券而不是全部证券来构建基金的投资组合。

(三)投资组合权重的调整

通常情况下，标的指数的成分股会进行定期和不定期的调整，而新股的加入和原有股票的增发、配股等因素都会引起标的指数中各成分股票的权重发生改变，因此指数基金也必须及时作出相应调整，以保证基金组合与指数的一致性。

(四)投资误差的调整

跟踪误差是指指数基金的收益与对应标的指数收益之间的差异。由于交易成本和交易制度的限制，任何一只指数基金的收益都不可能与标的指数的收益完全保持一致，基金管理人需要及时度量、监测这种差异，确保这种差异稳定地保持在一定的范围内。如果出现不正常的偏差，基金管理人应在充分分析原因的前提下，及时调整指数基金的投资组合方案。

七、指数基金的购买渠道

对于投资者来说，购买指数基金有两个渠道：一是通过自己的开户银行或者基金公司的网站购买指数基金，二是通过股票账户在二级市场购买指数基金。前者指的是场外基金，后者指的是场内基金。后者仅限于购买在交易所上市的指数基金，如指数 LOF 和 ETF。

八、指数基金的发展历程

美国是指数基金最发达的西方国家，先锋集团率先于 1976 年在美国创造了第一只指数基金——先锋 500 指数基金。目前，美国证券市场上已经有超过 400 种指数基金，而且每年还在以很快的速度增长，最令人激动的指数基金产品是交易所交易基金(ETFs)。如今在美国，指数基金类型不仅包括广泛的美国权益指数基金、美国行业指数基金、全球和国际指数基金、债券指数基金，还包括成长型、杠杆型和反向型指数基金，交易所交易基金则是最新开发出的一种指数基金。指数基金在中国证券市场上的迅猛发展得益于上述该基金特有的优势。随着国内第一只指数基金——华安上证 180 指数增强型证券投资基金的面市，2003 年年初，又一只紧密跟踪上证 180 指数走势的基金——天同上证 180 指数基金也上市发行。然而指数基金在中国的发展并非一帆风顺，为了规避系统风险及个股投资风险，中国的优化指数基金采取了与国外指数基金不完全相同的操作原则。指数基金已然成为众多投资者喜爱的金融工具，随着中国证券市场的不断完善以及基金业的蓬勃发展，相信指数基金在中国仍有很大的发展潜力。

第四节 特殊类型基金

随着行业的发展，基金产品创新越来越丰富，出现了不少与传统基金不同的特殊类型基金。

第二章 证券投资基金的类型

一、系列基金

系列基金又称伞形基金,是指多个基金共用一个基金合同,子基金独立运作,子基金之间可以进行相互转换的一种基金结构形式。

从基金公司经营管理的角度看,采取伞形结构比单一结构更具优势,表现在以下两方面。

(1) 简化管理、降低成本。不同子基金均隶属于一个总契约和总体管理框架,可以很大程度地简化管理,并在诸如基金的托管、审计、法律服务、管理团队等方面享有规模效应,从而降低了设立及管理一只新基金的成本。

(2) 强大的扩张功能。由于伞形基金的所有子基金都隶属于同一个总体框架,在建立起总体框架并得到东道国金融管理当局的认可后,基金公司就可以根据市场的需求,以比单一基金更高的效率、更低的成本不断推出新的子基金品种或扩大其产品的销售地区。国外许多著名的基金管理公司,如富达(Fidelity)、摩根(JP Morgan)等,在向国外扩张时都纷纷采取了伞形基金的形式。

二、基金中的基金

基金中的基金(fund of funds,FOF)是指以其他证券投资基金为投资对象的基金,其投资组合由其他基金组成。在基金业发达的国家,如美国,基金中的基金已经成为一类重要的公募证券投资基金。目前,我国公募证券投资基金允许投资于公募基金本身。2014年8月生效的《公开募集证券投资基金运作管理办法》规定,80%以上的基金资产投资于其他基金份额的,为基金中的基金。

三、上市交易型开放式指数基金

上市交易型开放式指数基金通常又称为交易所交易基金(ETF),是一种在交易所上市交易的、基金份额可变的开放式基金。ETF最早产生于加拿大,但其发展与成熟主要是在美国。ETF一般采用被动式投资策略跟踪某一标的市场指数,因此具有指数基金的特点。

ETF 基金

(一)ETF 的特点

ETF 具有下列三大特点。

1. 被动操作的指数基金

ETF 是以某一选定的指数所包含的成分证券为投资对象,依据构成指数的股票种类和比例,采取完全复制或抽样复制,进行被动投资的指数基金。ETF 不但具有传统指数基金的全部特点,而且是更纯粹的指数基金。

2. 独特的实物申购、赎回机制

所谓实物申购、赎回机制,是指投资者在向基金管理公司申购 ETF 时,需要拿这只

ETF 指定的一篮子股票来换取；赎回时得到的不是现金，而是相应的一篮子股票，如果想变现，需要再卖出这些股票。实物申购、赎回机制是 ETF 最大的特色，使 ETF 省却了用现金购买股票以及为应付赎回卖出股票的环节。此外，ETF 有"最小申购、赎回份额"的规定，只有资金达到一定规模的投资者才能参与 ETF 一级市场的实物申购、赎回。

3. 实行一级市场与二级市场并存的交易制度

ETF 实行一级市场与二级市场并存的交易制度。在一级市场上，只有资金达到一定规模的投资者(基金份额通常要求在 30 万份以上)才可以随时在交易时间内进行以股票换份额(申购)、以份额换股票(赎回)的交易，中小投资者被排斥在一级市场之外。

在二级市场上，ETF 与普通股票一样在市场挂牌交易。无论是资金在一定规模以上的投资者还是中小投资者，均可按市场价格进行 ETF 份额的交易。一级市场的存在使二级市场交易价格不可能偏离基金份额净值很多，否则两个市场的差价会引发套利交易。套利交易会使套利机会最终消失，使二级市场价格恢复到基金份额净值附近。因此，正常情况下，ETF 二级市场交易价格与基金份额净值总是比较接近。

ETF 本质上是一种指数基金，因此对 ETF 的需求主要体现在对指数产品的需求上。由一级市场和二级市场的差价所导致的套利交易则属于一种派生需求。与传统的指数基金相比，ETF 的复制效果更好，成本更低，买卖更方便(可以在交易日随时进行买卖)，并可以进行套利交易，因此对投资者具有独特的吸引力。ETF 交易模式如图 2-1 所示。

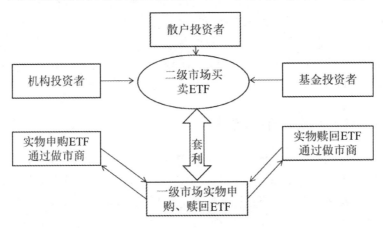

图 2-1　ETF 交易模式

(二)ETF 的套利交易

当同一商品在不同市场上价格不一致时，就会存在套利交易。传统上，数量固定的证券会在供求关系的作用下，形成二级市场价格独立于自身净值的交易特色，如股票、封闭式基金。而数量不固定的证券，如开放式基金则不能形成二级市场价格，只能按净值进行交易。ETF 的独特之处在于实行一级市场与二级市场交易同步进行的制度安排，因此，投资者可以在 ETF 二级市场交易价格与基金份额净值之间存在差价时进行套利交易。

具体而言，当二级市场 ETF 交易价格低于其份额净值，即发生折价交易时，大的投资者可以通过在二级市场低价买进 ETF，然后在一级市场赎回(高价卖出)份额，再于二级市场上卖掉股票而实现套利交易；相反，当二级市场 ETF 交易价格高于其份额净值，即发生溢价交易时，大的投资者可以在二级市场买进"一篮子"股票，于一级市场按份额净值转换为 ETF(相当于低价买入 ETF)份额，再于二级市场上高价卖掉 ETF 而实现套利交易。套利机制的存在会迫使 ETF 二级市场价格与份额净值趋于一致，使 ETF 既不会出现类似封闭式基金二级市场大幅折价交易、股票大幅溢价交易的现象，也克服了开放式基金不能进行盘中交易的弱点。

折价套利会导致 ETF 总份额减少，溢价套利会导致 ETF 总份额扩大。但正常情况下，套利活动会使套利机会消失，因此套利机会并不多，通过套利活动导致的 ETF 规模的变动也就不会很大。ETF 规模的变动最终取决于市场对 ETF 的真正需求。

(三)ETF 与 LOF 的区别

ETF 与 LOF 都具备开放式基金可以申购、赎回和场内交易的特点，但两者存在本质区别，主要表现在以下几方面。

LOF 基金

(1) 申购、赎回的标的不同。ETF 与投资者交换的是基金份额与"一篮子"股票；LOF 的申购、赎回是基金份额与现金的对价。

(2) 申购、赎回的场所不同。ETF 的申购、赎回通过交易所进行；LOF 的申购、赎回既可以在代销网点进行，也可以在交易所进行。

(3) 对申购、赎回的限制不同。只有资金在一定规模以上的投资者(基金份额通常要求在 50 万份以上)才能参与 ETF 的申购、赎回交易；LOF 在申购、赎回上没有特别要求。

(4) 基金投资策略不同。ETF 通常采用完全被动式管理方法，以拟合某一指数为目标；LOF 则是普通的开放式基金增加了交易所的交易方式，它可以是指数基金，也可以是主动基金。

(5) 在二级市场的净值报价上，ETF 每 15 秒提供一个基金参考净值(IOPV)报价；LOF 的净值报价频率要比 ETF 低，通常 1 天只提供 1 次或几次基金净值报价。

(四)ETF 的类型

根据 ETF 跟踪某一标的市场指数的不同，可以将 ETF 分为股票型 ETF、债券型 ETF 等。而在股票型 ETF 与债券型 ETF 中，又可以根据 ETF 跟踪的具体指数的不同对股票型 ETF 与债券型 ETF 进行进一步细分。如股票型 ETF 可以进一步分为全球指数 ETF、综合指数 ETF、行业指数 ETF、风格指数(如成长型、价值型等)ETF 等。

根据复制方法的不同，ETF 可分为完全复制型 ETF 与抽样复制型 ETF。完全复制型 ETF 是依据构成指数的全部成分股在指数中所占的权重，进行 ETF 构建。我国首只 ETF——上证 50 ETF 采用的就是完全复制。在标的指数成分股数量较多、个别成分股流动性不足的情况下，抽样复制的效果可能更好。抽样复制就是通过选取指数中部分有代表性的成分股，参照指数成分股在指数中的比重设计样本股的组合比例进行 ETF 的构建，目的是以最低的交易成本构建样本组合，使 ETF 能较好地跟踪指数。

1990 年,加拿大多伦多证券交易所(TSE)推出了世界上第一只 ETF 指数参与份额(TIPs)。1993 年，美国的第一只 ETF——标准普尔存托凭证(SPDRs)诞生，其后 ETF 在美国获得迅猛发展。根据美国投资公司协会的统计，截至 2021 年年底，美国 ETF 资产总规模已达到 7.08 万亿美元。其中，美国市场主动管理的 ETF 共有 761 只，来自 132 家发行商。ETF 已成为美国基金市场上成长速度最快的基金品种之一。我国第一只ETF为成立于2004年年底的上证50 ETF，截至2022年8月，我国共有724只ETF。

(五)ETF联接基金

ETF联接基金是将绝大部分基金财产投资于某一ETF(称为目标ETF)，密切跟踪其标的指数表现，可以在场外(银行渠道等)申购赎回的基金。根据中国证监会的规定，ETF联接基金投资于目标ETF的资产不得低于联接基金资产净值的90%，其余部分应投资于标的指数成分股和备选成分股，而且ETF联接基金的管理人不得对ETF联接基金财产中的ETF部分计提管理费。

ETF联接基金的主要特征在于以下几点。

(1) 联接基金依附于主基金，通过主基金投资，若主基金不存在，联接基金也不存在。因此，联接基金和ETF是同一法律实体的两个不同部分，联接基金处于从属地位。

(2) 联接基金提供了银行申购ETF的渠道，可以吸引大量的银行客户直接通过联接基金介入ETF的投资，增强了ETF市场的交易活跃度。目前直接申购ETF的资金量一般不能少于某一限额(如50万份、100万份等)，因此，目前申购ETF以机构为主，普通中小投资者无法投资ETF，这就限制了ETF的发展。联接基金的目的就是为了解决这个问题。在联接基金发行后，投资者可以通过申购联接基金的方式(联接基金申购1000份起)参与ETF投资。联接基金主要为银行渠道的中小投资者申购ETF打开了通道。

(3) 联接基金可以提供目前ETF不具备的定期定额等方式来介入ETF的运作。

(4) 联接基金不能参与ETF的套利，发展联接基金主要是为了做大指数基金的规模。联接基金的目的不在于套利，而是通过把银行渠道的资金引进来，做大指数基金的规模，推动指数化投资。

(5) 联接基金不是基金中的基金(Fund of Funds，FOF)，联接基金完全依附主基金，所有的投资都通过主基金进行；而基金中的基金往往投资于不同基金管理人管理的多只基金。

ETF联接基金与ETF的比较如表2-2所示。

表2-2 ETF联接基金与ETF的比较

比较标准	ETF联接基金	ETF
业绩	紧密跟踪标的指数的表现	
运作方式	开放式	
申购门槛	低(1000份)	高(至少30万份、50万份、100万份等)
投资标的	1.跟踪同一标的指数的组合证券(即目标ETF) 2.标的指数的成分股和备选成分股 3.中国证监会规定的其他证券品种 4.在ETF联接基金财产中，目标ETF不得低于基金资产净值的90%。它更类似于增强指数基金。90%的基金资产用来投资跟踪指数，10%的基金资产通过主动管理来强化收益	"一篮子"股票或债券组合，这一组合中的股票或债券种类与某一特定指数构成完全一致；ETF的投资组合通常完全复制标的指数，其净值表现与盯住的特定指数高度一致

第二章 证券投资基金的类型

续表

比较标准	ETF 联接基金	ETF
申购、赎回渠道	银行、券商	券商
费用	管理费：《交易型开放式指数证券投资基金联接基金审核指引》中仅规定了 90%的 ETF 资产不得收取管理费 托管费：ETF 联接基金的基金托管人不得对 ETF 联接基金财产中的 ETF 部分计提托管费 费率：认购、申购、赎回的费率可以参照开放式基金的相关费率水平	ETF 在交易所交易的费用与封闭式基金的交易费用相同，远比开放式基金申购、赎回费低

2009 年 9 月，我国最早的两只联接基金——华安上证 180 ETF 联接基金和交银 180 治理 ETF 联接基金成立。

四、QDII 基金

QDII 是 qualified domestic institutional investors (合格境内机构投资者) 的首字母缩写。QDII 基金是指在一国境内设立，经该国有关部门批准从事境外证券市场的股票、债券等有价证券投资的基金。它为国内投资者参与国际市场投资提供了便利。

QDII 和 FOF

(一)QDII 基金概述

2007 年 6 月 18 日，中国证监会颁布《合格境内机构投资者境外证券投资管理试行办法》，规定符合条件的境内基金管理公司和证券公司，经中国证监会批准，可在境内募集资金进行境外证券投资管理。这种经中国证监会批准可以在境内募集资金进行境外证券投资的机构称为合格境内机构投资者，简称 QDII。QDII 是在我国人民币没有实现可自由兑换、资本项目尚未开放的情况下，有限度地允许境内投资者投资海外证券市场的一项过渡性的制度安排。目前，除了基金管理公司和证券公司外，商业银行等其他金融机构也可以发行代客境外理财产品，但我们这里涉及的主要是由基金管理公司发行的 QDII 产品，即 QDII 基金。QDII 基金可以人民币、美元或其他主要外汇货币为计价货币募集。

(二)QDII 基金在投资组合中的作用

不同于只能投资于国内市场的公募基金，QDII 基金可以进行国际市场投资。通过 QDII 基金进行国际市场投资，不但为投资者提供了新的投资机会，而且由于国际证券市场与国内证券市场相比常常具有较低的关联性，也为投资者降低组合投资风险提供了新的途径。

(三)QDII 基金的投资对象

1. QDII 基金可投资的金融产品或工具

根据有关规定，除中国证监会另有规定外，QDII 基金可投资于下列金融产品或工具。

(1) 银行存款、大额可转让定期存单、银行承兑汇票、银行票据、商业票据、回购协议、短期政府债券等货币市场工具；

(2) 政府债券、公司债券、可转换债券、住房按揭支持证券、资产支持证券，以及经中国证监会认可的国际金融组织发行的证券等；

(3) 与中国证监会签署双边监管合作谅解备忘录的国家或地区证券市场挂牌交易的普通股、优先股，全球存托凭证和美国存托凭证、房地产信托凭证；

(4) 在已与中国证监会签署双边监管合作谅解备忘录的国家或地区证券监管机构登记注册的公募基金；

(5) 与固定收益、股权、信用、商品指数、基金等标的物挂钩的结构性投资产品；

(6) 远期合约、互换及经中国证监会认可的在境外交易所上市交易的权证、期权、期货等金融衍生产品。

2. QDII 基金的禁止性行为

除中国证监会另有规定外，QDII 基金不得有下列行为。

(1) 购买不动产。
(2) 购买房地产抵押按揭。
(3) 购买贵重金属或代表贵重金属的凭证。
(4) 购买实物商品。
(5) 除应付赎回、交易清算等临时用途外借入现金，且该临时用途借入现金的比例不得超过基金、集合计划资产净值的 10%。
(6) 利用融资购买证券，但投资金融衍生产品除外。
(7) 参与未持有基础资产的卖空交易。
(8) 从事证券承销业务。
(9) 中国证监会禁止的其他行为。

五、基础设施公募 REITs

(一) 基础设施公募 REITs 的定义

我国公开募集基础设施证券投资基金(Real Estate Investment Trusts，以下简称基础设施公募 REITs)是指依法向社会投资者公开募集资金形成基金财产，通过基础设施资产支持证券等特殊目的载体持有基础设施项目，由基金管理人等主动管理运营上述基础设施项目，并将产生的绝大部分收益分配给投资者的标准化金融产品，如图 2-2 所示。按照规定，我国基础设施公募 REITs 在证券交易所上市交易。

基础设施资产支持证券是指依据《证券公司及基金管理公司子公司资产证券化业务管理规定》等有关规定，以基础设施项目产生的现金流为偿付来源，以基础设施资产支持专项计划为载体，向投资者发行的代表基础设施财产或财产权益份额的有价证券。基础设施项目主要包括仓储物流、收费公路、机场港口等交通设施，水电气热等市政设施，污染治理、信息网络、产业园区等其他基础设施。

(二) 基础设施公募 REITs 的意义

基础设施公募 REITs 是国际通行的配置资产，具有流动性较高、收益相对稳定、安全性较强等特点，能有效盘活存量资产，填补当前金融产品的空白，拓宽社会资本投资渠道，提升直接融资比重，增强资本市场服务实体的经济质效。短期看，REITs 有利于广泛筹集项目资本金，降低债务风险，是稳投资、补短板的有效政策工具；长期看，REITs 有利于完善储蓄转化投资机制，降低实体经济杠杆，推动基础设施投融资市场化、规范化健康发展。

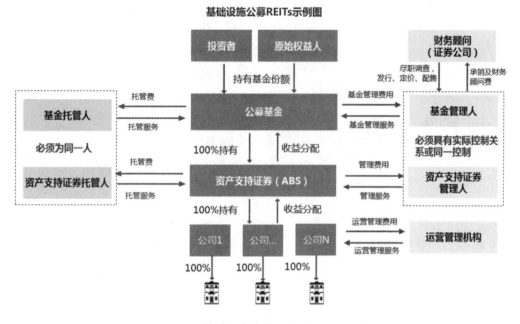

图 2-2　基础设施公募 REITs 示意图

(三)基础设施公募 REITs 的架构特点

(1) 80%以上基金资产投资于基础设施资产支持证券，并持有其全部份额；基金通过基础设施资产支持证券持有基础设施项目公司的全部股权。

(2) 基金通过资产支持证券和项目公司等特殊目的载体取得基础设施项目完全所有权或经营权利。

(3) 基金管理人主动运营管理基础设施项目，以获取基础设施项目租金、收费等稳定现金流为主要目的。

(4) 采取封闭式运作，收益分配比例不低于合并后基金年度可供分配金额的 90%。

(四)基础设施公募 REITs 的产品特点

基础设施公募 REITs 是并列于股票、债券、基金和衍生品的证券品种，产品具备以下特点。

(1) 公募 REITs 可盘活存量资产，提升基础设施资产估值，获得流动性溢价，同时提供增量投资资金，改善负债水平，降低企业杠杆率，助力企业"轻资产"运营模式转型，从而更好地推动资本市场服务实体经济。

(2) 公募 REITs 产品将 90%的基金年度可分配利润用于分配，属于高比例分红，同时由于基础设施项目权属清晰，现金流持续、稳定，投资回报良好，填补了当前金融产品的空白，丰富了投资品种，便于投资者投资流动性较弱的基础设施项目。

(3) 基础设施公募 REITs 产品规则透明健全，比照公开发行证券要求建立上市审查制度，制定了完备的发售、上市、交易、收购、信息披露、退市等具体业务规则。基础设施项目可借助资本市场公开、透明机制，通过资本市场融资，引导金融资金参与实体项目建设，实现高质量发展。

【本章小结】

(1) 构成基金的要素有多种，可以依据不同的标准对基金进行分类。根据投资对象的不同，基金可分为股票基金、债券基金、货币市场基金和混合基金等，其中，股票基金在各类基金中历史最悠久，也是各国各地区广泛采用的一种基金类型。

(2) 根据投资目标不同，基金可分为增长型基金、收入型基金和平衡型基金。一般而言，增长型基金风险大、收益高；收入型基金风险小、收益较低；平衡型基金的风险、收益则介于增长型基金与收入型基金之间。

(3) 根据投资理念不同，基金可分为主动基金与被动(指数)基金。

(4) 随着行业的发展，基金产品创新越来越丰富，出现了不少与传统基金类型不同的特殊类型基金，如系列基金、基金中的基金、上市交易型开放式指数基金(ETF)、QDII 基金。

【翻转话题】

请根据本章的内容，评测自身的风险偏好，结合自身的投资特点，探讨一下你认为哪种证券投资基金与自己有缘。

【课程思政案例】

> 许春茂，有着 7 年多基金从业经历，曾设计了国内第一个利用期权理论的保本基金、第一个货币商场基金、第一个自己开发的风险控制和业绩归因系统。可就是这样优秀的一位基金经理，却因"老鼠仓"(老鼠仓是指在得到相关内幕消息后，自己或告知他人提前建仓，冲高套利)被判处有期徒刑 3 年，缓刑 3 年，并处罚金人民币 210 万元。
>
> (资料来源：投资基金相关案例[EB|OL]. (2012-05-03). https://www.docin.com/p-394651623.html.)

案例点评：

该案件中，虽然证券监管部门制止了基金公司的"老鼠仓"行为，但仍有少数基金公司知法犯法、顶风作案。建"老鼠仓"，违背了职业经理人的诚信原则，是严重的职业操守问题，已涉嫌犯罪。上述案例暴露了我国现行证券交易法律规制的缺陷，如何通过立法来维护基金投资者的利益，维护基金公司的利益，令人深思。

第二章 证券投资基金的类型

【复习思考题】

一、单项选择题(以下各小题所给出的4个选项中,只有1项最符合题目要求,请选出正确的选项)

1. 根据中国证监会对基金类别的分类标准,(　　)以上的基金资产投资于债券的为债券基金。
   A. 80%　　　　B. 60%　　　　C. 70%　　　　D. 50%

2. 以下哪种基金最适合厌恶风险、对资产流动性和安全性要求较高的投资者进行短期投资?(　　)
   A. 股票基金　　B. 混合基金　　C. 货币市场基金　　D. 主动基金

3. 关于ETF,以下说法不正确的是(　　)。
   A. ETF也被称为交易型开放式指数基金
   B. 实行独特的实物申购、赎回机制
   C. 实行一级市场与二级市场并存的交易制度
   D. 没有最低申购、赎回要求

4. 下列关于QDII基金的说法,正确的是(　　)。
   A. 经中国证监会批准可以在境外募集资金进行境内证券投资
   B. 是在我国人民币没有实现可自由兑换、资本项目尚未完全开放的情况下的一项过渡性的制度安排
   C. 目前只有基金管理公司和证券公司可以发行代客境外理财产品
   D. QDII基金只可以人民币为计价货币募集

5. 将基金分为主动基金和被动基金两种类型,是按照(　　)划分标准划分的。
   A. 根据投资对象不同　　　　B. 根据投资理念不同
   C. 根据基金的资金来源和用途不同　　D. 特殊类型基金

二、多项选择题(以下各小题所给出的4个选项中,有2个或2个以上符合题目要求,请选出正确的选项)

1. 下列关于货币基金信息披露的说法,正确的是(　　)。
   A. 货币基金收益公告可以分为封闭期的收益公告、开放日的收益公告和节假日的收益公告三类
   B. 与其他类型基金一样,货币市场基金披露基金份额净值
   C. 货币市场基金应至少于每个开放日的次日披露开放日每万份基金净收益和7日年化收益率。
   D. 货币市场基金披露的收益公告,包括每万份基金收益和最近7日年化收益率

2. 投资对象主要是那些绩优股、债券等收入比较稳定的有价证券,以追求当期高收入为基本目标的基金称为(　　)。
   A. 成长型基金　　B. 收入型基金　　C. 平衡型基金　　D. 混合型基金

3. 根据( )的不同,可以将基金分为主动基金与被动(指数)基金。
   A. 运作方式　　　B. 法律形式　　　C. 投资理念　　　D. 投资目标

4. ETF 和 LOF 的主要区别在于( )。
   A. LOF 的申购、赎回是基金份额与现金的对价;而 ETF 与投资者互换的是基金份额与"一篮子"股票
   B. 只有大投资者(基金份额通常要求在 50 万份以上)才能参与 ETF 一级市场的申购、赎回交易;而 LOF 在申购、赎回上没有特别的要求
   C. ETF 通常采用被动式管理方法,而 LOF 则可以是指数基金,也可以是主动管理型基金
   D. ETF 的申购、赎回通过交易所进行,而 LOF 的申购、赎回既可以在代销网点进行,也可以在交易所进行

5. 下列混合基金中,投资风险最低的是( )。
   A. 偏股型基金　　　　　　　　B. 灵活配置型基金
   C. 偏债型基金　　　　　　　　D. 股债平衡型基金

三、判断题(判断以下各小题的对错,正确的填 A,错误的填 B)

1. 混合基金为投资者提供了一种在股票、债券等不同资产类别之间进行长期配置的投资工具,基金管理人对基金投资有比较大的调整权限。( )

2. 基金按照投资目标的不同可以分为成长型基金、收入型基金和平衡型基金。收入型基金的投资者追求较高的当前收益。( )

3. 债券基金主要以债券为投资对象,对追求稳定收入的投资者具有较强的吸引力。( )

4. 证券投资基金根据投资目标的不同可以分成不同种类,其中投资者投资平衡型基金时很少考虑股票的当期收入,而注重的是股票的增长潜力。( )

5. 判断股票型基金是倾向于价值型还是成长型,依据的是基金所持有全部股票的平均市价的大小。( )

第三章 证券投资基金的交易

【学习要点及目录】

- 掌握证券投资基金的认购程序、认购方式和费用。
- 掌握开放式基金交易程序、申购赎回方式和费用。
- 掌握封闭式基金交易程序、申购赎回方式和费用。
- 掌握特殊基金交易程序、申购赎回方式和费用。

【核心概念】

基金认购　　基金交易

【引导案例】

2022年7月25日，中国证券投资者保护基金公司(以下简称投保基金公司)向行业通报了券商交易系统的异常案例。根据通报，近期三家证券公司极速交易系统和集中交易系统出现异常，有的是"虚增"客户资金，客户使用"虚增"资金后账户出现透支；还有的是多扣收了客户资金。相关案例显示，客户使用"虚增"资金后，账户出现透支2.8亿元，而多扣收客户融券红利资金超过了80万元。那么，造成上述异常案例的原因又是什么呢？

【案例导学】

在上述案例中，证券公司极速交易系统服务器切换、极速交易系统与集中交易系统信息交互出现异常，致使客户资金管控失效；证券公司集中交易系统对"一笔委托、多笔成交"涉及的清算场景考虑不充分，系统上线对于不同场景的论证和测试不足，导致"虚增"客户资金。那么在证券投资基金的认购、交易过程中，其正确的操作流程是怎样的？交易中的费用又是如何厘定的？

第一节　证券投资基金的认购

在基金募集期内购买基金份额的行为，通常称为基金的认购。

基金的认购

一、开放式基金的认购

(一)开放式基金的认购步骤

投资人认购开放式基金，一般通过基金管理人或管理人委托的商业银行、证券公司、期货公司、保险机构、证券投资咨询机构、独立基金销售机构以及经国务院证券监督管理机构认定的其他机构办理。

投资者进行认购时，如果没有在注册登记机构开立基金账户，需提前在注册登记机构开立基金账户。基金账户是基金登记人为基金投资者开立的用于记录其持有的基金份额余额和变动情况的账户。

开放式基金的认购分为认购和确认两个步骤。

(1) 认购。投资人在办理基金认购申请时，须填写认购申请表，并需按销售机构规定的方式全额缴款。投资者在募集期内可以多次认购基金份额。一般情况下，已经正式受理的认购申请不得撤销。

(2) 确认。销售机构对认购申请的受理并不代表该申请一定能够获得成功，而仅代表销售机构接受了认购申请，申请的成功与否应以注册登记机构的确认结果为准。投资者 T 日提交认购申请后，一般可于 T+2 日后到办理认购的网点查询认购申请的受理情况。认购申请被确认无效的，认购资金将退回投资人资金账户。认购的最终结果要待基金募集期结束后才能确认。

(二)开放式基金的认购方式

开放式基金的认购采取金额认购的方式，即投资者在办理认购申请时，不是直接以认购数量提出申请，而是以金额申请。基金注册登记机构在基金认购结束后，再按基金份额的认购价格，并考虑认购费用后将申请认购基金的金额换算成投资者应得的基金份额。

(三)开放式基金的认购费率和收费模式

在具体实践中，基金管理人会针对不同类型的开放式基金、不同认购金额等设置不同的认购费率。目前，我国股票型基金的认购费率一般按照认购金额设置不同的费率标准，最高一般不超过 1.5%，债券型基金的认购费率通常在 2%以下，货币型基金认购费率通常为 0。

在基金份额认购上存在两种收费模式：前端收费模式和后端收费模式。前端收费模式是指在认购基金份额时就支付认购费用的付费模式；后端收费模式是指在认购基金份额时不收费，在赎回基金份额时才支付认购费用的收费模式。后端收费模式设计的目的是为了鼓励投资者长期持有基金，因为后端收费模式的认购费率一般会随着投资时间的延长而递减，甚至不再收取认购费用。

(四)开放式基金认购费用与认购份额的计算

为统一规范基金认购费用及认购份额的计算方法，更好地保护基金投资人的合法权益，中国证监会于 2007 年 3 月对认购费用及认购份额计算方法进行了统一规定。根据规定，基金认购费用将统一以净认购金额为基础收取，相应的基金认购费用与认购份额的计算公式为

$$净认购金额=\frac{认购金额}{1+认购费率}$$

$$认购费用=认购金额-净认购金额$$

(注：对于适用固定金额认购费的认购，认购费用=固定认购费金额)

$$认购份额=\frac{净认购金额+认购利息}{基金份额面值}$$

第三章 证券投资基金的交易

【例3-1】某投资人投资3万元认购某开放式基金,认购资金在募集期间产生的利息为5元,其对应的认购费率为1.8%,基金份额面值为1元,计算认购费用和认购份额。

解析:

$$净认购金额=\frac{30000}{1+1.8\%}=29469.55(元)$$

$$认购费用=30000-29469.55=530.45(元)$$

$$认购份额=\frac{29469.55+5}{1}=29474.55(份)$$

开放式基金的认购程序、认购方式和费用分别如表3-1和表3-2所示。

表3-1 开放式基金的认购程序

程序	认购人	工作内容
认购	投资人	填写认购申请表; 按销售机构规定全额缴款; 已受理认购申请不得撤销
确认	投资人	T日提交申请,T+2日查询认购申请的受理情况; 如认购申请无效,资金退回,认购最终结果要待基金募集结束后才能确认

表3-2 开放式基金的认购方式和费用

认购方式	认购申请时,按金额认购; 结束后再将金额换算成投资人应得的基金份额
收费模式	前端收费:在认购基金份额时支付认购费用; 后端收费:在赎回基金份额时支付认购费用
认购费率	股票基金:前端收费模式,根据认购金额设置不同的费率标准,一般最高不超过1.5%;后端收费模式,一般按照持有期限设置,持有期限越长费用越低。 债券基金:债券基金有两类,一类收取认购费,一般不超过1%;另一类不收取认购费,而在成立后收取销售服务费。 货币市场基金:一般不收取认购费
认购费用和份额	净认购金额=$\frac{认购金额}{1+认购费率}$ 认购费用=认购金额-净认购金额(注:对于适用于固定金额认购费的认购,认购费用=固定认购费金额) 认购份额=$\frac{净认购金额+认购利息}{基金份额面值}$

二、封闭式基金的认购

封闭式基金份额的发售,由基金管理人负责办理。基金管理人一般会选择证券公司组成承销团代理基金份额的发售。基金管理人应当在基金份额发售的三日前公布招募说明书、基金合同及其他有关文件。

在发售方式上，主要有网上发售与网下发售两种方式。网上发售是指通过与证券交易所的交易系统联网的全国各地的证券营业部，向公众发售基金份额的发行方式；网下发售是指通过基金管理人指定的营业网点和承销商的指定账户，向机构或个人投资者发售基金份额的发行方式。

目前募集的封闭式基金通常为创新封闭式基金。创新封闭基金按1.00元募集，外加券商自行按认购费率收取认购费方式进行。拟认购封闭式基金份额的投资人必须开立沪、深证券账户或沪、深基金账户及资金账户，根据自己计划的认购量在资金账户中存入足够的资金，并以"份额"为单位提交认购申请。认购申请一经受理不能撤单。

封闭式基金认购的特点如表3-3所示。

表3-3 封闭式基金认购的特点

发售方式	网上发售：通过与证券交易所的交易系统联网的全国各地的证券营业部，向公众发售基金份额
	网下发售：通过基金管理人指定的营业网点和承销商指定的账户，向机构或者个人投资者发售基金份额
认购价格	按1.00元募集，外加券商自行按认购费率收取的认购费
认购程序	1.开立沪、深证券账户或沪、深基金账户及资金账户
	2.在资金账户存入足够资金
	3.以"份额"为单位提交认购申请

三、ETF 和 LOF 份额的认购

(一)ETF 份额的认购

与普通的开放式基金不同，根据投资者认购ETF份额所支付的对价种类，ETF份额的认购又可分为现金认购和证券认购。现金认购是指用现金换购ETF份额的行为；证券认购是指用指定证券换购ETF份额的行为。

投资者一般可选择场内现金认购、场外现金认购以及证券认购等方式认购ETF份额。场内现金认购是指投资者通过基金管理人指定的基金发售代理机构(证券公司)以现金方式参与证券交易所网上定价发售；场外现金认购是指投资者通过基金管理人及其指定的发售代理机构(证券公司)以现金方式进行的认购；证券认购是指投资者通过基金管理人及其指定的发售代理机构(证券公司)对指定的证券进行认购。

投资者进行现金认购时需具有沪、深A股证券账户或证券投资基金账户。投资者进行证券认购应开立沪、深证券交易所证券账户。沪、深证券投资基金账户只能进行基金的现金认购和二级市场交易，不能参与证券认购或基金的申购、赎回。投资者进行证券认购时需具有沪、深A股证券账户。

ETF 份额认购的特点如表3-4所示。

第三章 证券投资基金的交易

表3-4 ETF份额认购的特点

认购方式	现金认购	场内现金认购
		场外现金认购
	证券认购	
认购开户	场内现金认购：具有沪、深A股证券账户或证券投资基金账户	
	场外现金认购：具有沪、深A股证券账户或证券投资基金账户	
	证券认购：沪、深A股证券账户	
认购渠道	具有基金代销资格的证券公司营业网点	
	基金管理人营业网点	

(二)LOF份额的认购

目前，我国只有深圳证券交易所开办LOF业务，因此，本部分关于LOF的介绍主要以深圳证券交易所LOF的相关规则为准。

LOF份额的认购分场外认购和场内认购两种方式。场外认购的基金份额注册登记在中国证券登记结算有限责任公司的开放式基金注册登记系统，场内认购的基金份额注册登记在中国证券登记结算有限责任公司的证券登记结算系统。

在基金募集期间，投资者可以通过具有基金代销业务资格的证券经营机构营业部场内认购LOF份额，也可以通过基金管理人及其代销机构的营业网点场外认购LOF份额。

场内认购LOF份额应持深圳证券交易所人民币普通证券账户或证券投资基金账户；场外认购LOF份额应使用中国证券登记结算有限公司深圳证券交易所开放式基金账户。

LOF份额认购的特点如表3-5所示。

表3-5 LOF份额认购的特点

认购方式	场外认购：注册登记在中国证券登记结算有限责任公司的开放式基金注册登记系统
	场内认购：注册登记在中国证券登记结算有限责任公司的证券登记结算系统
认购开户	场内认购：深圳证券交易所人民币普通证券账户或证券投资基金账户
	场外认购：中国证券登记结算有限责任公司深圳证券交易所开放式基金账户
认购渠道	具有基金代销业务资格的证券经营机构营业部
	基金管理人及其代销机构的营业网点

四、QDII基金份额的认购

QDII基金份额的认购程序与一般开放式基金基本相同，主要包括开户、认购、确认三个步骤。

QDII基金份额的认购渠道与一般开放式基金类似。在募集期间，投资者应当在基金管理人、代销机构办理基金发售业务的营业场所或按基金管理人、代销机构提供的其他方式办理基金的认购。

QDII基金主要投资于境外市场，因而与仅投资于境内证券市场的其他开放式基金相比，在募集认购的具体规定上有以下几点独特之处。

(1) 发售 QDII 基金的基金管理人必须具备合格的境内机构投资者资格和经营外汇业务资格。

(2) 基金管理人可以根据产品特点确定 QDII 基金份额面值的大小。

(3) QDII 基金份额除可以用人民币认购外，也可以用美元或其他外汇货币为计价货币进行认购。

QDII 基金份额认购的特点如表 3-6 所示。

表 3-6　QDII 基金份额认购的特点

基金管理人	必须具备合格的境内机构投资者资格和经营外汇业务资格
	可以根据产品特点确定 QDII 基金份额面值的大小
计价货币	人民币、美元或其他外汇货币

第二节　开放式基金交易

一、封闭期及基金开放申购和赎回

开放式基金的基金合同生效后，有一段短暂的封闭期。中国证监会发布的《公开募集证券投资者基金运作管理办法》规定，开放式基金合同生效后，可以在基金合同和招募说明书规定的期限内不办理赎回，但该期限最长不超过 3 个月。封闭期结束后，开放式基金将进入日常申购、赎回期。基金管理人应当在每个工作日办理基金份额的申购、赎回业务。基金合同另有约定的，按约定执行。

投资者在开放式基金合同生效后，申请购买基金份额的行为通常被称为基金的申购。

基金认购与基金申购略有不同，区别在于：①认购费一般低于申购费，在基金募集期内认购基金份额，一般会享受到一定的费率优惠；②认购是按 1 元进行认购，而申购通常是按未知价确认；③认购份额要在基金合同生效时确认，并且有封闭期，而申购份额通常在 T+2 日之内确认，确认后的下一工作日就可以赎回。

开放式基金的赎回是指基金份额持有人要求基金管理人购回所持有的开放式基金份额的行为。

二、开放式基金的申购和赎回原则

(一)股票基金、债券基金的申购和赎回原则

(1) 未知价交易原则。投资者在申购和赎回股票基金、债券基金时并不能及时获知买卖的成交价格。申购、赎回价格只能以申购、赎回日交易时间结束后基金管理人公布的基金份额净值为基准进行计算。这与股票、封闭式基金等大多数金融产品按已知价原则进行买卖不同。

(2) 金额申购、份额赎回原则。股票基金、债券基金申购以金额申请，赎回以份额申请。

开放式基金的申购、赎回

这是适应未知价格情况的一种最简便、最安全的交易方式。在这种交易方式下，确切的购买数量和赎回金额在买卖当时是无法确定的，只有在交易次日或更晚一点的时间才能获知。开放式基金招募说明书中过去一般规定申购申报单位为1元人民币，申购金额应当为1元的整数倍，且不低于1000元；赎回申报单位为1份基金份额，赎回应当为整数份额。随着网上交易的发展，最低申购金额和赎回份额的限制在逐步降低。

(二)货币市场基金的申购和赎回原则

(1) 确定价原则。货币市场基金申购和赎回基金份额价格以1元人民币为基准进行计算。

(2) 金额申购、份额赎回原则。货币市场基金申购以金额申请，赎回以份额申请。

三、开放式基金申购和赎回的场所及时间

(一)开放式基金申购和赎回的场所

开放式基金的申购和赎回与认购渠道一样，可以通过基金管理人的直销中心与基金销售代理网点进行。投资者也可以通过基金管理人或其指定的基金销售代理人以电话、传真或互联网等形式进行申购和赎回。

(二)开放式基金申购和赎回的时间

基金管理人应在申购和赎回开放日前三个工作日在至少一种中国证监会指定的媒体上刊登公告。申购和赎回的工作日为证券交易所交易日，具体业务办理时间为上海证券交易所、深圳证券交易所的交易时间。目前，上海证券交易所、深圳证券交易所的交易时间为9:30～11:30，13:00～15:00。

四、申购和赎回的费用及销售服务费

(一)申购费用

投资者在办理开放式基金申购时，一般需要交纳申购费。和认购费一样，申购费可以采用在基金份额申购时收取的前端收费方式，也可以采用在赎回时从赎回金额中扣除的后端收费方式。在前端收费方式下，基金管理人可以选择根据投资人申购金额分段设置申购费，对于持有期低于三年的投资人，基金管理人不得免收其后端申购费。

基金销售机构可以对基金销售费用实行一定的优惠。

(二)赎回费用

基金管理人办理开放式基金份额的赎回，应当收取赎回费。场外赎回可按份额在场外的持有时间分段设置赎回费率；场内赎回为固定赎回费率，不可按份额持有时间分段设置赎回费率。赎回费在扣除手续费后，余额不得低于赎回费总额的25%，并应当归入基金财产。

目前对于不收取销售服务费的(一般为 A 类份额)一般股票型和混合型基金赎回费归基金财产的比例有以下规定：对持续持有期少于 7 日的投资人收取不低于 1.5%的赎回费，并将赎回费全额计入基金财产；对持续持有期少于 30 日的投资人收取不低于 0.75%的赎回

费,并将赎回费全额计入基金财产;对持续持有期少于3个月的投资人收取不低于0.5%的赎回费,并将不低于赎回费总额的75%计入基金财产;对持续持有期长于3个月但少于6个月的投资人收取不低于0.5%的赎回费,并将不低于赎回费总额的50%计入基金财产;对持续持有期长于6个月的投资人,应当将不低于赎回费总额的25%计入基金财产。

对于收取销售服务费的(一般为C类份额)一般股票型和混合型基金赎回费归属基金财产比例的规定为:持续持有期少于30日的投资人收取不低于0.5%的赎回费,并将赎回费全额计入基金财产。

对于交易型开放式指数基金(ETF)、上市开放式基金(LOF)、分级基金、指数基金、短期理财产品基金等股票基金、混合基金以及其他类别的基金,基金管理人可以参照上述标准在基金合同、招募说明书中约定赎回费的收取标准和计入基金财产的比例,不作强制要求。

(三)销售服务费

基金管理人可以从开放式基金财产中计提一定比例的销售服务费,用于基金的持续销售和给基金份额持有人提供服务。

五、申购份额及赎回金额的计算

(一)申购费用及申购份额

按照中国证监会《关于统一规范证券投资基金认(申)购费用及认(申)购份额计算方法有关问题的通知》的规定,申购费用与申购份额的计算公式如下:

$$净申购金额 = \frac{申购金额}{1+申购费率}$$

$$申购费用 = 申购金额 - 净申购金额$$

$$申购份额 = \frac{净申购金额}{申购当日基金份额净值}$$

当申购费用为固定金额时,申购份额的计算方法如下:

$$净申购金额 = 申购金额 - 固定金额$$

$$申购份额 = \frac{净申购金额}{T日基金份额净值}$$

一般规定,基金份额份数以四舍五入的方法保留小数点后两位以上,由此产生的误差损失由基金资产承担,产生的收益归基金资产所有,但不同的基金招募说明书中的约定不一样,有些也采用"基金份额小数点两位以后部分舍去"的方式。

【例3-2】某投资者通过场外(某银行)投资1万元申购某上市开放式基金,假设基金管理人规定的申购费率为1.5%,申购当日基金份额净值为1.025元,计算申购手续费和可得到的申购份额。

解析:

$$净申购金额 = \frac{10000}{1+1.5\%} = 9852.22(元)$$

申购手续费=10000-9852.22=147.78(元)

$$申购份额=\frac{9852.22}{1.025}=9611.92(份)$$

即投资者投资 10000 元申购基金，假设收购当日基金份额净值为 1.025 元，可得到 9611.92 份基金单位。

(二)赎回金额的确定

赎回金额的计算公式如下：

$$赎回金额=赎回总额-赎回费用$$
$$赎回总额=赎回份数\times 赎回当日的基金单位净值$$
$$赎回费用=赎回总额\times 赎回费率$$

赎回费率一般按持有时间的长短分级设置，持有时间越长，适用的赎回费率就越低。

【例 3-3】 某投资者赎回上市开放式基金 10 000 份基金单位，持有时间为 1 年半，对应的赎回费率为 0.5%。假设赎回当日基金单位净值为 1.0250 元，则其可得净赎回金额为 10198.75 元。

解析：

$$赎回总额=10000\times 1.025=10250(元)$$
$$赎回手续费=10250\times 0.005=51.25(元)$$
$$净赎回金额=10250-51.25=10198.75(元)$$

即投资者赎回 10000 份基金单位，假设赎回当日基金单位净值为 1.025 元，则可得到 10198.75 元净赎回金额。

实行后端收费模式的基金，还应扣除后端认购/申购费，才是投资者最终得到的赎回金额，即

$$赎回金额=赎回总额-赎回费用-后端收费金额$$

(三)货币市场基金的手续费

货币市场基金手续费较低，通常申购费率和赎回费率为0。一般地，货币市场基金从基金财产中计提比例不高于0.25%的销售服务费，用于基金的持续销售和给基金份额持有人提供服务。

六、开放式基金申购和赎回登记及款项的支付

基金管理人应当在每个工作日办理基金份额的申购和赎回业务；基金合同另有约定的，按约定执行。

投资人申购基金份额时，必须全额交付申购款项(中国证监会另有规定的基金除外)。投资人按规定提交申购申请并全额支付款项的，申购申请立即成立；基金份额登记机构确认基金份额时，申购生效。基金份额持有人递交赎回申请，赎回成立；基金份额登记机构确认赎回时，赎回生效。

申购采用全额缴款方式。若资金在规定时间内未全额到账，则申购不成功。申购不成

功或无效,款项将退回投资者账户。一般而言,投资者申购基金成功后,登记机构会在 T+1 日为投资者办理增加权益的登记手续,投资者自 T+2 日起有权赎回该部分基金份额。

投资者赎回申请提交后,基金管理人应通过销售机构按规定向投资者支付赎回款项。对一般基金而言,基金管理人应当在受理基金投资者有效赎回申请之日起七个工作日内支付赎回款项(具体根据基金品种和托管银行的处理速度存在不同),投资者赎回基金份额成功后,登记机构一般在 T+1 日为投资者办理扣除权益的登记手续。

基金管理人可以在法律法规允许的范围内,对登记办理时间进行调整,并最迟于开始实施前三个工作日内至少在一种由中国证监会指定的信息披露媒体上公告。

七、开放式基金巨额赎回的认定及处理

(一)巨额赎回的认定

单个开放日基金净赎回申请超过基金总份额的 10%时,为巨额赎回。单个开放日的净赎回申请,是指该基金的赎回申请加上基金转换中该基金的转出申请之和,扣除当日发生的该基金申购申请及基金转换中该基金的转入申请之和后得到的余额。

(二)巨额赎回的处理

出现巨额赎回时,基金管理人可以根据基金当时的资产组合状况决定接受全额赎回或部分延期赎回。

(1) 接受全额赎回。当基金管理人认为有能力兑付投资者的全额赎回申请时,按正常赎回程序执行。

(2) 部分延期赎回。当基金管理人认为兑付投资者的赎回申请有困难,或认为兑付投资者的赎回申请进行的资产变现可能会使基金份额净值发生较大波动时,基金管理人可以在当日接受赎回比例不低于上一日基金总份额 10%的前提下,对其余赎回申请延期办理。对单个基金份额持有人的赎回申请,应当按照其申请赎回份额占申请赎回总份额的比例确定该单个基金份额持有人当日办理的赎回份额。未受理部分除投资者在提交赎回申请时选择将当日未获受理部分予以撤销外,延迟至下一开放日办理。转入下一开放日的赎回申请不享有赎回优先权,并将以下一个开放日的基金份额净值为基准计算赎回金额。依次类推,直到全部赎回为止。

当发生巨额赎回且部分延期赎回时,基金管理人应当立即向中国证监会备案,并在三个工作日内至少在一种中国证监会指定的信息披露媒体上公告,并说明有关处理方法。

基金连续两个开放日以上发生巨额赎回,如基金管理人认为有必要,可暂停接受赎回申请;已经接受的赎回申请可以延缓支付赎回款项,但不得超过正常支付时间 20 个工作日,并应当在至少一种由中国证监会指定的信息披露媒体上公告。

八、开放式基金份额的转换、非交易过户、转托管与冻结

(一)开放式基金份额的转换

开放式基金份额的转化是指投资者不需要先赎回已持有的基金份额,就可以将其持有

的基金份额转换为同一基金管理人管理的另一基金份额的一种业务模式。基金份额的转换一般采取未知价法,按照转换申请日的基金份额净值为基础计算转换基金份额数量。

由于基金的申购和赎回费率不同,当转入基金的申购费率高于转出基金的申购费率而存在费用差额时,一般应在转换时补齐。此外,基金份额的转换常常还会收取一定的转换费用。尽管如此,由于基金份额的转换不需要先赎回已持有的基金再购买另一基金,因此综合费用仍较低。

(二)开放式基金的非交易过户

开放式基金非交易过户是指不采用申购、赎回等基金交易方式,将一定数量的基金份额按照一定规则从某一投资者基金账户转移到另一投资者基金账户的行为,主要包括继承、司法强制执行等方式。接受划转的主体必须是合格的个人投资者或机构投资者。

(三)基金份额的转托管

基金持有人可以办理其基金份额在不同销售机构的转托管手续。转托管在转出方进行申报,基金份额转托管一次完成。一般情况下,投资者于 T 日转托管基金份额成功后,转托管份额于 T+1 日到达转入方网点,投资者可于 T+2 日起赎回这部分基金份额。

(四)基金份额的冻结

基金注册登记机构只受理国家有权机关依法要求的基金账户或基金份额的冻结与解冻。基金账户或基金份额被冻结的,被冻结部分产生的权益(包括现金分红和红利再投资)一并冻结。

第三节　封闭式基金交易

一、交易账户的开立

投资者买卖封闭式基金必须开立沪、深证券账户或沪、深基金账户及资金账户。基金账户只能用于基金、国债及其他债券的认购及交易。

个人投资者开立基金账户需持本人身份证到证券登记机构办理开户手续。办理资金账户需持本人身份证和已经办理的股票账户卡或基金账户卡,到证券经营机构办理。根据当前中登公司账户业务规则,每个有效证件在同一市场可以开立三个封闭式基金账户。每位投资者只能开设和使用一个资金账户。

二、交易规则

封闭式基金发行结束后,不能按基金净值买卖,投资者可委托券商(证券公司)在证券交易所按市价(二级市场)买卖,直到到期日。

封闭式基金的交易时间为每周一至周五(法定公众节假日除外),每天 9:30～11:30、13:00～15:00。

封闭式基金的上市与交易

封闭式基金的交易遵从"价格优先、时间优先"的原则。价格优先是指较高价格买进申报优先于较低价格买进申报,较低价格卖出申报优先于较高价格卖出申报。时间优先是指买卖方向、价格相同的,先申报者优先于后申报者。先后顺序按交易主机接受申报的时间确定。

封闭式基金的报价单位为每份基金价格。基金的申报价格最小变动单位为0.001元人民币。买入与卖出封闭式基金份额,申报数量应当为100份或其整数倍。基金单笔最大数量应当低于100万份。

目前,沪、深证券交易所对封闭式基金的交易与股票交易一样实行价格涨跌幅限制,涨跌幅比例为10%(基金上市首日除外)。同时,我国封闭式基金在达成交易后,二级市场交易份额和股份的交割是在T+0日完成,资金交割是在T+1日完成。

三、交易费用

按照沪、深证券交易所公布的收费标准,我国基金交易佣金不得高于成交金额的0.3%(深圳证券交易特别规定该佣金水平不得低于代收的证券交易监管费和证券交易手续费,上海证券交易所无此规定),起点5元,不足5元的按5元收取,由证券公司向投资者收取。该项费用由证券登记公司与证券公司平分。目前,在沪、深证券交易所上市的封闭式基金交易不收取印花税。

四、折(溢)价率

投资者常常使用折(溢)价率反映封闭式基金份额净值与其二级市场之间的关系。折(溢)价率的计算公式为

$$折(溢)价率 = \frac{二级市场价格 - 基金份额净值}{基金份额净值} \times 100\%$$

$$= \left(\frac{二级市场价格}{基金份额净值} - 1\right) \times 100\%$$

当基金二级市场价格高于基金份额净值时,为溢价交易,对应的是溢价率;当二级市场价格低于基金份额净值时,为折价交易,对应的是折价率。当折价率较高时常常被认为是购买封闭式基金的好时机,但实际上并不尽然。有时折价率会继续攀升,在弱市时更有可能出现价格与净值同步下降的情形。

封闭式基金的交易条件、交易规则等总结如表3-7所示。

表3-7 封闭式基金的交易特点

交易规则	账户开立	必须开立沪、深基金账户及资金账户
	交易时间	每周一至周五(法定公众节假日除外),每天9:30~11:30、13:00~15:00
	交易原则	"价格优先、时间优先"的原则
	报价单位	基金的申报价格最小变动单位为0.001元人民币;买入与卖出封闭式基金份额,申报数量应当为100份或其整数倍;基金单笔最大数量应当低于100万份
	交割	实行T+1交割

第三章 证券投资基金的交易

续表

交易费用	佣金不得高于成交金额的 0.3%，起点 5 元；交易不收取印花税
折(溢)价率	$折(溢)价率 = \dfrac{二级市场价格 - 基金份额净值}{基金份额净值} \times 100\%$ $= \left(\dfrac{二级市场价格}{基金份额净值} - 1\right) \times 100\%$

第四节 特殊基金交易

一、ETF 的交易

(一) ETF 份额折算与变更登记

ETF 的上市交易、
申购与赎回

1. ETF 份额折算的时间

基金合同生效后，基金管理人应逐步调整实际组合直至达到跟踪指数要求，此过程为 ETF 建仓阶段。ETF 建仓期不超过三个月。

基金建仓期结束后，为方便投资者跟踪基金份额净值的变化，基金管理人通常会以某一选定日期作为基金份额折算日，以标的指数的 1‰(或 1%)作为份额净值，对原来的基金份额及其净值进行折算。

2. ETF 份额折算的变更登记及原则

ETF 份额折算由基金管理人办理，并由登记结算机构进行基金份额的变更登记。

基金份额折算后，基金份额总额与基金份额持有人持有的基金份额将发生调整，但调整后的基金份额持有人持有的基金份额占基金份额总额的比例不会发生变化。基金份额折算对基金份额持有人的收益无实质性影响。基金份额折算后，基金份额持有人将按照折算后的基金份额享有权利并承担义务。

3. ETF 份额折算的方法

假设某 ETF 管理人确定了基金份额折算日(T 日)，T 日收市后，基金管理人计算当日的基金资产净值 X 和基金份额总额 Y。

T 日标的指数收盘值为 I，若以标的指数的 1‰作为基金份额净值进行基金份额的折算，则 T 日的目标基金份额净值为 $I/1000$，基金份额折算比例的计算公式为

$$折算比例 = \dfrac{X/Y}{I/1000}$$

(以四舍五入的方法保留小数点后 8 位)

$$折算后的份额 = 原持有份额 \times 折算比例$$

【例 3-4】 假设某投资者在某 ETF 募集期内认购了 5000 份 ETF，基金份额折算日的基金资产净值为 3127000230.95 元，折算前的基金份额总额为 3013057000 份，当日标的指数收盘值为 966.45 元，请计算该 ETF 的折算比例及折算后的基金份额。

折算比例=(3127000230.95÷3013057000)÷(966.45÷1000)
　　　　=1.07384395

该投资者折算后的基金份额=5000×1.07384395=5369.22(份)

(二)ETF 份额的上市交易

ETF 合同生效后,基金管理人可向证券交易所申请上市。ETF 上市后二级市场的交易与封闭式基金类似,需要遵循下列交易规则。

(1) 基金上市首日的开盘参考价为前一工作日基金份额净值。
(2) 基金实行价格涨跌幅限制,涨跌幅比例为 10%,自上市首日起实行。
(3) 基金买入申报数量为 100 份或其整数倍,不足 100 份的部分可以卖出。
(4) 基金申报价格最小变动单位为 0.001 元。

基金管理人在每一交易日开市前需向证券交易所提供当日的申购、赎回清单。

证券交易所在开市后根据申购、赎回清单和组合证券内各只证券的实时成交数据,计算并每 15 秒发布一次基金份额参考净值(indicative optimized portfolio value, IOPV),供投资者交易、申购、赎回基金份额时参考。

二、LOF 的交易

(一)LOF 的申购赎回

LOF 的上市交易、申购和赎回

LOF 基金申赎原则为金额申购、份额赎回,申购申报单位为 1 元人民币,赎回申报单位为 1 份基金份额,最低申购份额和最低赎回金额具体可参考该基金的规定,各个基金的规定不同。

(二)LOF 的上市交易

LOF 完成登记托管手续后,由基金管理人向深圳证券交易所提交上市申请,申请在交易所挂牌上市。基金上市首日的开盘参考价为上市首日前一交易日的基金份额净值(四舍五入至价格最小变动单位)。LOF 在交易所的交易规则与封闭式基金基本相同,具体内容如下。

(1) 买入 LOF 申报数量应当为 100 份或其整数倍,申报价格最小变动单位为 0.001 元人民币。
(2) 深圳证券交易所对 LOF 交易实行价格涨跌幅限制,涨跌幅比例为 10%,自上市首日起执行。
(3) 投资者 T 日卖出基金份额后的资金 T+1 日即可到账(T 日也可撤回交易),而赎回资金至少 T+2 日到账。

三、QDII 基金的申购与赎回

(一)QDII 基金的申购和赎回与一般开放式基金申购和赎回的相同点

(1) 申购和赎回渠道。QDII 基金的申购和赎回渠道与一般开放式基金基本相同,投资者可通过基金管理人的直销中心及代销机构的网站进行 QDII 基金的申购与赎回。基金管理人可根据情况变更或增减代销机构，并予以公告。

(2) 申购和赎回的开放时间。证券交易所的交易日(基金管理人公告暂停申购或赎回时除外)为 QDII 基金申购和赎回开放日，投资者应当在开放日的开放时间办理申购和赎回申请。开放时间为 9:30～11:30、13:00～15:00。

(3) QDII 基金申购和赎回的原则与程序，申购份额和赎回金额的确定，巨额赎回的处理办法等都与一般开放式基金类似。

(二)QDII 基金申购和赎回与一般开放式基金申购和赎回的区别

(1) 币种。一般情况下，QDII 基金申购和赎回的币种为人民币，但基金管理人可以在不违反法律法规规定的情况下，接受其他币种的申购和赎回，并提前公告。

(2) 申购和赎回登记。一般情况下，基金管理公司会在 T+2 日内对该申请的有效性进行确认。T 日提交的有效申请，投资者应在 T+3 日到销售网点柜台或以销售机构规定的其他方式查询申请的确认情况。

对 QDII 基金而言，赎回申请成功后，基金管理人将在 T+10 日(包括该日)内支付赎回款项。在发生巨额赎回时，款项的支付办法按基金合同的有关规定处理。

(3) 拒绝或暂停申购的情况。因为 QDII 基金主要投资于海外市场，所以拒绝或暂停申购的情形与一般开放式基金有所不同，如基金规模不可超出中国证监会、国家外汇管理局核准的境外证券投资额度等。

【本章小结】

(1) 在基金募集期内购买基金份额的行为通常被称为基金的认购。本章先介绍开放式基金认购的步骤、方式、认购费率和收费模式，重点介绍了开放式基金的认购费用与认购份额的计算方法，然后介绍了封闭式基金、ETF 基金、LOF 基金、QDII 基金、分级基金的认购过程。

(2) 开放式基金的基金合同生效后，可有一段短暂的封闭期。封闭期后，若要将开放式基金申购、赎回，应遵循一定的原则，需要在规定的时间内在规定的场所内进行申购、赎回。重点讲述了其费用及销售服务费的计算方法，申购份额及赎回份额的计算方法，申购和赎回登记及款项的支付方式，巨额赎回的认定与处理方法以及开放式基金份额的转换、非交易过户、转托管与冻结。

(3) 投资者买卖封闭式基金必须开立沪、深证券账户或沪、深基金账户及资金账户，明确其交易规则及交易费用、折(溢)价率的计算方法。

(4) 特殊基金的交易，包括 ETF 的上市交易(申购、赎回)、LOF 的上市交易(申购、赎回)、QDII 的申购与赎回。

【翻转话题】

请根据本章所学内容，探讨一下，你认为证券投资基金的上市交易与股票、债券、期货期权等其他证券品种的上市交易有什么不同？

【课程思政案例】

"独角兽"商会平台背后隐藏的涉非灰影

打开T共享控股集团印发的宣传册,映入眼帘的便是"孵化独角兽 助力中国梦"的宣传标语。该集团号称"全球通O2O超级商务平台,是中国最大的独角兽企业孵化器"。T集团全国共有几十家公司,包含六家私募基金管理人。而真正走进该公司时,却发现看似"高大上"的背后却笼罩着涉嫌非法集资的阴影,所谓实力雄厚的大集团竟是不务正业、"无证经营"、自吹自擂、管理混乱的"草包心"。

一是不务正业。U公司是T集团旗下在基金业协会登记的私募基金管理人,自2015年备案以来,仅管理一只私募股权投资基金,产品规模仅510万元,且2016年以来未收取基金管理费,公司人员主要从事与私募基金不相关的活动。

二是"无证经营"。U公司自2014年9月至今,已变更5任总经理,高管变动频繁,公司人员众多且流动性大,公司投资主管李某某、王某某,投资专员孙某某等均未取得基金从业资格。

三是管理混乱。T共享平台旗下子公司U公司与V公司共用办公场地、财务、行政、人事等,法定代表人和总经理也均相同,但费用均由U公司承担。监管部门在访谈中也发现,U公司总经理吴某某对于公司整体运作情况竟然不了解,合规风控总监何某某也未独立履行对内部控制监督、检查、评价、报告和建议的职责。同时,U公司以及关联方的资金投资标的均与T控股存在关联关系。

四是自吹自擂。T集团网站、U公司的宣传墙及宣传资料随处可见其高层与大量名人的合照,内容包含T控股董事长卢某某与澳大利亚前总理陆克文等国内外领导人或名人的会见和合作。该公司大量宣传过往业绩且强调收益、弱化风险,宣传内容显示"嗖嗖身边:4个月市场扩大100倍;汉邦剪裁:12个月股权价值增长12倍"。"最安全的投资平台——TJ独创的独角兽联营失败补偿机制和独角兽基金死一补一组合投资模式,彻底破解了世界性投资安全难题"等,令人啼笑皆非。

面对这样精心包装的大集团,投资者如果多问几个"为什么",也许神秘的面纱也就揭开了:试问,一个号称孵化独角兽的"私募集团",为何只管理区区510万元规模的私募基金?试问,一个号称解决世界投资难题的"专业机构",为何从业人员"无证经营",高管层对私募基金"一问三不知"?试问,一个号称实力雄厚的大集团,为何还要共用办公场地、交叉任职,员工流动如流水,是租金和工资都难以为继了吗?

(资料来源:光明网,https://m.gmw.cn/baijia/2020-05/19/1301231988.html?sdkver=44e1e982.)

案例点评:

近年来,以集团化为依托的私募基金非法集资风险事件日渐增多,投资者往往因私募机构的"集团实力"背景和私募基金产品的"高息回报"诱惑而放松警惕,掉入非法集资的陷阱。投资者往往存在"背靠大树好乘凉""大公司""大集团"安全可靠等惯性思维,而忽视了集团化背后隐藏的关联交易、资金挪用、自融自用、"庞氏骗局"等风险。有些不法分子正是利用这一点，通过成立多个公司从事跨行业金融业务，多条线募资，资金混同形成资金池，拆东墙补西墙，规避监管，损害投资者利益。X集团、Y公司以私募基金名义涉嫌非法集资，就是典型的集团化跨行业违规操作"套路"。

【复习思考题】

一、单项选择题(以下各小题所给出的4个选项中，只有1项最符合题目要求，请选出正确的选项)

1. 封闭式基金的交易价格主要受( )的影响。
   A. 投资时间长短　　　　　　　B. 上市公司质量
   C. 投资基金规模大小　　　　　D. 二级市场供求关系
2. 股票交易价格在每一个交易日内始终处于变动中，但是股票基金份额净值的计算一般( )进行一次。
   A. 每分钟　　B. 每小时　　C. 每天　　D. 每周
3. 承担审查基金资产净值和基金份额净值的责任人是( )。
   A. 基金托管人　　　　　　　　B. 基金销售机构
   C. 注册登记机构　　　　　　　D. 基金审计的会计师事务所
4. 下列文件中，基金管理公司申请上市不需要提交的有( )。
   A. 基金契约　　　　　　　　　B. 基金托管协议
   C. 招募说明书　　　　　　　　D. 基金募集资金的验资报告
5. 基金交易委托以标准手数为单位进行，价格变化单位为( )元。
   A. 1　　　B. 0.01　　　C. 0.001　　　D. 0.1

二、多项选择题(以下各小题所给出的4个选项中，有2个或2个以上符合题目要求，请选出正确的选项)

1. 场内证券交易结算方式为( )。
   A. 净额结算方式　　　　　　　B. 总额结算方式
   C. 全额结算方式　　　　　　　D. 余额结算方式
2. 我国对基金账户、股票账户和资金账户的规定有( )。
   A. 每个身份证只允许开设一个基金账户，已开设股票账户的投资者，不可以再开设基金账户
   B. 投资者必须持本人身份证到户口所在地开户机构办理开设基金账户的手续，不得由他人代办
   C. 投资者的一个资金账户只能对应一个股票账户或基金账户；一个股票账户或基金账户只能对应一个资金账户
   D. 基金账户不得用于买卖股票，股票账户可以用于买卖基金
3. 基金单位的委托买卖采用的原则有( )。
   A. "三公"原则　　　　　　　　B. 价格优先原则

C. 时间优先原则　　　　　　D. 交易量多少原则
4. 下列机构可以交易开放式基金的是(　　)。
   A. 基金管理公司　B. 商业银行　C. 证券公司　D. 保险公司
5. 基金管理公司收到客户赎回指令后，一般要经过(　　)。
   A. 确认赎回是否有效
   B. 准备赎回款项
   C. 指示托管银行将客户的赎回款汇至投资者指定的账户或寄支票给客户
   D. 确认投资者身份

三、判断题(判断以下各小题的对错，正确的填 A，错误的填 B)

1. 封闭式基金在交易时需要交过户费。　　　　　　　　　　　　　　(　　)
2. 深圳证券交易所接受大宗交易的时间为每个交易日 9:30～11:30；13:00～15:30。(　　)
3. 封闭式基金的价格主要受基金单位净值的影响，开放式基金的价格则主要取决于市场供求关系的大小。　　　　　　　　　　　　　　　　　　　　　(　　)
4. 开放式基金通过交易所交易，封闭式基金通过基金管理人指定的销售渠道交易。
   　　　　　　　　　　　　　　　　　　　　　　　　　　　　　(　　)
5. 基金证券的交易，就是指基金证券在证券交易所挂牌买卖。　　　　(　　)

第四章 证券投资基金募集

【学习要点及目录】

- 掌握证券投资基金募集的程序。
- 掌握证券投资基金合同和托管协议的基本格式、内容。
- 掌握证券投资基金招募说明书的基本格式、内容。

【核心概念】

基金募集申请、注册　基金份额发售　基金合同　基金相关法律文本的基本格式要素

【引导案例】

2022年7月27日，国内首只疫苗场外指数基金——华夏国证疫苗与生物科技指数基金正式获批。医疗板块估值处于历史底部，疫苗生科指数收益率优于同类医药指数，投医疗、选疫苗！投资者若想了解如何投资这只基金，首先需要阅读《华夏国证疫苗与生物科技指数基金产品资料概要》(华夏国证疫苗与生物科技指数发起式C)。而在作出投资决定前，必须要阅读完整的《招募说明书》等销售文件。

【案例导学】

那么，证券投资基金在募集过程中经历的基本步骤有哪些？投资者想要了解发售的基金，需要阅读的销售文件都有哪些？这些销售文件的格式是怎样的？投资者应重点关注这些销售文件中的哪些内容？

第一节　证券投资基金募集程序

基金的募集是指基金管理公司根据有关规定向中国证监会提交募集申请文件、发售基金份额、募集基金的行为。基金的募集一般要经过基金募集申请、基金募集申请的注册、基金份额的发售、基金的合同生效四个步骤。

基金的募集

一、证券投资基金募集申请

申请募集基金，拟任基金管理人、基金托管人应当具备一定的条件。根据《公开募集证券投资基金运作管理办法》的规定，主要包括以下几方面。

(1) 拟任基金管理人为依法设立的基金管理公司或者经中国证监会核准的其他机构，拟任基金托管人为具有基金托管资格的商业银行或经中国证监会核准的其他金融机构。

(2) 有符合中国证监会规定的，与管理和托管拟募集基金相适应的基金经理等业务人员。

(3) 最近一年内没有重大违法违规行为、没有重大失信行为而受到行政处罚或者刑事处罚。

(4) 没有因为违法违规行为、失信行为正在被监管机构立案调查和司法机关立案侦查，或者正处于整改期间。

(5) 最近一年内向中国证监会提交的注册基金申请材料不存在虚假记载、误导性陈述或者重大遗漏。

(6) 不存在对基金运作已造成或可能造成不良影响的重大变更事项，或者诉讼、仲裁等其他重大事项。

(7) 不存在治理结构不健全、经营管理混乱、内部控制和风险管理制度无法得到有效执行、财务状况恶化等重大经营风险。

(8) 符合中国证监会根据审慎监管原则规定的其他条件。

申请募集基金，拟募集的基金也应当具备下列条件。

(1) 有明确的、合法的投资方向。

(2) 有明确的基金运作方式。

(3) 符合中国证监会关于基金品种的规定。

(4) 基金合同、招募说明书等法律文件草案符合法律、行政法规和中国证监会的规定。

(5) 基金名称能表明基金的类别和投资特征，不存在损害国家利益、社会公共利益，欺诈、误导投资者，或者其他侵犯他人合法权益的内容。

(6) 招募说明书能真实、准确、完整地披露了投资者作出投资决策所需的重要信息，不存在虚假记载、误导性陈述或重大遗漏，语言简明、易懂、实用，符合投资者的理解能力。

(7) 有符合基金特征的投资者适当性管理制度，有明确的投资者定位、识别和评估等落实投资者适当性安排的方法，有清晰的风险警示内容。

(8) 基金的投资者管理、销售、登记和估值等业务环节制度健全，行为规范，技术系统准备充分，不存在影响基金正常运作、损害或者可能损害基金份额持有人合法权益、可能引发系统性风险的情形。

(9) 符合中国证监会规定的其他条件。

我国基金管理人进行基金的募集，必须依据《证券投资基金法》的有关规定，向中国证监会提交相关文件。申请募集基金应提交的主要文件包括以下几方面。

① 《基金募集申请报告》。

② 《基金合同草案》。

③ 《基金托管协议草案》。

④ 《招募说明书草案》。

⑤ 律师事务所出具的《法律意见书》。

⑥ 中国证监会规定提交的其他文件等。

其中，《基金合同草案》《基金托管协议草案》《招募说经书草案》等文件是基金管理人向中国证监会提交设立基金的申请注册文本，还未正式生效，因此被称为"草案"。对于复杂或者创新产品，中国证监会将根据基金的特征与风险，要求基金管理人补充提交证券交易所和证券登记结算机构的授权函、投资者适当性安排、技术准备情况和主要业务环节的制度安排等文件。

申请报告包括但不限于以下几方面。

(1) 基金有关注册条件的说明。

(2) 基金与本公司已获批产品及行业同类产品差异，以及对基金投资运作和投资者的影响评估。

(3) 其他需要监管机构特别关注的事项。

申请材料受理后，相关内容不得随意更改。申请期间申请材料涉及的事项发生重大变化的，基金管理人应当自变化发生之日起五个工作日内向中国证监会提交更新材料。

二、证券投资基金募集申请的注册

根据《证券投资基金法》的要求，中国证监会应当自受理基金募集申请之日起六个月内作出注册或者不予注册的决定。中国证监会在基金审查的过程中，可以委托基金业协会进行初步审查并就基金信息披露文件合规性提出意见，或者组织专家评审会对创新基金募集申请进行评审，也可就特定基金的投资管理、销售安排、交易结算、登记托管及技术系统准备情况等征求证券交易所、证券登记结算机构等的意见，供注册审查时参考。基金募集申请经中国证监会注册后方可发售基金份额。

近年来，中国证监会不断地推进基金产品注册制度改革，对基金募集的注册审查以要件齐备和内容合规为基础，不对基金的投资价值及市场前景等作出实质性判断或者保证，并将注册程序分为简易程序和普通程序。

对常规基金产品，按照简易程序注册，注册审查时间原则上不超过 20 个工作日；对其他产品，按照普通程序注册，注册审查时间不超过六个月。

适用于简易程序的产品包括常规股票基金、混合基金、债券基金、指数基金、货币基金、发起式基金、合格境内机构投资者(QDII)基金、理财基金和交易型指数基金(含单市场、跨市场/跨境 ETF)及其联接基金。基金中基金(FOF)及中国证监会认定的其他特殊产品暂不实行简易程序。

三、证券投资基金份额的发售

基金管理人应当自收到核准文件之日起 6 个月内进行基金份额的发售。超过 6 个月开始募集，原注册的事项未发生实质性变化的，应当报国务院证券监督管理机构备案；发生实质性变化的，应当向国务院证券监督管理机构重新提交注册申请。基金的募集不得超过中国证监会核准的基金募集期限。基金的募集期限自基金份额发售之日起计算，募集期限一般不得超过三个月。

基金份额的发售，由基金管理人负责办理。基金管理人应当在基金份额发售的三日前公布《招募说明书》《基金合同》及其他有关文件。

在基金募集期间募集的资金应当存入专门的账户，在基金募集行为结束前，任何人不得动用。

四、证券投资基金的合同生效

(1) 基金募集期限届满，封闭式基金满足募集的基金份额总额达到核准规模的 80%以上，并且基金份额持有人人数达 200 人以上；开放式基金需满足募集份额总额不少于 2 亿份，基金募集金额不少于 2 亿元人民币，基金份额持有人的人数不少于 200 人。基金管理人应当自募集期限届满之日起 10 日内聘请法定验资机构验资。自收到验资报告之日起 10 日内，向中国证监会提交备案申请和验资报告，办理基金备案手续。

中国证监会自收到基金管理人验资报告和基金备案材料之日起三个工作日内予以书面确认；自中国证监会书面确认之日起，基金备案手续办理完毕，基金合同生效。基金管理人应当在收到中国证监会确认文件的次日予以公告。

需要特别说明的是，发起式基金的基金合同生效不受上述条件的限制。发起式基金是指基金管理人在募集基金时，使用公司股东资金、公司固有资金、公司高级管理人员或者基金经理等人员资金认购基金的金额不少于 1000 万元人民币，且持有期限不少于三年。发起式基金的基金合同生效三年后，若基金资产净值低于 2 亿元，基金合同自动终止。发起资金的持有期限自该基金公开发售之日或者合同生效之日起计算。

(2) 基金募集期限届满、基金不满足有关募集要求的，基金募集失败，基金管理人应承担下列责任。

① 以固定财产承担因募集行为而产生的债务和费用。

② 在基金募集期限届满后 30 日内返还投资者已交纳的款项，并加计银行同期存款利息。

第二节　证券投资基金合同和托管协议

一、证券投资基金合同

一份完整的证券投资基金合同一般包含三部分：第一部分，基金主要当事人具体信息；第二部分，目录；第三部分，基金合同具体内容详细说明，一般来说具体包括 31 项内容。模板如下所示。

证券投资基金合同

基金管理人：_____基金管理有限公司
基金托管人：_____银行
_____年_____月

目录(略)

　　一、前言

为保护基金投资者合法权益，明确基金合同当事人的权利与义务，规范基金运作，依照《中华人民共和国证券投资基金法》和其他有关法律法规的规定，在平等自愿、诚实信用、充分保护基金投资者合法权益原则的基础上，订立本《_____优势证券投资基金基金合同》。

基金合同是规定基金合同当事人之间权利义务的基本法律文件，其他与本基金相关的涉及基金合同当事人之间权利义务关系的任何文件或表述，均以基金合同为准。基金管理人和基金托管人对于基金合同的签署构成其对基金合同的承认。基金投资者自取得依据基金合同发行的基金份额，即成为基金份额持有人和基金合同当事人，其认购或申购并持有基金份额的行为本身即表明其对基金合同的承认和接受，基金份额持有人作为基金合同当事人并不以在本基金合同上的书面签章为必要条件。基金合同当事人按照投资基金法及其他有关法律法规的规定享有权利、承担义务。

上投摩根中国_____优势证券投资基金由基金管理人按照投资基金法、基金合同及其他有关法律法规的规定设立，经中国证券监督管理委员会批准。

中国证监会对本基金设立的批准，并不表明其对基金的价值和收益作出实质性判断或保证，也不表明投资于本基金没有风险。

基金管理人将依照诚实信用、勤勉尽责的原则管理和运用基金资产，但由于证券投资具有一定的风险，因此不保证本基金一定盈利，也不保证基金份额持有人的最低收益。

基金管理人、基金托管人在基金合同之外披露的涉及基金的信息，其内容涉及界定基金合同当事人之间权利义务关系的，应以基金合同为准。

二、释义

在基金合同中，除非文义另有所指，下列词语或简称具有如下含义。

本基金或基金：指上投摩根中国_____优势证券投资基金。

招募说明书：指《上投摩根中国_____优势证券投资基金招募说明书》及其任何有效修订与更新。

本基金合同或基金合同：指本《上投摩根中国_____优势证券投资基金基金合同》及对该基金合同任何有效的修订和补充。

托管协议：指基金管理人与基金托管人就本基金签订之《上投摩根中国_____优势证券投资基金托管协议》及对该协议的任何有效的修订和补充。

投资基金法：指《中华人民共和国证券投资基金法》。

元：指人民币元。

中国证监会：指中国证券监督管理委员会。

银行业监督管理机构：指中国人民银行和/或国家金融监督管理总局。

基金合同当事人：指受基金合同约束，根据基金合同享有权利并承担义务的基金管理人、基金托管人和基金份额持有人。

基金管理人：指上投摩根_____富林明_____基金管理有限公司。

基金托管人：指中国建设_____银行。

基金销售业务：指基金的认购、申购、赎回、转换、非交易过户、转托管及定期定额投资等业务。

基金销售代理人：指具有开放式基金销售代理资格、依据有关销售代理协议办理基金申购、赎回和其他基金业务的代理机构。

基金销售机构：指基金管理人及基金销售代理人。

基金销售网点：指基金管理人的直销中心及基金销售代理人的代销网点。

基金注册登记机构：指基金管理人，在符合法律法规有关规定的情况下，基金管理人可以委托第三方代为办理基金注册与过户登记业务，在此情况下该接受委托的第三方为基金注册登记机构。

基金账户：指基金注册登记机构为基金投资者开立的记录其持有的基金管理人所管理

的基金份额余额及其变动情况的账户。

基金份额持有人：指根据基金合同及相关文件合法取得本基金基金份额的投资者。

个人投资者：指合法持有届时有效的中华人民共和国居民身份证或其他合法身份证件的中国居民。

机构投资者：指在中国境内依法设立的企业法人、事业法人、社会团体或其他组织(法律法规及其他有关规定禁止投资于开放式证券投资基金的除外)。

合格境外机构投资者：指符合《合格境外机构投资者境内证券投资管理暂行办法》规定的条件，经监管部门批准投资于中国证券市场的中国境外基金管理机构、保险公司、证券公司以及其他资产管理机构。

基金投资者：指个人投资者、机构投资者和合格境外机构投资者的合称。

基金合同生效日：指本基金募集符合本基金合同规定条件，并获得中国证监会书面确认之日。

基金合同终止日：指基金合同规定的终止事由出现后按照基金合同规定的程序并经中国证监会批准终止基金合同的日期。

基金募集期：指自基金份额发售之日起到基金合同生效日止的时间段，最长不超过三个月。

存续期：指基金合同生效日至基金合同终止日之间的不定期期限。

工作日：指上海证券交易所和深圳证券交易所的正常交易日。

T日：指基金销售机构在规定时间受理投资者申购、赎回或其他业务申请的日期。

T+n日：指自T日起第 n 个工作日(不包含T日)。

开放日：指为投资者办理基金申购、赎回等业务的工作日。

认购：指在基金募集期内，基金投资者购买本基金基金份额的行为。

申购：指基金合同生效后，基金投资者购买本基金基金份额的行为。

赎回：指基金合同生效后，基金份额持有人按基金合同规定的条件，要求基金管理人购回本基金的基金份额的行为。

基金收益：指基金投资所得红利、股息、债券利息、买卖证券差价、银行存款利息以及基金的其他合法收入。

基金资产总值：指基金所购买的各类证券价值、银行存款本息和基金应收的申购款项和其他应收款项以及其他投资所形成资产的价值总和。

基金资产净值：指基金资产总值减去基金负债后的价值。

基金份额净值：基金份额净值是按照每个开放日闭市后，基金资产净值除以当日基金份额的余额数量计算，基金份额净值的计算，精确到0.0001元，小数点后第五位四舍五入，国家另有规定的，从其规定。

基金资产估值：指计算评估基金资产和负债的价值，以确定该基金资产净值和基金份额净值的过程。

指定媒体：指中国证监会指定的用以进行信息披露的报纸、互联网网站或其他媒体。

法律法规：指中华人民共和国现行有效的法律、行政法规、行政规章、地方性法规、地方规章及规范性文件。

不可抗力：指基金合同当事人无法预见、无法克服、无法避免且在基金合同由基金托管人、基金管理人签署之日后发生的任何事件，包括但不限于洪水、地震及其他自然灾害、战争、骚乱、火灾、政府征用或没收、法律变化、突发停电、电脑系统或数据传输系统非正常停止或其他突发事件、证券交易场所非正常暂停或停止交易等。

基金信息披露义务人：指基金管理人、基金托管人、召集基金份额持有人大会的基金份额持有人等法律、行政法规和中国证监会规定的自然人、法人和其他组织。

三、基金合同当事人

(一)基金管理人

名称：＿＿＿＿＿＿＿＿＿＿＿＿＿＿＿＿＿

注册地址：＿＿＿＿＿＿＿＿＿＿＿＿＿＿＿

办公地址：＿＿＿＿＿＿＿＿＿＿＿＿＿＿＿

法定代表人：＿＿＿＿＿＿＿＿＿＿＿＿＿＿

总经理：＿＿＿＿＿＿＿＿＿＿＿＿＿＿＿＿

成立日期：＿＿＿＿年＿＿＿＿月＿＿＿＿日

批准设立机关及批准设立文号：中国证监会证监基字[　　]号

经营范围：基金管理业务、发起设立基金以及经中国证监会批准的其他业务。

组织形式：有限责任公司

实缴注册资本：＿＿＿＿万元

存续期间：持续经营

(二)基金托管人

名称：＿＿＿＿＿＿＿＿＿＿＿＿＿＿＿＿＿

注册地址：＿＿＿＿＿＿＿＿＿＿＿＿＿＿＿

办公地址：＿＿＿＿＿＿＿＿＿＿＿＿＿＿＿

法定代表人：＿＿＿＿＿＿＿＿＿＿＿＿＿＿

成立日期：＿＿＿＿年＿＿＿＿月＿＿＿＿日

基金托管业务批准文号：中国证监会证监基字[　　]号

经营范围：吸收人民币存款；发放短期、中期和长期贷款；办理结算；办理票据贴现；发行金融债券；代理发行、代理兑付、承销政府债券；买卖政府债券；从事同业拆借；提供信用证服务及担保；代理收付款项及代理保险业务；提供保管箱服务；外汇存款；外汇贷款；外汇汇款；外币兑付；国际结算；同业外汇拆借；外汇票据的承兑和贴现；外汇借款；外汇担保；结汇、售汇；发行和代理发行股票以外的外币有价证券；买卖和代理买卖股票以外的外币有价证券；自营外汇买卖；代客外汇买卖；外汇信用卡的发行；代理国外信用卡的发行及付款；资信调查、咨询、见证业务；经中国人民银行批准的委托代理业务及其他业务(包括工程造价咨询业务)。

组织形式：国有独资企业

注册资本：＿＿＿＿亿元人民币

存续期间：持续经营

(三)基金份额持有人

基金投资者自取得依据基金合同发行的基金份额，即成为基金份额持有人和基金合同当事人之日起，其认购或申购并持有基金份额的行为本身即表明其对基金合同的承认和接受，基金份额持有人作为基金合同当事人并不以在本基金合同上书面签章为必要条件。

四、基金管理人的权利义务

(一)基金管理人的权利

(1) 依法申请并募集基金。

(2) 自基金合同生效之日起，基金管理人依照法律法规和基金合同独立管理基金资产。

(3) 根据法律法规和基金合同的规定，制定、修改并公布有关基金募集、认购、申购、赎回、转托管、基金转换、非交易过户、冻结、收益分配等方面的业务规则。

(4) 根据法律法规和基金合同的规定决定本基金的相关费率结构和收费方式，获得基金管理费，收取认购费、申购费及其他事先批准或公告的合理费用以及法律法规规定的其他费用。

(5) 根据法律法规和基金合同的规定销售基金份额。

(6) 依据法律法规和基金合同的规定监督基金托管人，如认为基金托管人违反了法律法规或基金合同规定对基金资产、其他基金合同当事人的利益造成重大损失的，应及时呈报中国证监会和银行业监督管理机构，以及采取其他必要措施以保护本基金及相关基金合同当事人的利益。

(7) 基金管理人可根据基金合同的规定选择适当的基金销售代理人并有权依照代销协议对基金销售代理人行为进行必要的监督和检查。

(8) 自行担任基金注册登记代理机构或选择、更换基金注册登记代理机构，办理基金注册与过户登记业务，并按照基金合同的规定对基金注册登记代理机构进行必要的监督和检查。

(9) 在基金合同约定的范围内，拒绝或暂停受理申购和赎回的申请。

(10) 在法律法规允许的前提下，为基金的利益依法为基金进行融资。

(11) 依据法律法规和基金合同的规定，制定基金收益的分配方案。

(12) 按照法律法规，代表基金对被投资企业行使股东权利，代表基金行使因投资于其他证券所产生的权利。

(13) 依据法律法规和基金合同的规定，召集基金份额持有人大会。

(14) 以基金管理人名义，代表基金份额持有人利益行使诉讼权利或者实施其他法律行为。

(15) 选择、更换律师、审计师、证券经纪商或其他为基金提供服务的外部机构，并确定有关费率。

(16) 法律法规、基金合同以及依据基金合同制定的其他法律文件所规定的其他权利。

(二)基金管理人的义务

(1) 遵守法律法规和基金合同的规定。

(2) 恪尽职守，依照诚实信用、勤勉尽责的原则，谨慎、有效管理和运用基金资产。

(3) 充分考虑本基金的特点，设置相应的部门并配备足够的具有专业资格的人员进行基金投资分析、决策，以专业化的经营方式管理和运作基金资产，防范和减少风险。

(4) 设置相应的部门并配备足够的专业人员办理基金份额的认购、申购、赎回和登记事宜或委托经国务院证券监督管理机构认定的其他机构代为办理。

(5) 设置相应的部门并配备足够的专业人员办理基金的注册与过户登记工作或委托其他机构代理该项业务。

第四章　证券投资基金募集

(6) 建立健全内部控制制度，保证基金管理人的固有财产和基金财产相互独立，对所管理的不同基金财产分别管理、分别记账，进行证券投资。

(7) 除依据法律法规和基金合同的规定外，不得利用基金资产为自己及任何第三方谋取利益。

(8) 除依据法律法规和基金合同的规定外，基金管理人不得委托第三人管理、运作基金资产。

(9) 接受基金托管人依照法律法规和基金合同对基金管理人履行基金合同情况进行的监督。

(10) 采取所有必要措施对基金托管人违反法律法规、基金合同和托管协议的行为进行纠正和补救。

(11) 按规定计算并公告基金资产净值及基金份额净值。

(12) 按照法律法规和基金合同的规定受理申购和赎回申请，及时、足额地支付赎回、分红款项。

(13) 严格按照法律法规和基金合同的规定公告招募说明书和基金份额发售公告和履行其他信息披露及报告义务。

(14) 保守基金的商业秘密，不泄露基金投资计划、投资意向等；除法律法规和基金合同规定外，在基金信息公开披露前应予保密，不向他人泄露，但因遵守和服从司法机构、中国证监会或其他监管机构的判决、裁决、决定、命令而作出的披露或为了基金审计的目的而做出的披露不应视为基金管理人违反基金合同规定的保密义务。

(15) 依据基金合同规定制定基金收益分配方案并向本基金的基金份额持有人分配基金收益。

(16) 不谋求对基金资产所投资的公司的控股和直接管理。

(17) 依据法律法规和基金合同的规定召集基金份额持有人大会。

(18) 编制基金的财务会计报告；保存基金的会计账册、报表及其他处理有关基金事务的完整记录15年以上。

(19) 参加基金清算小组，参与基金资产的保管、清理、估价、变现和分配。

(20) 面临解散、依法被撤销、破产或者由接管人接管其资产时，及时报告中国证监会并通知基金托管人。

(21) 监督基金托管人按法律法规和基金合同规定履行自己的义务。基金托管人因过错造成基金资产损失时，基金管理人应为基金利益向基金托管人追偿，除法律法规另有规定外，不承担连带责任。

(22) 基金管理人因违反基金合同规定的目的处分基金资产或者因违背基金合同规定的管理职责、处理基金事务中因过错致使基金资产受到损失的，应当承担赔偿责任，其过错责任不因其退任而免除。

(23) 确保向基金份额持有人提供的各项文件或资料在规定时间内发出；保证投资者能够按照基金合同规定的时间和方式，查阅到与基金有关的公开资料，并得到有关资料的复印件。

(24) 负责为基金聘请会计师事务所和律师。

(25) 不从事任何有损本基金其他当事人合法权益的活动。

(26) 基金不能成立时按规定退还所募集资金的本息,并承担发行费用。

(27) 法律法规、基金合同或国务院证券监督管理机构规定的其他义务。

五、基金托管人的权利义务

(一)基金托管人的权利

(1) 依照基金合同的约定获得基金托管费。

(2) 监督本基金的投资运作,如托管人发现基金管理人的投资指令违反基金合同或有关法律法规的规定的,不予执行并向中国证监会报告。

(3) 在基金管理人更换时,提名新的基金管理人。

(4) 依据法律法规和基金合同的规定召集基金份额持有人大会。

(5) 依据法律法规和基金合同的规定监督基金管理人,如认为基金管理人违反了法律法规或基金合同规定对基金资产、其他基金合同当事人的利益造成重大损失的,应及时呈报中国证监会和银行业监督管理机构,以及采取其他必要措施以保护本基金及相关基金合同当事人的利益。

(6) 法律法规、基金合同规定的其他权利。

(二)基金托管人的义务

(1) 基金托管人应遵守法律法规和基金合同的规定,安全保管基金的财产。

(2) 设立专门的基金托管部,具有符合要求的营业场所,配备足够的、合格的熟悉基金托管业务的专职人员,负责基金资产托管事宜。

(3) 建立健全内部控制制度,确保基金资产的安全,保证其托管的基金资产与基金托管人固有资产相互独立,保证其托管的基金资产与其托管的其他基金资产相互独立;对所托管的不同的基金分别设置账户,确保基金财产的完整与独立。

(4) 除依据法律法规和基金合同的规定外,不得利用基金资产为自己及任何第三人谋取利益。

(5) 除依据法律法规和基金合同的规定外,基金托管人不得委托第三人托管基金资产。

(6) 保管由基金管理人代表基金签订的与基金有关的重大合同。

(7) 按有关规定开立证券账户、银行存款账户等基金资产账户。

(8) 按照基金合同的约定,根据基金管理人的投资指令,及时办理清算、交割事宜。

(9) 保守基金的商业秘密,不泄露基金的投资计划、投资意向等;除法律法规和基金合同的规定外,在基金信息公开披露前应予保密,不向他人泄露,但因遵守和服从司法机构、中国证监会或其他监管机构的判决、裁决、决定、命令而作出的披露或为了基金审计的目的而作出的披露不应视为基金托管人违反基金合同规定的保密义务。

(10) 复核、审查基金管理人计算的基金资产净值及基金份额申购、赎回价格。

(11) 对基金财务会计报告,对半年度和年度基金报告出具意见。

(12) 监督基金管理人的投资运作,发现基金管理人的投资指令违法、违规的,不予执行,并向中国证监会报告。

(13) 按法律法规和中国证监会的有关规定出具基金托管人报告。

(14) 按有关规定,保存基金的会计账册、报表和其他有关基金托管业务的记录、账册、报表和其他相关资料。

(15) 参加基金清算小组,参与基金资产的保管、清理、估价、变现和分配。

(16) 面临解散、依法被撤销、破产或者由接管人接管其资产时,及时报告中国证监会、和银行业监督管理机构,并通知基金管理人。

(17) 监督基金管理人按法律法规和基金合同的规定履行自己的义务;基金管理人因过错造成基金资产损失时,基金托管人应为基金利益向基金管理人追偿,除法律法规另有规定外,不承担连带责任。

(18) 采取适当、合理的措施,使本基金的认购、申购、赎回等事项符合基金合同等有关法律文件的规定。

(19) 采取适当、合理的措施,使基金管理人用以计算基金份额认购、申购、赎回和注销价格的方法符合基金合同等法律文件的规定。

(20) 采取适当、合理的措施,使基金投资和融资的条件符合基金合同等法律文件的规定。

(21) 因过错导致基金资产的损失或因违背托管职责或者处理基金事务不当对第三人所负债务或者自己受到的损失,应当承担赔偿责任,其责任不因其退任而免除。

(22) 不从事任何有损本基金其他基金合同当事人合法权益的活动。

(23) 法律法规、基金合同和依据基金合同制定的其他法律文件所规定的其他义务。

六、基金份额持有人的权利义务

基金投资者购买本基金基金份额的行为即视为对基金合同的承认和接受,基金投资者自取得依据基金合同发行的基金份额之日起,即成为基金份额持有人和基金合同当事人。基金份额持有人作为当事人并不以在基金合同上书面签章为必要条件。

每一基金份额都具有同等的合法权益。

(一)基金份额持有人的权利

(1) 按基金合同的规定出席或者委派代表出席基金份额持有人大会,就审议事项行使表决权。

(2) 按基金合同的规定取得基金收益。

(3) 按基金合同的规定查询或复制公开披露的基金信息资料。

(4) 按基金合同的规定赎回基金份额,并在规定的时间内取得有效赎回的款项。

(5) 参与分配清算后的剩余基金财产。

(6) 依照法律法规和基金合同的规定,要求召开基金份额持有人大会。

(7) 要求基金管理人或基金托管人及时行使法律法规、基金合同所规定的义务。

(8) 对基金管理人、基金托管人损害其合法权益而要求予以赔偿。

(9) 法律法规、基金合同规定的其他权利。

(二)基金份额持有人的义务

(1) 遵守有关法律法规和基金合同的规定。

(2) 缴纳基金认购、申购和赎回等事宜涉及的款项及规定的费用。

(3) 以其对基金的投资额为限承担本基金亏损或者终止的有限责任。

(4) 不从事任何有损基金及本基金其他基金合同当事人合法权益的活动。

(5) 返还其在基金投资过程中取得的不当得利。

(6) 遵守法律、法规及基金合同规定的其他义务。

七、基金份额持有人大会

本基金的基金份额持有人大会，由本基金的基金份额持有人组成。

(一)有以下事由情形之一时，应召开基金份额持有人大会

(1) 修改基金合同或提前终止基金合同，但基金合同另有约定的除外。

(2) 提前终止本基金。

(3) 变更基金类型或转换基金运作方式。

(4) 更换基金托管人。

(5) 更换基金管理人。

(6) 提高基金管理人、基金托管人的报酬标准，但根据法律法规的要求提高该等报酬标准的除外。

(7) 本基金与其他基金的合并。

(8) 法律法规、基金合同或中国证监会规定的其他应当召开基金份额持有人大会的事项。

(二)以下情况不需召开基金份额持有人大会

(1) 调低基金管理费、基金托管费。

(2) 在法律法规和基金合同规定的范围内变更本基金的申购费率、赎回费率或收费方式。

(3) 因相应的法律法规发生变动而应当对基金合同进行修改。

(4) 对基金合同的修改不涉及基金合同当事人权利义务关系发生变化。

(5) 对基金合同的修改对基金份额持有人利益无实质性不利影响。

(6) 除法律法规或基金合同规定应当召开基金份额持有人大会以外的其他情形。

(三)召集方式

(1) 除法律法规或基金合同另有约定外，基金份额持有人大会由基金管理人召集，开会时间、地点、方式和权益登记日由基金管理人选择确定。

(2) 基金托管人认为有必要召开基金份额持有人大会的，应当向基金管理人提出书面提议。基金管理人应当自收到书面提议之日起10日内决定是否召集，并书面告知基金托管人。

基金管理人决定召集的，应当自出具书面决定之日起60日内召开；基金管理人决定不召集，基金托管人仍认为有必要召开的，应当自行召集并确定开会时间、地点、方式和权益登记日。

(3) 代表基金份额10%以上的基金份额持有人认为有必要召开基金份额持有人大会的，应当向基金管理人提出书面提议。基金管理人应当自收到书面提议之日起10日内决定是否召集，并书面告知提出提议的基金份额持有人代表和基金托管人。

基金管理人决定召集的，应当自出具书面决定之日起60日内召开；基金管理人决定不召集，代表基金份额10%以上的基金份额持有人仍认为有必要召开的，应当向基金托管人提出书面提议。

基金托管人应当自收到书面提议之日起10日内决定是否召集，并书面告知提出提议的基金份额持有人代表和基金管理人；基金托管人决定召集的，应当自出具书面决定之日起60日内召开。

(4) 代表基金份额10%以上(含10%)的基金份额持有人就同一事项书面要求召开基金份额持有人大会，而基金管理人、基金托管人都不召集的，代表基金份额10%以上(含10%)

的基金份额持有人有权自行召集,并至少提前30日报国务院证券监督管理机构备案。

(5) 基金份额持有人依法自行召集基金份额持有人大会的,基金管理人、基金托管人应当配合,不得阻碍、干扰。

(四)通知

召开基金份额持有人大会,召集人应当于会议召开前30天,在至少一种由中国证监会指定的信息披露媒体上公告通知。基金份额持有人大会不得就未经公告的事项进行表决。基金份额持有人大会通知将至少载明以下内容。

(1) 会议召开的时间、地点、方式。
(2) 会议拟审议的主要事项。
(3) 投票委托书送达时间和地点。
(4) 会务常设联系人姓名、电话。
(5) 如采用通信表决方式,则载明投票表决的截止日以及表决票的送达地址。

在采用通信方式开会并进行表决的情况下,由召集人决定通信方式和书面表决方式,并在会议通知中说明本次基金份额持有人大会所采取的具体通信方式、委托的公证机关及其联系方式和联系人、书面表达意见的寄交和收取方式。

(五)开会方式

基金份额持有人大会的召开方式包括现场开会和通信方式开会。现场开会是指由基金份额持有人本人出席或通过授权委派其代理人出席,现场开会时基金管理人和基金托管人的授权代表应当出席;通信方式开会是指按照基金合同的相关规定以通信的书面方式进行表决。会议的召开方式由召集人确定,但决定基金管理人更换或基金托管人的更换事宜必须以现场开会方式召开基金份额持有人大会。

(1) 现场开会同时符合以下条件时,可以进行基金份额持有人大会议程。

① 出席会议者持有基金份额的凭证和受托出席会议者出具的委托人持有基金份额的凭证和授权委托书等文件符合法律法规、本基金合同和会议通知的规定。

② 经核对,汇总到会者出示的在权益登记日持有基金份额的凭证显示,全部有效的基金份额不少于权益登记日基金总份额的50%(不含50%)。

(2) 在符合以下条件时,通信开会的方式视为有效。

① 召集人按基金合同规定公布会议通知后,在两个工作日内连续公布相关提示性公告。

② 召集人按照会议通知规定的方式收取基金份额持有人的书面表决意见。

③ 本人直接出具书面意见或授权他人代表出具书面意见的基金份额持有人所代表的基金份额不少于权益登记日基金总份额的50%。

④ 直接出具书面意见的基金份额持有人或受托代表他人出具书面意见的其他代表,同时提交的持有基金份额的凭证和受托出席会议者出具的委托人持有基金份额的凭证和授权委托书等文件符合法律法规、基金合同和会议通知的规定。

⑤ 会议通知公布前已报中国证监会备案。

采取通信方式进行表决时,除非在计票时有充分的相反证据证明,否则表明符合法律法规、基金合同和会议通知规定的书面表决意见即视为有效的表决;表决意见模糊不清或相互矛盾的视为弃权表决,但应当计入出具书面意见的基金份额持有人所代表的基金份额总数。

(六)议事内容与程序

1. 议事内容及提案权

议事内容为关系全体基金份额持有人利益的,并为基金份额持有人大会职权范围内的重大事项,如法律法规规定的基金合同的重大修改、终止基金、更换基金管理人、更换基金托管人、基金之间或与其他基金合并以及召集人认为需提交基金份额持有人大会讨论的其他事项。

基金份额持有人大会的召集人发出召集会议的通知后,对原有提案的修改应当在基金份额持有人大会召开日前10天公告。否则,会议的召开日期应当顺延并保证至少有10天的间隔期。

基金管理人、基金托管人、单独或合并持有权益登记日本基金总份额10%或以上的基金份额持有人可以在大会召集人发出会议通知前向大会召集人提交需由基金份额持有人大会审议表决的提案;也可以在会议通知发出后向大会召集人提交临时提案,临时提案应当在基金份额持有人大会召开日前15天提交召集人。召集人对于基金管理人和基金托管人提交的临时提案进行审查,符合条件的应当在基金份额持有人大会召开日前10天公告。

对于基金份额持有人提交的提案(包括临时提案),大会召集人应当按照以下原则对提案进行审核。

(1) 关联性。大会召集人对于基金份额持有人提案涉及事项与基金有直接关系,并且不超出法律法规和基金合同规定的基金份额持有人大会职权范围的,应提交大会审议;对于不符合上述要求的,不提交基金份额持有人大会审议。如果召集人决定不将基金份额持有人提案提交大会表决,应当在该次基金份额持有人大会上进行解释和说明。

(2) 程序性。大会召集人可以对基金份额持有人的提案涉及的程序性问题作出决定。如将其提案进行分拆或合并表决,需征得原提案人同意;原提案人不同意变更的,大会主持人可以就程序性问题提请基金份额持有人大会作出决定,并按照基金份额持有人大会决定的程序进行审议。

(3) 单独或合并持有权益登记日基金总份额10%或以上的基金份额持有人提交基金份额持有人大会审议表决的提案,或基金管理人或基金托管人提交基金份额持有人大会审议表决的提案,未获得基金份额持有人大会审议通过,就同一提案再次提请基金份额持有人大会审议,其时间间隔不少于六个月。法律法规另有规定的除外。

2. 议事程序

在现场开会的方式下,首先由召集人宣读提案,经讨论后进行表决,并形成大会决议,报经中国证监会批准后生效;在通信表决开会的方式下,首先由召集人提前10天公布提案,在所通知的表决截止日期第二个工作日在公证机构监督下由召集人统计全部有效表决并形成决议,报经中国证监会批准或备案后生效。

3. 特别说明

基金份额持有人大会不得对未事先公告的议事内容进行表决。

(七)表决

(1) 基金份额持有人所持每份基金份额享有平等的表决权。

(2) 基金份额持有人大会决议分为一般决议和特别决议。

① 特别决议。对于特别决议应当经参加大会的基金份额持有人所持表决权的 2/3 以上(不含 2/3)通过。

② 一般决议。对于一般决议应当经参加大会的基金份额持有人所持表决权的 50%以上(不含 50%)通过。

转换基金运作方式、更换基金管理人或者基金托管人、提前终止基金合同应当以特别决议通过方为有效。

(3) 基金份额持有人大会采取记名方式进行投票表决。

(4) 采取通信方式进行表决时，符合会议通知规定的书面表决意见视为有效表决。

(5) 基金份额持有人大会的各项提案或同一项提案内并列的各项议题应当分开审议、逐项表决。

(6) 基金份额持有人大会不得就未经公告的事项进行表决。

(八)计票

1. 现场开会

(1) 基金份额持有人大会的主持人为召集人授权出席大会的代表，如大会由基金管理人或基金托管人召集，基金份额持有人大会的主持人应当在会议开始后宣布在出席会议的基金份额持有人中推举两名基金份额持有人代表与大会召集人授权的一名监督员共同担任监票人；如大会由基金份额持有人自行召集，基金份额持有人大会的主持人应当在会议开始后宣布在出席会议的基金份额持有人中推举三名基金份额持有人担任监票人。

(2) 监票人应当在基金份额持有人表决后立即进行清点并由大会主持人当场公布计票结果。

(3) 如果会议主持人对于提交的表决结果有怀疑，可以对所投票数重新进行清点；如果会议主持人未重新进行清点，而出席会议的基金份额持有人或者基金份额持有人代理人对会议主持人宣布的表决结果有异议，其有权在宣布表决结果后立即要求重新清点，会议主持人应当立即重新清点并公布重新清点结果。重新清点仅限一次。

2. 通信方式开会

在通信方式开会的情况下，计票方式为：由大会召集人授权的两名监督员在基金托管人授权代表(如果基金托管人为召集人，则为基金管理人授权代表)的监督下进行计票，并由公证机关对其计票过程予以公证。

(九)生效与公告

基金份额持有人大会按照投资基金法的有关规定表决通过的事项，召集人应当自通过之日起五日内报中国证监会核准或者备案。

基金份额持有人大会决定的事项自中国证监会依法核准或者出具无异议意见之日起生效。生效的基金份额持有人大会决议对全体基金份额持有人、基金管理人、基金托管人均有法律约束力。基金管理人、基金托管人和基金份额持有人应当执行生效的基金份额持有人大会的决定。

基金份额持有人大会决议应当在至少一种中国证监会指定的信息披露媒体公告。

八、基金管理人、托管人的更换条件与程序

(一)基金管理人的更换

1. 基金管理人的更换条件有下列情形之一的，经中国证监会批准，须更换基金管理人

(1) 基金管理人解散、依法被撤销、被依法宣告破产或者由接管人接管的。
(2) 依照基金合同规定由基金份额持有人大会表决解任的。
(3) 中国证监会有充分理由认为基金管理人不能继续履行基金管理职责，并依法取消其基金管理资格的。
(4) 法律法规和基金合同规定的其他情形。

2. 基金管理人的更换程序

(1) 提名：新任基金管理人由基金托管人提名，新任基金管理人应当符合法律法规及中国证监会规定的资格条件。

(2) 决议：基金份额持有人大会在基金管理人职责终止后六个月内对被提名的新任基金管理人形成决议，新任基金管理人应当符合法律法规及中国证监会规定的资格条件。

(3) 批准：新任基金管理人产生之前，由中国证监会指定临时基金管理人；新基金管理人须经中国证监会批准方可出任，原基金管理人须经中国证监会批准后方可退任。

(4) 公告：基金管理人更换后，由基金托管人在获得中国证监会批准后五个工作日内公告。原基金管理人应妥善保管基金管理业务资料，及时向新任基金管理人办理基金管理业务的移交手续；新任基金管理人应及时接收；新任基金管理人与基金托管人核对基金资产总值。

(5) 审计：基金管理人职责终止的，应当按照法律法规规定聘请会计师事务所对基金财产进行审计，并将审计结果予以公告同时报国务院证券监督管理机构备案。

(6) 基金名称变更：基金管理人退任后，本基金应替换或删除基金名称中"上投摩根_____"的字样。

(二)基金托管人的更换

(1) 基金托管人的更换条件有下列情形之一的，经中国证监会和银行业监督管理机构批准，须更换基金托管人。

① 基金托管人解散、依法被撤销、被依法宣告破产或者由接管人接管其资产的。

② 依照基金合同的约定作出决议由基金份额持有人大会表决解任的。

③ 银行业监督管理机构有充分理由认为基金托管人不能继续基金托管职责，并依法取消其基金托管资格的。

④ 法律、法规和基金合同规定的其他情形。

(2) 基金托管人的更换程序。

① 提名：新任基金托管人由基金管理人提名，新任基金托管人应当符合法律法规及中国证监会或银行业监督管理机构规定的资格条件。

② 决议：基金份额持有人大会在基金托管人职责终止后六个月内对被提名的新任基金托管人形成决议。

③ 批准：新任基金托管人产生之前，由中国证监会指定临时基金托管人；新基金托管人须经中国证监会和银行业监督管理机构批准方可出任，原基金托管人须经中国证监会和银行业监督管理机构批准后方可退任。

④ 公告：基金托管人更换后，由基金管理人在获得中国证监会和银行业监督管理机构批准后五个工作日内公告。原基金托管人应妥善管理基金财产和基金托管业务资料，及时与新任基金托管人进行基金财产和托管业务移交手续；新任基金托管人与基金管理人核对

基金资产总值。

⑤ 审计:基金托管人职责终止的,应当按照法律法规规定聘请会计师事务所对基金财产进行审计,并予以公告,同时报国务院证券监督管理机构备案。

(三)基金管理人与基金托管人同时更换

(1) 提名:如果基金管理人和基金托管人同时更换,由单独或合计持有基金总份额10%以上的基金份额持有人提名新的基金管理人和基金托管人。

(2) 基金管理人和基金托管人的更换分别按上述程序进行。

(3) 公告:新任基金管理人和新任基金托管人在获得中国证监会批准后五个工作日内在指定的媒体上联合公告。

九、基金的基本情况

基金名称:上投摩根中国_____优势证券投资基金。

基金类型:契约型开放式。

基金份额的面值:每基金份额的面值为人民币1.00元。

发行对象:中华人民共和国境内的个人投资者和机构投资者(法律法规禁止投资开放式证券投资基金的除外)及合格的境外机构投资者。

发行方式:通过基金销售网点(包括基金管理人的直销中心及基金销售代理人的代销网点,具体名单见发行公告)公开发售。

存续期限:不定期。

十、基金的募集

(一)募集对象

中华人民共和国境内的个人投资者、机构投资者(法律法规禁止购买开放式证券投资基金者除外)和合格的境外机构投资者。

(二)销售场所

本基金通过基金销售机构办理开放式基金业务的网点公开发售。

(三)基金募集期

基金管理人应当在基金份额发售的三日前公布招募说明书、基金合同及其他有关文件。前款规定的文件应当真实、准确、完整。基金募集不得超过国务院证券监督管理机构核准的基金募集期限。基金募集期限自基金份额发售之日起计算。

(四)投资者认购原则

(1) 投资者认购前,需按基金销售机构规定的方式全额缴款。

(2) 基金募集期内,投资者可多次认购基金份额,已申请的认购在募集期内不允许撤销。

(五)认购份数的计算

本基金采用金额认购的方法,认购份数的计算方法如下:

认购费用 = 认购金额×认购费率

认购份额 = (认购金额 + 认购利息 − 认购费用)/基金份额面值

基金份额面值为1.00元。上述计算结果(包括基金份额的份数)均按照四舍五入方法,保留小数点后两位,由此误差产生的损失由基金资产承担,产生的收益归基金资产所有。

(六)认购费用

认购费用:本基金具体认购费率在招募说明书中列示。认购费用用于本基金的市场推广、销售、注册登记等基金募集期发生的各项费用，不列入基金资产。

十一、基金合同的生效

(一) 基金合同的生效

基金募集期限届满，募集的基金份额总额符合《证券投资基金法》有关规定，并具备下列条件的，基金管理人应当按照规定办理验资和基金备案手续。

(1) 基金募集份额总额不少于两亿份，基金募集金额不少于两亿元人民币。

(2) 基金份额持有人的人数不少于200人。

中国证监会自收到基金管理人验资报告和基金备案材料之日起三个工作日内予以书面确认；自中国证监会书面确认之日起，基金备案手续办理完毕，基金合同生效。

基金管理人应当在收到中国证监会确认文件的次日予以公告。

本基金合同生效前，基金募集期间募集的资金应当存入专门账户，在基金募集行为结束前，任何人不得动用。

(二) 基金设立失败

若本基金自基金份额发售之日起三个月内未满足成立条件，则本基金成立失败。本基金不成立，基金管理人应以其固有资产承担本基金的全部募集费用，将已募集资金加计银行同期活期存款利息在基金募集期结束后30天内退还基金认购人。

(三) 基金存续期内的基金份额持有人数量和资产规模

本基金成立后的存续期间内，若基金份额持有人数量连续20个工作日达不到200人，或连续20个工作日本基金资产净值低于人民币5000万元，基金管理人应当及时向中国证监会报告，说明出现上述情况的原因并提出解决方案。存续期间内，若基金份额持有人数量连续60个工作日达不到200人，或连续60个工作日本基金资产净值低于人民币5000万元，基金管理人有权利宣布该基金终止，并报中国证监会备案。法律法规另有规定的，从其规定办理。

十二、基金资产的托管

本基金资产由基金托管人持有并保管。基金管理人应与基金托管人按照法律法规及基金合同的规定订立托管协议，以明确基金管理人与基金托管人之间在基金资产的保管、基金资产的管理和运作及相互监督等相关事宜中的权利和义务，确保基金资产的安全，保护基金份额持有人的合法权益。

十三、基金的申购与赎回

(一) 申购与赎回办理的场所

本基金的基金销售机构包括基金管理人和基金管理人委托的基金销售代理人。

投资者可以在基金销售机构办理开放式基金业务的营业场所或按基金销售机构提供的其他方式办理基金的申购与赎回。

(二) 申购与赎回办理的时间

1. 开放日及开放时间

本基金在本基金合同规定的开放日办理申购与赎回。具体业务的办理时间由基金管理人与基金销售代理人约定。

若出现新的证券交易市场、证券交易所交易时间变更或其他特殊情况，基金管理人将视情况对前述开放日及具体业务的办理时间进行相应的调整并公告。

2. 申购的开始时间及业务办理时间

本基金自成立日后不超过30个工作日的时间起开始办理申购。具体业务的办理时间在申购开始公告中确定。

3. 赎回的开始时间及业务办理时间

本基金自成立日后不超过30个工作日的时间起开始办理赎回。具体业务的办理时间在赎回开始公告中确定。

4. 信息披露

在确定申购开始时间与赎回开始时间后,由基金管理人最迟于开放日前3个工作日在至少一种中国证监会指定的信息披露媒体上公告。

(三)申购与赎回的原则

(1) 未知价原则,即基金的申购与赎回价格以受理申请当日收市后计算的基金份额净值为基准进行计算。

(2) 基金采用金额申购和份额赎回的方式,即申购以金额申请,赎回以份额申请。

(3) 当日的申购与赎回申请应当在当日下午3:00之前或基金管理人规定的其他时间之前提出。

(4) 基金的申购与赎回以书面方式或经基金管理人认可的其他方式进行。

(5) 基金管理人在不损害基金份额持有人权益的情况下可更改上述原则,但应最迟在新的原则实施前三个工作日在至少一种由中国证监会指定的信息披露媒体予以公告。

(四)申购与赎回的程序

1. 申购和赎回的申请方式

基金投资者必须根据基金管理人和基金销售代理人规定的手续,在开放日的业务办理时间内提出申购或赎回的申请。基金销售机构如允许基金投资者进行预约或其他形式的申购或赎回申请,其申请的处理方式按有关业务规定进行。

投资人申购本基金,须按基金销售机构规定的方式足额缴付申购资金。

投资人提交赎回申请时,其在基金销售机构(网点)必须有足够的基金份额余额。

2. 申购和赎回申请的确认

基金管理人应以在基金申购、赎回的业务办理时间内收到申购和赎回申请的当天作为申购或赎回申请日(T日)。一般情况下,投资者可在T+2日及之后通过基金管理人的客户服务电话或到其提出申购与赎回申请的网点查询确认情况。

3. 申购和赎回的款项支付

申购采用全额缴款方式,若申购资金在规定时间内未全额到账则申购不成功。若申购不成功或无效,基金管理人或基金销售代理人将投资者已缴付的申购款项退还给投资者。

投资者赎回款按有关规定自成交确认日起在T+7日内划往赎回人银行账户。在发生巨额赎回时,款项的支付办法按照基金合同有关条款处理。

(五)申购与赎回的数额限制

本基金的申购和赎回的数额限制由基金管理人确定并在招募说明书或其他公告中规定。

(六)基金的申购费与赎回费

(1) 本基金的申购费率和赎回费率不得超过法律法规规定的水平,实际执行的费率在招募说明书中进行公告。投资人在一天之内如果有多笔申购，适用费率按单笔分别计算。

申购费用由申购人承担，不列入基金资产，用于本基金的市场推广、销售、注册登记等各项费用。

赎回费用由赎回人承担，赎回费的25%归基金资产，75%用于支付注册登记费和其他必要的手续费。

(2) 本基金的赎回金额为赎回总额扣减赎回费用。

(3) 基金管理人可以在法律法规规定的范围内调整申购费率和赎回费率，最新的申购费率和赎回费率在招募说明书中列示。费率如发生变更，基金管理人最迟将于新的费率开始实施前三个工作日在至少一种由中国证监会指定的信息披露媒体上公告。

(七) 申购与赎回的注册登记

(1) 经基金销售机构同意，基金投资者提出的申购和赎回申请，在基金管理人规定的时间之前可以撤销。

(2) 投资者申购基金成功后，基金注册登记机构在T+1日为投资者增加权益并办理注册登记手续，投资者自T+2日起有权赎回该部分基金份额。

(3) 投资者赎回基金成功后，基金注册登记机构在T+1日为投资者扣除权益并办理相应的注册登记手续。

(4) 基金管理人可在法律法规允许的范围内，对上述注册登记办理时间进行调整，并最迟于开始实施前三个工作日予以公告。

(八) 巨额赎回的认定及处理方式

1. 巨额赎回的认定

若单个开放日内的基金份额净赎回申请(指基金赎回份额与转出份额之和减去基金申购份额与转入份额之和后的余额)超过前一日本基金的基金总份额的10%，为巨额赎回。

2. 巨额赎回的处理方式

当基金出现巨额赎回时，基金管理人可以根据本基金当时的资产组合状况决定全额赎回或部分顺延赎回。

(1) 全额赎回：当基金管理人认为有能力支付投资者的赎回申请时，按正常赎回程序执行。

(2) 部分顺延赎回：当基金管理人认为支付投资者的赎回申请有困难或认为支付投资者的赎回申请可能会对基金的资产净值造成较大波动时，基金管理人在当日接受赎回(即确认成交)比例不低于本基金基金总份额的10%的前提下，对其余赎回申请延期办理。对于当日的赎回申请，应当按单个账户赎回申请量占赎回申请总量的比例，确定当日受理的赎回份额；投资者未能赎回部分，除投资者在提交赎回申请时明确作出不参加顺延下一个开放日赎回的表示外，自动转为下一个开放日赎回处理。转入下一个开放日的赎回不享有赎回优先权，并将以下一个开放日的基金份额净值为准进行计算，并依次类推，直到全部赎回为止。投资者在提出赎回申请时可选择将当日未获受理部分予以撤销。

(3) 当发生巨额赎回并顺延赎回时，基金管理人应当在两日内编制临时报告书，予以公告，并在公开披露日分别报中国证监会和基金管理人主要办公场所所在地中国证监会派出机构备案。

(4) 连续两日以上(含本数)发生巨额赎回，如基金管理人认为有必要，可暂停接受本基金的赎回申请；已经接受(即确认成交的)的赎回申请可以延缓支付赎回款项，但不得超过正常支付时间20个工作日，并应当在指定媒体上进行公告。

(九)拒绝或暂停申购、暂停赎回的情形及处理

(1) 本基金出现以下情况之一时,基金管理人可拒绝或暂停接受基金投资者的申购申请。

① 不可抗力。

② 证券交易场所在交易时间非正常停市。

③ 发生本基金合同规定的暂停基金资产估值情况。

④ 基金资产规模过大，使基金管理人无法找到合适的投资品种，或可能对基金业绩产生负面影响，从而损害现有基金份额持有人的利益。

⑤ 当基金管理人认为会有损于现有基金份额持有人利益的某笔申购。

⑥ 法律、法规规定或中国证监会认定的其他情形。

如果投资者的申购申请被拒绝，被拒绝的申购款项将退还给投资者。

(2) 在以下情况下，基金管理人可以暂停接受投资人的赎回申请。

① 不可抗力。

② 证券交易场所交易时间非正常停市。

③ 暂停基金资产估值或如果基金管理人认为，占基金相当比例的投资品种的估值出现重大转变，而管理人为保障投资人的利益，已决定延迟准备或采用估值或稍后进行估值。

④ 发生巨额赎回，本基金合同规定可以暂停接受赎回申请的情形。

⑤ 发生本基金合同规定的暂停基金资产估值情况。

⑥ 法律、法规规定或中国证监会认定的其他情形。

发生上述情形之一的，基金管理人应在当日立即向中国证监会备案。已接受的赎回申请，基金管理人将足额支付；如暂时不能支付，将按每个赎回申请人已被接受的赎回申请量占已接受赎回申请总量的比例分配给赎回申请人，其余部分由基金管理人按照相应的处理办法在后续开放日予以兑付。

在暂停赎回的情形消除后，基金管理人应及时恢复赎回业务的办理。

(3) 发生基金合同或招募说明书中未予载明的事项，但基金管理人有正当理由认为需要暂停接受基金申购、赎回申请的，应当报经中国证监会批准。

(4) 基金暂停申购、赎回，基金管理人应立即在至少一种由中国证监会指定的信息披露媒体上公告。

(5) 暂停期结束，基金重新开放时，基金管理人应当公告最新的基金份额净值。

如果发生暂停的时间为一天，基金管理人应于重新开放日在至少一种指定信息披露媒体上刊登基金重新开放申购或赎回的公告并公告最新的基金份额净值。

如果发生暂停的时间超过一天但少于两周，暂停结束，基金重新开放申购或赎回时，基金管理人应提前一个工作日在至少一种指定信息披露媒体上刊登基金重新开放申购或赎回的公告，并在重新开放申购或赎回日公告最新的基金份额净值。

如果发生暂停的时间超过两周，暂停期间，基金管理人应每两周至少重复刊登暂停公告一次；暂停结束，基金重新开放申购或赎回时，基金管理人应提前三个工作日在至少一种指定信息披露媒体上连续刊登基金重新开放申购或赎回的公告，并在重新开放申购或赎回日公告最新的基金份额净值。

(十)定期定额投资计划

在各项条件成熟的情况下，本基金可为投资者提供定期定额投资计划服务，具体实施方法以招募说明书和基金管理人届时公布的业务规则为准。

十四、基金转换

为方便基金份额持有人，未来在各项技术条件和准备完备的情况下，投资者可以选择在本基金和上投摩根＿＿＿＿＿富林明＿＿＿＿＿基金管理有限公司管理的其他基金(如有)之间进行基金转换。基金转换的数额限制、转换费率等具体规定可以由基金管理人届时另行规定。

十五、基金的非交易过户、转托管、冻结与质押

(1) 基金注册登记机构只受理继承、遗赠、司法执行等情况下的非交易过户。无论在上述何种情况下，接受划转的主体必须是合格的个人投资者或机构投资者。

① "继承"指基金持有人死亡，其持有的基金份额由其合法的继承人继承。

② "遗赠"指基金持有人立遗嘱将其持有的基金份额赠给法定继承人以外的其他人。

③ "司法执行"是指根据生效法律文书，有履行义务的当事人(基金持有人)将其持有的基金份额依生效法律文书之规定主动过户给其他人，或法院依据生效法律文书将有履行义务的当事人(基金持有人)持有的基金份额强制划转给其他人。

(2) 投资者办理非交易过户必须到基金注册登记机构或其指定的网点办理。对于符合条件的非交易过户申请按《上投摩根＿＿＿＿＿富林明＿＿＿＿＿基金管理有限公司开放式基金业务规则》的有关规定办理。

(3) 符合条件的非交易过户申请由基金注册登记机构进行确认，该确认一般情况下应在非交易过户申请经审核通过之日起五个工作日内做出；申请人按基金注册登记机构规定的标准缴纳过户费用。

(4) 基金持有人可以以同一基金账户在多个基金销售机构申购(认购)基金份额，但必须在原申购(认购)的基金销售机构赎回该部分基金份额。

基金份额持有人可以办理其基金份额在不同基金销售机构的转托管手续。转托管在转出方进行申报，投资者于 T 日转托管基金份额转出成功后，一般情况下转托管份额可于 T + 1 日在转入方网点办理转入手续，投资者可于 T + 3 日起赎回该部分基金份额。

(5) 基金注册登记机构只受理国家有权机关依法要求的基金账户或基金份额的冻结与解冻。基金账户或基金份额被冻结的，被冻结部分产生的权益(包括现金分红和红利再投资)一并冻结。

(6) 在有关法律法规有明确规定的情况下，基金管理人将可以办理基金份额的质押业务或其他业务，并会同基金注册登记机构制定、公布和实施相应的业务规则。

十六、基金销售业务及其代理

基金的销售业务是指接受投资者申请为其办理基金的认购、申购、赎回、非交易过户、转托管及其他有关业务，由基金管理人及基金管理人委托的及其他符合条件的机构办理。基金管理人委托其他机构办理本基金销售业务的，应与基金销售代理人签订委托代理协议，以明确基金管理人和基金销售代理人之间在基金认购、申购、赎回等事宜中的权利义务，确保基金资产安全，保护基金投资者和基金份额持有人的合法权益。

基金销售代理人应严格按照有关法律法规和基金合同的规定办理基金销售业务。

十七、基金注册登记业务及其代理

本基金的注册登记业务是指本基金登记、存管、清算和交收业务,具体内容包括投资人基金账户管理、基金份额注册登记、清算及基金交易确认、代理发放红利、建立并保管基金份额持有人名册等。

本基金的注册登记业务由基金管理人或基金管理人委托的其他符合条件的机构办理。基金管理人委托其他机构办理本基金注册登记业务的,应与代理人签订委托代理协议,以明确基金管理人和代理机构在投资人基金账户管理、基金份额注册登记、清算及基金交易确认、代理发放红利、建立并保管基金份额持有人名册等事宜中的权利和义务,保护基金投资者和基金份额持有人的合法权益。

(1) 基金注册登记机构享有如下权利。
① 建立和管理投资者基金份额账户。
② 取得注册登记费。
③ 保管基金份额持有人开户资料、交易资料、基金份额持有人名册等。
④ 法律法规规定的其他权利。

(2) 基金注册登记机构承担如下义务。
① 配备足够的专业人员办理基金的注册登记业务。
② 严格按照法律法规和基金合同规定的条件办理本基金的注册登记业务。
③ 保持基金份额持有人名册及相关的申购与赎回等业务记录15年以上。
④ 对基金份额持有人的基金账户信息负有保密义务,因违反该保密义务对投资者或基金带来的损失,须承担相应的赔偿责任,但司法强制检查的情形除外。
⑤ 法律法规规定的其他义务。

十八、基金的投资

(一)投资目标

本基金在以长期投资为基本原则的基础上,通过严格的投资纪律约束和风险管理手段,将战略资产配置与投资时机有效结合,精心选择在经济全球化趋势下具有国际比较优势的中国企业,通过精选证券和适度主动投资,为国内投资者提供国际水平的理财服务,最终谋求基金资产的长期稳定增值。

(二)投资理念

随着中国经济正在全方位地融入世界经济,"中国主题"投资概念日益引起全球投资者的密切关注。本基金借鉴摩根富林明_____资产管理集团150余年的资产管理经验,以国际视野审视中国经济发展,深入分析并挖掘其中行业与公司的比较优势,通过投资资产的灵活动态配置,在实现风险预算管理的基础上,最大限度地争取基金投资超额回报。

(三)投资范围

本基金的投资范围为股票、债券及法律法规或中国证监会允许的其他投资品种。股票投资范围为所有在国内依法发行的 A 股以及中国证监会允许投资的其他股票类品种,债券投资的主要品种包括国债、金融债、公司债、回购、短期票据和可转换债券以及中国证监会允许投资的其他债券类品种。在正常情况下,本基金投资组合中股票投资比例为 30%~80%,债券投资比例为 20%~50%,现金为 0~20%。本基金的股票投资重点是那些动态发展比较优势而立足于国际竞争市场的上市公司,该部分投资比例将不低于本基金股票资产的 80%。

今后在有关法律法规许可时，除去以现金形式存在的基金资产外，其余基金资产可全部用于股票投资。

(四)投资策略

本基金充分借鉴摩根富林明资产管理集团全球行之有效的投资理念和技术，以国际视野审视中国经济发展，将国内行业发展趋势与上市公司价值判断纳入全球经济综合考量的范畴，通过定性/定量严谨分析的有机结合，准确把握国家/地区与上市公司的比较优势，最终实现上市公司内在价值的合理评估、投资组合资产配置与风险管理的正确实施。

本基金以股票投资为主体，在股票选择和资产配置上分别采取"由下到上"和"由上到下"的投资策略。根据国内市场的具体特点，本基金积极利用摩根富林明资产管理集团在全球市场的研究资源，用其国际视野观的优势价值评估体系甄别个股素质，并结合本地长期深入的公司调研和严格审慎的基本面与市场面分析，筛选出重点关注的上市公司股票。资产配置层面包括类别资产配置和行业资产配置，本基金不仅在股票、债券和现金三大资产类别间实施策略性调控，也通过对全球/区域行业效应进行评估后，确定行业资产配置权重，总体紧密监控组合风险与收益特征，以最终切实保证组合的流动性、稳定性与收益性。

1. 优势价值分析

摩根富林明资产管理集团长期以来贯彻精细入微的基本面研究，逐日累积有利于投资决策的信息优势，结合 DDM(DDRs)、DCF 等价值评估模型，全力辅助合理的证券资产选择。基于摩根富林明的全球性研究资源，本基金通过优势价值评估，综合考察上市公司所具备的比较优势，在对构成上市公司比较优势多方面的因素进行分解研究后，结合其当前的市场表现，来确定个股投资价值与投资时点的判断。根据重点研究的结果，本基金将最终建立明显具备投资价值的备选股票池，并构建出符合本基金投资风格的证券组合。

2. 关注五大优势上市公司

根据优势价值分析的结果，现阶段本基金将重点关注五大类优势上市公司。

(1) 具备比较成本优势的上市公司。

作为一个发展中国家，中国劳动力成本相对较低的优势将至少在今后一段时间内得到保持。实际上，"全球劳动力套利"令中国成为全球制造业的外包平台之一，中国已是引人瞩目的世界性制造基地，成本优势会继续巩固上市公司市场竞争力。

(2) 受惠于多样化与高成长内需优势的上市公司。

中国政府一直致力于刺激内需，国内市场需求的快速增长仍然可以保持一段相当长的时期。其中，消费升级是拉动内需的重要因素之一，住宅、轿车、传媒、娱乐、旅游等需求旺盛都是消费升级的典型表现，相关的上市公司将受益匪浅。

(3) 具有相对垄断优势的上市公司。

具有垄断特性的上市公司多为行业领袖，它们不仅对市场价格有相对控制力，在长期市场竞争中又拥有较高的成功确定性。现阶段体制创新和结构调整为这些上市公司发展提供新动能，上市公司自身的技术进步和广泛参与深度产业整合更拓展了未来的成长空间。

(4) 享有中国传统文化优势的上市公司。

具有中国传统文化天然特色的上市公司魅力独特，因为它们的产品是国外上市公司无法生产和替代的。品牌是上市公司独具的稀缺资源，中国的传统品牌上市公司受惠于自成一体的悠久文化,从而奠定了上市公司的长期竞争优势。

(5) 充分发挥中国自然资源优势的上市公司。

特定地区都有其独特的资源特色,只要善加利用就可以创造出可观的财富。虽然总体而言,中国并不是一个人均资源丰富的国家,但中国在某些领域的资源具备相对优势,也就培养出相应的有投资价值的上市公司。特别是现阶段由于中国自身经济持续增长和世界经济回暖,处于上游地位的大宗原材料及资源类行业拥有良好的发展环境,在中国进入重工业时代的背景下,行业运行周期决定了上述行业仍将保持上升期,这些处于产业链最上端的行业在市场中会稳健发展。

3. 资产配置策略

资产配置层面包括类别资产配置和行业资产配置,本基金不仅在股票、债券和现金三大资产类别间实施策略性调控,也通过对全球/区域行业效应进行评估后,确定行业资产配置权重。

在资产配置层面上,基金管理人将先严谨地衡量各类别资产的风险收益特征,随着市场风险相对变化趋势,再及时调整互补性资产的分配比例,实现投资组合动态管理最优化。正常情况下,本基金投资组合中股票投资比例为30%～80%,债券投资比例为20%～50%,现金为0～20%。今后在有关法律法规许可时,除去以现金形式存在的基金资产外,其余基金资产可全部用于股票投资,从而可以在切实控制投资风险的前提下,真正发挥基金管理人的主动管理能力,追求最大投资收益。

在行业资产配置层面,本基金在分析全球/区域行业效应后,依据对行业基本面和景气周期的分析预测,同时考虑上市公司的行业成长性,确定基金在一定时期内的行业布局。在此基础上,本基金管理人将实施灵活的行业轮换策略,通过跟踪不同行业的相对价值以及行业景气周期变化等因素,适时地调整行业资产配置权重,积极把握行业价值演化中的投资机会。

4. 债券投资管理

配置防御性资产是控制基金组合风险的策略性手段。对于债券资产的选择,本基金将以价值分析为主线,在综合研究的基础上实施积极主动的组合投资,并主要通过类属配置与债券选择两个层次进行投资管理。

在类属配置层次,结合对宏观经济、市场利率、债券供求等因素的综合分析,根据交易所市场与银行间市场类属资产的风险收益特征,定期对投资组合类属资产进行优化配置和调整,确定类属资产的最优权重。

在债券选择上,本基金以长期利率趋势分析为基础,结合经济变化趋势、货币政策及不同债券品种的收益率水平、流动性和信用风险等因素,合理地运用利率预期、久期管理、换券利差交易、凸性交易与骑乘收益率曲线等投资管理策略,实施积极主动的债券投资管理。

随着国内债券市场的深入发展和结构性变迁,更多债券新品种和交易形式将增加债券投资盈利模式,本基金会密切跟踪市场动态变化,选择合适的介入机会谋求高于市场平均水平的投资回报。

(五)投资决策程序

投资决策基本原则是依据基金合同所制定的投资基本方针、投资范围及投资限制等,拟定基金投资策略及执行投资计划。适度地控制风险及资产安全，并追求投资利得的合理增长，最大限度地保障基金持有人的利益。

公司投资决策采用集体决策模式，并以投资决策会议的形式加以体现。

(1) 为提高投资决策效率和专业性水平，公司在经营管理层下设投资决策委员会，作为公司投资管理的核心决策机构。

(2) 投资决策委员会以投资管理部核心成员为主体组建，并由投资总监担任主席，其他成员包括部分资深基金经理和研究总监。

(3) 投资决策委员会的主要职责是：定期或不定期召开投资决策会议，在依照有关法律法规与基金合同所确定的投资限制纲领的范围内，分析评价投资操作绩效，并在对现有资产配置进行总结的基础上，作出资产配置决议，确定证券评级模式，决定投资对象备选库，作为基金经理进行投资操作的依据。

(4) 投资决策委员会对所议内容在成员间达成共识后形成决议，无法达成共识时，由投资决策委员会主席做最后裁定。

(5) 投资决策委员会应就每次会议决议情况制作书面报告，向总经理提交，并为监察稽核提供查核依据。

(六)基金的禁止行为

(1) 承销证券。

(2) 向他人贷款或者提供担保。

(3) 从事承担无限责任的投资。

(4) 买卖其他基金份额，但是国务院另有规定的除外。

(5) 向其基金管理人、基金托管人出资或者买卖其基金管理人、基金托管人发行的股票或者债券。

(6) 买卖与其基金管理人、基金托管人有控股关系的股东或者与其基金管理人、基金托管人有其他重大利害关系的公司发行的证券或者承销期内承销的证券。

(7) 从事内幕交易、操纵证券交易价格及其他不正当的证券交易活动。

(8) 依照法律、行政法规有关规定，由国务院证券监督管理机构规定禁止的其他活动。

如法律法规有关规定发生变更，上述禁止行为应做相应变更。

(七)基金投资组合比例限制

(1) 本基金持有一家公司的股票，其市值不得超过本基金资产净值的10%。

(2) 本基金与由基金管理人管理的其他基金持有一家公司发行的证券，不得超过该证券的10%。

(3) 基金财产参与股票发行申购，本基金所申报的金额不超过本基金的总资产，本基金所申报的股票数量不超过拟发行股票公司本次发行股票的总量。

(4) 股票、债券和现金的投资比例应符合本基金合同规定的投资比例限制。

法律法规或中国证监会对上述比例限制另有规定的，应从其规定。

由于基金规模或市场的变化导致的投资组合超过上述约定的比例不在限制之内，但基金管理人应在合理期限内进行调整，以达到标准。

虽有上述比例限制，如今后在有关法律法规许可时，除去以现金形式存在的基金资产外，其余基金资产可全部用于股票投资。

(八)基金管理人代表基金行使股东权利的原则及方法
(1) 不谋求对上市公司的控股,不参与所投资上市公司的经营管理。
(2) 有利于基金资产的安全与增值。
(3) 基金管理人按照国家有关规定代表基金独立行使股东权利,保护基金投资者的利益。

十九、基金的融资
本基金可以按照国家的有关规定进行融资。

二十、基金资产
(一)基金资产总值
基金资产总值是指基金所购买的各类证券价值、银行存款本息和基金应收的申购款项和其他应收款项以及其他投资所形成资产的价值总和。

(二)基金资产净值
基金资产净值是指基金资产总值减去基金负债后的价值。

(三)基金资产的账户
由基金托管人开立基金专用银行存款账户以及证券账户,与基金管理人和基金托管人、基金销售代理人和基金注册登记机构自有的资产账户以及其他基金资产账户相独立。

(四)基金资产的处分
基金资产独立于基金管理人、基金托管人和基金销售代理人的固有资产,基金资产相互独立,并由基金托管人保管。基金管理人、基金托管人和基金销售代理人以其自有的资产承担其自身的法律责任,其债权人不得对基金资产行使请求冻结、扣押或其他权利。除依法律法规和基金合同的规定处分外,基金资产不得被处分。非因基金资产本身承担的债务,不得对基金资产强制执行。

二十一、基金资产估值
(一)估值目的
基金资产估值的目的是客观、准确地反映基金资产的价值。依据经基金资产估值后确定的基金资产净值而计算出的基金份额净值,是计算基金申购与赎回价格的基础。

(二)估值日
本基金合同生效后,基金管理人在上海证券交易所、深圳证券交易所的正常交易日对基金资产进行估值。

(三)估值对象
基金所拥有的股票、债券和银行存款本息、应收款项、其他投资等资产。

(四)估值方法
1. 股票估值方法
(1) 上市流通证券按估值日其所在证券交易所的收盘价估值;估值日无交易的,以最近交易日的收盘价估值。
(2) 未上市股票的估值。
① 送股、转增股、配股和增发等方式发行的股票,按估值日在交易所挂牌的同一股票的收盘价估值。
② 首次发行的股票,按成本价估值。
(3) 配股权证,从配股除权日起到配股确认日止,若收盘价高于配股价,则按收盘价和

配股价的差额进行估值；若收盘价等于或低于配股价，则估值为零。

(4) 在任何情况下，基金管理人如采用本项(1)、(2)、(3)小项规定的方法对基金资产进行估值，均应被认为采用了适当的估值方法。但是，如果基金管理人认为按本项(1)、(2)、(3)小项规定的方法对基金资产进行估值不能客观反映其公允价值的，基金管理人可根据具体情况，并与基金托管人商定后，按最能反映公允价值的价格估值。

(5) 国家有最新规定的，按其规定进行估值。

2. 债券估值办法

(1) 证券交易所市场实行净价交易的债券按估值日收盘价估值，估值日没有交易的，按最近交易日的收盘价估值。

(2) 证券交易所市场未实行净价交易的债券按估值日收盘价减去债券收盘价中所含的债券应收利息得到的净价进行估值，估值日没有交易的，按最近交易日债券收盘价计算得到的净价估值。

(3) 未上市债券按其成本价估值。

(4) 在银行间债券市场交易的债券按其成本价估值。

(5) 在任何情况下，基金管理人如采用本项(1)~(4)小项规定的方法对基金资产进行估值，均应被认为采用了适当的估值方法。但是，如果基金管理人认为按本项(1)~(4)小项规定的方法对基金资产进行估值不能客观反映其公允价值的，基金管理人在综合考虑市场成交价、市场报价、流动性、收益率曲线等多种因素基础上形成的债券估值，基金管理人可根据具体情况与基金托管人商定后，按最能反映公允价值的价格估值。

(6) 国家有最新规定的，按其规定进行估值。

(五)估值程序

基金日常估值由基金管理人进行。基金管理人完成估值后，将估值结果以书面形式报告给基金托管人，基金托管人按照基金合同、基金托管协议规定的估值方法、时间与程序进行复核，基金托管人复核无误后签章返回给基金管理人；月末、年中和年末估值复核与基金会计账目的核对同时进行。

(六)暂停估值的情况

(1) 基金投资所涉及的证券交易所遇法定节假日或因其他原因暂停营业时。

(2) 因不可抗力或其他情形致使基金管理人、基金托管人无法准确评估基金资产价值时。

(3) 中国证监会认定的其他情形。

(七)基金份额净值的确认和错误处理方式

基金份额净值是按照每个开放日闭市后，基金资产净值除以当日基金份额的余额数量计算，基金份额净值的计算，精确到0.0001元，小数点后第五位四舍五入。国家另有规定的，从其规定。当基金资产的估值导致基金份额净值小数点后四位内发生差错时，视为基金份额资产估值错误。

基金管理人和基金托管人将采取必要、适当、合理的措施确保基金资产估值的准确性、及时性。当基金份额净值出现错误时，基金管理人应当立即公告、予以纠正，并采取合理的措施防止损失进一步扩大；净值错误偏差达到基金资产净值的0.5%时，基金管理人应当通报基金托管人并报中国证监会备案。因基金份额净值计价错误造成基金份额持有人损失的，基金份额持有人有权要求基金管理人、基金托管人予以赔偿。基金管理人、基金托管人有权向第三方责任人进行追偿。

(八)特殊情形的处理

基金管理人按照本条第(四)款第 1 项第(4)小项和第 2 项第(5)小项进行估值时，所造成的误差不作为基金份额净值错误处理；由于证券交易所及其登记结算公司发送的数据错误，或由于其他不可抗力原因，基金管理人和基金托管人虽然已经采取必要、适当、合理的措施进行检查，但是未能发现该错误的，由此造成的基金资产估值错误，基金管理人、基金托管人可以免除赔偿责任。但基金管理人、基金托管人应当积极采取必要的措施消除由此造成的影响。

二十二、基金的收益与分配

(一)收益的构成

基金收益包括：基金投资所得红利、股息、债券利息、买卖证券差价、银行存款利息、已实现的其他合法收入及因运用基金资产带来的成本和费用的节约。

基金净收益为基金收益扣除按照有关规定可以在基金收益中扣除的费用等项目后的余额。

(二)收益分配原则

(1) 本基金的每份基金份额享有同等分配权。

(2) 在符合有关基金分配收益条件的前提下，本基金收益每年至少分配一次，至多分配四次。

(3) 投资者可以选择现金分红方式或分红再投资的分红方式，以投资者在分红权益登记日前的最后一次选择的方式为准，投资者选择分红的默认方式为现金分红。

(4) 如果基金投资当期出现亏损，则本基金不进行收益分配。

(5) 全年合计的基金收益分配比例不得低于本基金年度已实现净收益的 90%。

(6) 法律、法规或监管机构另有规定的从其规定。

(三)收益分配方案

基金收益分配方案中载明基金收益分配对象、分配原则、分配时间、分配数额及比例、分配方式及有关手续费等内容。

(四)收益分配方案的确定、公告

基金收益分配方案由基金管理人拟定，并由基金托管人核实后确定，在报中国证监会备案后五个工作日内由基金管理人公告。

(五)收益分配中发生的费用

(1) 收益分配采用红利再投资方式免收再投资的费用。

(2) 收益分配时发生的银行转账等手续费用由基金份额持有人自行承担；如果基金份额持有人所获现金红利不足支付前述银行转账等手续费用，基金注册登记机构自动将该基金份额持有人的现金红利按分红实施日的基金份额净值转为相应的基金份额。

二十三、基金费用与税收

(一)基金费用的种类

(1) 基金管理人的管理费。

(2) 基金托管人的托管费。

(3) 基金信息披露费用。
(4) 基金份额持有人大会费用。
(5) 与基金相关的会计师费和律师费。
(6) 投资交易费用。
(7) 按照国家有关规定和基金合同规定可以列入的其他费用。

(二)基金费用计提方法、计提标准和支付方式

(1) 基金管理人的基金管理费。

在通常情况下,基金管理费按前一日基金资产净值的 1.5%年费率计提。其计算方法如下:

$$H = E \times 年管理费率 \div 当年天数$$

其中,H 为每日应计提的基金管理费;
E 为前一日基金资产净值。

基金管理费每日计提,按月支付。经基金托管人复核后于次月首日起五个工作日内从基金资产中一次性支付给基金管理人,若遇法定节假日、休息日,支付日期顺延。

(2) 基金托管人的基金托管费。

在通常情况下,基金的基金托管费按前一日基金资产净值的 0.25%年费率计提。其计算方法如下:

$$H = E \times 年托管费率 \div 当年天数$$

其中,H 为每日应计提的基金托管费;
E 为前一日基金资产净值。

基金托管费每日计提,按月支付。由基金管理人向基金托管人发送基金托管费划付指令,基金托管人复核后于次月首日起五个工作日内从基金资产中一次性支付给基金托管人,若遇法定节假日、休息日,支付日期顺延。

(3) 基金募集期间的信息披露费、会计师费、律师费以及其他费用,不得从基金财产中列支,可以从认购费中列支。若本基金发行失败,发行费用由基金管理人承担。基金合同生效后的各项费用按有关法规列支。

(4) 本条第(一)款第 3 项至第 7 项费用由基金托管人根据有关法规及相应协议的规定,按费用实际支出金额支付,列入当期基金费用。

(三)不列入基金费用的项目

基金管理人和基金托管人因未履行或未完全履行义务导致的费用支出或基金资产的损失,以及处理与基金运作无关的事项发生的费用等不列入基金费用。

(四)基金管理费和基金托管费的调整

基金管理人和基金托管人可协商酌情调低基金的基金管理费和基金托管费,无须召开基金份额持有人大会。

(五)税收

本基金运作过程中涉及的各纳税主体,其纳税义务按国家税收法律、法规执行。

二十四、基金的会计与审计

(一)基金会计政策

(1) 基金管理人为基金的基金会计责任方。

(2) 基金的会计年度为公历每年1月1日至12月31日,如果基金首次募集成立的当年少于三个月,可以并入下一个会计年度。

(3) 基金核算以人民币为记账本位币,记账单位是人民币元。

(4) 会计制度执行国家有关的会计制度和《证券投资基金会计核算办法》。

(5) 基金管理人应当对本基金独立建账、独立核算。

(6) 基金管理人及基金托管人各自保留完整的基金会计账目、凭证,按照有关规定编制基金会计报表。

(7) 基金托管人每月与基金管理人就基金的会计核算、报表编制等进行核对并以书面方式确认。

(二)基金年度审计

(1) 基金管理人聘请具有证券业从业资格的会计师事务所及其注册会计师对基金年度财务报表进行审计。会计师事务所及其注册会计师与基金管理人、基金托管人相互独立。

(2) 会计师事务所更换经办注册会计师时,须事先征得基金管理人同意,并报中国证监会备案。

(3) 基金管理人(或基金托管人)认为有充足理由更换会计师事务所,经基金托管人(或基金管理人)同意,报中国证监会备案后可以更换。基金管理人应当在更换会计师事务所后在五个工作日内公告。

二十五、基金的信息披露

(一)披露原则

基金信息披露义务人应当在中国证监会规定的时间内,将应予披露的基金信息通过中国证监会指定的全国性报刊和基金管理人、基金托管人的互联网网站等媒介披露,并保证投资人能够按照基金合同约定的时间和方式查阅或者复制公开披露的信息资料。

(二)基金募集信息披露

(1) 基金募集申请经中国证监会核准后,基金管理人应当在基金份额发售的三日前,将招募说明书、基金合同摘要登载在指定报刊和网站上;基金管理人、基金托管人应当将基金合同、基金托管协议登载在网站上。

(2) 基金管理人应当就基金份额发售的具体事宜编制基金份额发售公告,并在披露招募说明书的当日登载于指定报刊和网站上。

(3) 基金管理人应当在基金合同生效的次日在指定报刊和网站上登载基金合同生效公告。

(4) 基金合同生效后,基金管理人应当在每六个月结束之日起45日内,更新招募说明书并登载在网站上,将更新后的招募说明书摘要登载在指定报刊上。基金管理人应当在公告的15日前向中国证监会报送更新的招募说明书,并就有关更新内容提供书面说明。

(三)定期报告

基金定期报告由基金管理人按照法律法规和中国证监会颁布的有关证券投资基金信息披露内容与格式的相关文件的规定单独编制,由基金托管人复核。基金定期报告,包括基金年度报告、基金半年度报告和基金季度报告。基金管理人应当在每个开放日的次日,通过网站、基金份额发售网点以及其他媒介,披露开放日的基金份额净值和基金份额累计净值。

(1) 基金年度报告：基金管理人应当在每年结束之日起 90 日内，编制完成基金年度报告，并将年度报告正文登载于网站上，将年度报告摘要登载在指定报刊上。基金年度报告的财务会计报告应当经过审计。

(2) 基金半年度报告：基金管理人应当在上半年结束之日起 60 日内，编制完成基金半年度报告，并将半年度报告正文登载在网站上，将半年度报告摘要登载在指定报刊上。

(3) 基金季度报告：基金管理人应当在每个季度结束之日起 15 个工作日内，编制完成基金季度报告，并将季度报告登载在指定报刊和网站上。

基金合同生效不足两个月的，基金管理人可以不编制当期季度报告、半年度报告或者年度报告。

(四)临时报告与公告

基金发生重大事件，有关信息披露义务人应当在两日内编制临时报告书，予以公告，并在公开披露日分别报中国证监会和基金管理人主要办公场所所在地中国证监会派出机构备案。

前款所称重大事件，是指可能对基金份额持有人权益或者基金份额的价格产生重大影响的下列事件。

(1) 基金份额持有人大会的召开。

(2) 提前终止基金合同。

(3) 转换基金运作方式。

(4) 更换基金管理人、基金托管人。

(5) 基金管理人、基金托管人的法定名称、住所发生变更。

(6) 基金管理人股东及其出资比例发生变更。

(7) 基金募集期延长。

(8) 基金管理人的董事长、总经理及其他高级管理人员、基金经理和基金托管人基金托管部门负责人发生变动。

(9) 基金管理人的董事在一年内变更超过 50%。

(10) 基金管理人、基金托管人基金托管部门的主要业务人员在一年内变动超过 30%。

(11) 涉及基金管理人、基金财产、基金托管业务的诉讼。

(12) 基金管理人、基金托管人受到监管部门的调查。

(13) 基金管理人及其董事、总经理及其他高级管理人员、基金经理受到严重行政处罚，基金托管人及其基金托管部门负责人受到严重行政处罚。

(14) 重大关联交易事项。

(15) 基金收益分配事项。

(16) 管理费、托管费等费用计提标准、计提方式和费率发生变更。

(17) 基金份额净值计价错误达基金份额净值 0.5%。

(18) 基金改聘会计师事务所。

(19) 变更基金销售代理人。

(20) 更换基金注册登记机构。

(21) 基金开始办理申购、赎回。

(22) 基金申购、赎回费率及其收费方式发生变更。

(23) 基金发生巨额赎回并延期支付。
(24) 基金连续发生巨额赎回并暂停接受赎回申请。
(25) 基金暂停接受申购、赎回申请后重新接受申购、赎回。
(26) 基金份额上市交易。
(27) 中国证监会规定的其他事项。

(五)公开澄清

在基金合同期限内，任何公共媒体中出现的或者在市场上流传的消息可能对基金份额价格产生误导性影响或者引起较大波动的，相关信息披露义务人知悉后应当立即对该消息进行公开澄清，并立即将有关情况报告中国证监会。

(六)信息披露文件的存放与查阅

招募说明书公布后，应当分别置备于基金管理人、基金托管人和基金份额代销机构的住所，投资者可免费查阅。在支付工本费后，可在合理时间内取得上述文件复印件。

基金定期报告公布后，应当分别置备于基金管理人和基金托管人的住所，投资者可免费查阅。在支付工本费后，可在合理时间内取得上述文件复印件。

二十六、基金合同终止与基金财产清算

(一)本基金合同终止事由

有下列情形之一的，本基金合同终止。
(1) 基金份额持有人大会决定终止的。
(2) 基金管理人职责终止，而在六个月内没有新基金管理人承接其原有职责的。
(3) 基金托管人职责终止，而六个月内没有新基金托管人承接其原有职责的。
(4) 基金合同规定的其他情况或中国证监会允许的其他情况。

(二)基金财产的清算

1. 清算组

(1) 自基金合同终止之日起 30 个工作日内成立清算组，清算组在中国证监会的监督下进行基金清算。
(2) 清算组成员由基金管理人、基金托管人、具有从事证券相关业务资格的注册会计师、律师、相关的中介服务机构以及中国证监会指定的人员组成。
(3) 清算组负责基金资产的保管、清理、估价、变现和分配。

2. 基金财产清算程序

(1) 基金合同终止后，由清算组统一接管基金。
(2) 对基金财产和债权债务进行清理和确认。
(3) 对基金财产进行估值和变现。
(4) 清算组作出的清算报告需经会计师事务所审计，并由律师事务所出具法律意见书。
(5) 将基金清算结果报告中国证监会备案并公告。
(6) 公布基金清算公告。
(7) 对基金财产进行分配。

3. 清算费用

清算费用是指清算组在进行基金清算过程中发生的所有合理费用，清算费用由清算组优先从基金资产中支付。

4. 基金财产按下列顺序清偿：
(1) 支付清算费用。
(2) 交纳所欠税款。
(3) 清偿基金债务。
(4) 按基金份额持有人持有的基金份额比例进行分配。
基金财产未按本项第(1)至(3)小项规定清偿前，不分配给基金份额持有人。

5. 基金财产清算的公告
清算组作出的清算报告经会计师事务所审计，律师事务所出具法律意见书后，报中国证监会备案并公告。

6. 基金清算账册及文件的保存
基金清算账册及有关文件按国家有关规定保存。

二十七、业务规则

基金份额持有人应遵守《上投摩根＿＿＿＿＿富林明＿＿＿＿＿基金管理有限公司开放式基金业务规则》。业务规则不影响基金托管人的权利义务，由基金管理人在符合法律法规及基金合同规定的前提下制定，并由基金管理人解释与修改，但如该解释或修改实质性修改了基金合同，则应召开基金份额持有人大会，对基金合同的修改达成决议。

二十八、违约责任

(1) 由于基金合同一方当事人的过错，造成基金合同不能履行或者不能完全履行的，由有过错的一方承担违约责任；如属基金合同双方或多方当事人的过错，根据实际情况，由双方或多方当事人分别承担各自应负的违约责任。但是发生下列情况，当事人可以免责。
① 不可抗力。
② 基金管理人及基金托管人按照当时有效的法律法规或中国证监会的规定作为或不作为而造成的损失等。
③ 基金管理人，在没有过错的情况下，由于按照本基金合同规定的投资原则投资或不投资造成的损失或潜在损失等。

(2) 基金合同当事人违反基金合同，给其他当事人造成直接损失的，应进行赔偿。

(3) 在发生一方或多方当事人违约的情况下，基金合同能继续履行的，应当继续履行。未违约方当事人在职责范围内有义务及时采取必要措施，防止损失的扩大。

(4) 除非由于基金管理人的故意违约、欺诈或疏忽引起的费用或损失，基金管理人不应承担与本基金有关的任何损失或费用，并有权就与本基金有关而发生的任何诉讼、索赔、成本或费用要求本基金补偿。

(5) 除非由于基金托管人的故意违约、欺诈或疏忽引起的损失或费用，基金托管人不应承担与本基金有关的任何损失或费用，并有权就与本基金有关而发生的任何诉讼、索赔、成本或费用要求本基金补偿。

二十九、争议处理和适用法律

基金合同各方当事人因基金合同而产生的或与基金合同有关的一切争议应当通过协商或者调解解决，协商或者调解不能解决的，可向中国国际经济贸易仲裁委员会上海分会，按照中国国际经济贸易仲裁委员届时有效的仲裁规则进行仲裁。仲裁裁决是终局的，对当事人均有约束力。

本基金合同受中国法律管辖。

三十、基金合同的效力与修改

(1) 本基金合同经基金管理人与基金托管人双方盖章、双方法定代表人或其授权代理人签字并报送中国证监会。投资人缴纳认购的基金份额的款项时，基金合同成立；基金管理人依照有关规定向国务院证券监督管理机构办理基金备案手续，基金合同生效。

(2) 本基金合同自生效之日起对基金合同当事人具有同等法律约束力。

(3) 上投摩根_____富林明_____基金管理有限公司确认已知悉中国建设_____银行将进行重组，并同意在中国建设_____银行重组改制后，中国建设_____银行在本合同项下的权利义务可以由中国建设_____银行股份有限公司承继。

(4) 本基金合同正本一式十份，其中上报中国证监会和银行业监督管理机构各两份，基金管理人和基金托管人各持有两份，两份由基金管理人留存备用，每份具有同等的法律效力。

(5) 本基金合同可印制成册，供投资者在基金管理人、基金托管人、基金销售代理人的办公场所和营业场所查阅，也可刊登在基金管理人指定的网站，供投资者查阅。投资者也可按工本费购买基金合同的复制件或复印件，但内容应以基金合同正本为准。

(6) 基金合同的修改。

① 基金合同的修改需经基金管理人和基金托管人同意。

② 修改基金合同应经基金份额持有人大会决议通过，并报中国证监会批准，自批准之日起生效。但如因相应的法律、法规发生变动并属于基金合同必须遵照进行修改的情形，或者基金合同另有规定的，可不经基金份额持有人大会决议，而经基金管理人和基金托管人同意后修改，并报证监会审批或备案。

三十一、基金管理人和基金托管人签章

二、证券投资基金托管协议

在托管协议中主要包括但不限于载明以下事项。

(一)托管协议当事人

列明订立托管协议当事人的名称、住所、法定代表人、注册资本、经营范围、组织形式、营业期限等。

(二)托管协议的依据、目的和原则

订立托管协议的依据、目的和原则。

(1) 订立托管协议的依据是《证券投资基金法》、基金契约及其他有关规定。

(2) 订立托管协议的目的是明确基金托管人与基金管理人之间在基金持有人名册的登记、基金资产的保管、基金资产的管理和运作及相互监督等相关事宜中的权利、义务及职责，确保基金资产的安全，保护基金持有人的合法权益。

(3) 订立托管协议的原则是平等自愿、诚实信用。

(三) 基金托管人与管理人之间的业务监督、核查

订明基金托管人与管理人之间业务监督、核查的事项。

(1) 基金托管人如何对基金管理人的投资运作行使监督权，以及发现基金管理人违反《证券投资基金法》、基金契约及其他有关规定时的处理方式和程序。

(2) 基金管理人如何对基金托管人托管基金资产进行核查，以及发现基金托管人违反《证券投资基金法》、基金契约及其他有关规定时的处理方式和程序。

(四) 基金资产保管

具体订明下列事项。

(1) 基金托管人应安全保管基金的全部资产，基金资产应独立于基金托管人和基金管理人的资产。

(2) 基金成立时，所募资金的验证事宜。

(3) 基金银行账户的开设和管理。

(4) 基金证券账户的开设和管理。

(5) 基金资产投资的有关实物证券的保管。

(6) 和基金资产有关的重大合同的保管。

(五) 投资指令的发送、确认及执行

具体订明有关基金管理人在运用基金资产时向基金托管人发送资金划拨及其他款项收付的投资指令的事项。

(1) 基金管理人确定可发送投资指令给基金托管人的授权人员名单和权限，并通知基金托管人。

(2) 投资指令的内容。

(3) 投资指令的发送、确认及执行程序。

(4) 授权人员更换的程序。

(六) 交易安排

具体订明下列事项。

(1) 代理证券买卖的证券经营机构的选择标准、程序等。

(2) 基金投资于证券后，有关清算交割安排，以及基金托管人与基金管理人进行资金和证券账目对账的时间、方式等。

(3) 封闭式基金成立后，可申请上市及拟上市的证券交易所、拟上市时间，开放式基金成立后，基金托管人与基金管理人之间就开放式基金申购与赎回的时间、场所、方式、程序、价格、费用、收款或付款等方面的业务安排。

(4) 基金持有人买卖基金单位的清算、过户与登记方式。

(七) 资产净值计算和会计核算

具体订明下列事项。

(1) 基金资产净值及基金单位每份资产净值计算和复核的完成时间及程序。

(2) 基金托管人和基金管理人按各自职责建立基金账册并定期对账的事宜，以及基金财务报表编制和复核的时间、程序。

(八)基金收益分配

具体订明基金收益分配的依据、时间及程序等事项。

(九)基金持有人名册的登记与保管

具体订明基金持有人名册的登记和保管事宜。

(十)信息披露

(1) 说明基金托管人和基金管理人除按《证券投资基金法》、基金契约及其他有关规定进行信息披露外，基金的信息在公开披露前应予以保密，不得向他人泄露。

(2) 订明基金托管人和基金管理人在信息披露中的职责及信息披露程序。

(十一)基金有关文件档案的保存

说明基金托管人和基金管理人按各自职责完整保存原始凭证、记账凭证、基金账册、交易记录和重要合同等，并确定保存期限。

(十二)基金托管人报告

订明基金托管人在基金年度报告中出具托管人报告的事宜，并在报告中说明上一基金会计年度基金托管人和基金管理人履行基金契约的情况。

(十三)基金托管人和基金管理人的更换

(1) 订明基金管理人提议更换基金托管人的条件及更换程序。

(2) 订明基金托管人提议更换基金管理人的条件及更换程序。

(十四)基金管理人的报酬和基金托管人的托管费

订明基金管理人的报酬和基金托管人的托管费的计提比例、计提方法、复核程序、支付方式和支付时间等。

(十五)禁止行为

列明托管协议当事人禁止从事的行为如下所示：

(1) 除《证券投资基金法》、基金契约及其他有关规定另有规定外，基金托管人、基金管理人不得为自己或任何第三人谋取利益。

(2) 基金托管人对基金管理人的正常指令不得拖延或拒绝执行。

(3) 除根据基金管理人的指令或基金契约另有规定外，基金托管人不得动用或处分基金资产。

(4) 基金托管人、基金管理人应当在行政上、财务上相互独立，其高级管理人员不得相互兼职。

(十六)违约责任

(1) 说明由于托管协议当事人过错,造成托管协议不能履行或者不能完全履行的,由有过错的一方承担违约责任;如因托管协议当事人双方的过错,造成托管协议不能履行或者不能完全履行的,根据实际情况,由双方分别承担各自应负的违约责任。

(2) 说明托管协议当事人违反托管协议,应向对方支付违约金。

(3) 说明因托管协议当事人违约给基金资产造成实际损害的,应承担的赔偿责任。

(十七)争议的处理

说明发生纠纷时,当事人可以通过协商或者调解予以解决。当事人不愿通过协商、调解解决或者协商、调解不成的,可以根据基金契约的规定或者事后达成的书面仲裁协议向仲裁机构申请仲裁,或向人民法院起诉。

(十八)托管协议的效力

(1) 托管协议经双方当事人盖章以及双方法定代表人签字,并经中国证监会批准后,自基金成立之日起生效。托管协议的有效期自生效之日至基金契约终止之日。

(2) 托管协议一式××份,除上报有关监管机构××份外,托管协议每一签约人持有××份,每份具有同等的法律效力。

(十九)托管协议的修改和终止

(1) 订明托管协议的修改程序以及修改部分的效力,说明托管协议的修改应当报中国证监会批准。

(2) 订明托管协议终止出现的情形。

(二十)其他事项

(二十一)托管协议当事人盖章及法定代表人签字、签订地、签订日

基金托管人(章)　　　　　　　　基金管理人(章)
法定代表人(签字)　　　　　　　　法定代表人(签字)
签订地:　　　　　　　　　　　　签订地:
签订日:　　年　　月　　日　　　签订日:　　年　　月　　日

第三节　证券投资基金招募说明书

招募说明书封面应在显著位置载明下列文字作为重要提示。

"发起人保证招募说明书内容真实、准确、完整。本招募说明书经中国证监会审核同意,但中国证监会对本基金作出的任何决定,均不表明其对本基金的价值和收益作出实质性判断或保证,也不表明投资于本基金没有风险。

第四章 证券投资基金募集

基金管理人承诺以诚实信用、勤勉尽责的原则管理和运用基金资产,但不保证基金一定盈利,也不保证最低收益。"

一、招募说明书封面应载明下列事项

(1) 基金名称。
(2) "招募说明书"字样,送交中国证监会审核的稿件,必须标有"送审稿"显著字样。
(3) 基金类型,例如契约型封闭式。
(4) 基金单位发行总份额,每份发行价格、面值(每份面值应为1元)、发行费用,募集资金数额。
(5) 发行对象。
(6) 发行方式,例如上网发行。
(7) 发行时间。
(8) 销售机构。
(9) 交易安排,封闭式基金说明拟上市的证券交易所、拟上市时间,开放式基金说明拟申购与赎回开始时间、场所。
(10) 基金发起人。
(11) 基金管理人。
(12) 基金托管人。

二、招募说明书正文

(一)序言

序言中须载明招募说明书编写所依据的法规和基金契约。

下列文字必须载入序言:

"全体发起人已批准该招募说明书,确信其中不存在任何虚假内容、误导性陈述或重大遗漏,并对其真实性、准确性、完整性承担个别及连带责任。本基金单位是根据本招募说明书所载明的资料申请发行的。本基金发起人没有委托或授权任何其他人提供未在本招募说明书中载明的信息,或对本招募说明书做任何解释或者说明。"

(二)释义

对招募说明书中具有特定含义的词汇作出明确的定义、解释和说明。

(三)基金设立

(1) 基金设立的依据:说明基金由发起人依照《证券投资基金法》、基金契约及其他有关规定发起设立,并说明中国证监会批准设立的日期及批准文号。
(2) 说明基金存续期间及基金类型。
(3) 基金发起人认购及持有情况:说明基金发起人认购基金单位的份额、比例及其在基金存续期间须持有的份额、比例;说明基金发起人认购的基金单位,自基金成立之日起至少一年内不得赎回或者转让。

(4) 基金契约，是约定基金当事人权利、义务的法律文件。说明基金投资者自取得依基金契约所发行的基金单位，即成为基金持有人，其持有基金单位的行为本身即表明其对基金契约的承认和接受，并按照《证券投资基金法》、基金契约及其他有关规定享有权利、承担义务；基金投资者欲了解基金持有人的权利和义务，应详细查阅基金契约。

(四)本次发行有关当事人

列出有关本次发行当事人的机构名称、住所、法定代表人、电话、传真以及下述当事人中负责本次发行有关事宜的联系人。

(1) 基金发起人。
(2) 销售机构。
(3) 律师事务所和经办律师。
(4) 会计师事务所和经办注册会计师。
(5) 其他与本次发行有关的机构。

(五)发行安排

说明与本次发行有关的下列事项。
(1) 发行方式。例如上网发行。
(2) 发行时间。
(3) 发行对象。
(4) 基金单位发行总份额、发起人认购份额及向社会公开发行的份额。
(5) 基金单位每份发行价格、面值、发行费用。
(6) 基金单位的认购和持有限额。

(六)基金成立

说明基金成立的条件及基金未能成立时已募集资金的处理方式。说明基金成立前，投资者的认购款项只能存入商业银行，不得动用。

(七)基金的投资

说明以下内容。
(1) 投资目标，例如，说明投资目标是为投资者减少和分散投资风险、确保基金资产的安全并谋求基金的长期投资收益。
(2) 投资范围，说明基金只能投资于具有良好流动性的金融工具，其中主要投资于国内依法公开发行上市的股票、债券。
(3) 投资决策，说明基金管理人运用基金资产的决策依据、决策程序。
(4) 投资组合，说明基金投资于股票、债券的比例不低于基金资产总值的 80%，说明股票、债券投资分别在基金资产的拟占比例，说明选择不同证券构成投资组合所依据的原则。
(5) 投资限制，说明依照《证券投资基金法》、基金契约及其他有关规定禁止的投资事项。

(6) 基金管理人代表基金行使股东权利的处理原则及方法。

(八)风险揭示

说明风险因素包括下列各项。
(1) 市场风险。
(2) 管理风险。
(3) 其他风险。

(九)基金资产

说明基金资产的下列事项。
(1) 基金资产的构成。
(2) 基金资产的账户,说明基金资产应开设基金专用账户。
(3) 基金资产的处分。

说明基金资产应独立于基金管理人及托管人的资产,并由基金托管人保管。基金管理人、托管人以其自有资产承担法律责任,其债权人不得对基金资产行使请求冻结、扣押或其他权利。除依《证券投资基金法》、基金契约及其他有关规定处分外,基金资产不得被处分。

(十)基金资产估值

说明基金资产估值的下列事项。
(1) 估值目的。
(2) 估值日。
(3) 估值方法。
(4) 估值对象。
(5) 估值程序。
(6) 暂停估值的情形。

(十一)基金费用

列明基金应承担的各项费用,包括基金管理人报酬、基金托管费等,并具体说明其计提方法、计提标准、支付方式等。

说明基金管理人和托管人因未履行或未完全履行义务导致的费用支出或基金资产的损失,以及处理与基金运作无关的事项发生的费用等不得列入基金费用。

(十二)基金税收

说明基金、基金持有人根据国家有关规定纳税的情况。

(十三)基金收益与分配

说明基金收益与分配的下列事项。
(1) 收益的构成。

(2) 收益分配原则。
① 收益分配基本比例。
② 每年收益分配次数、分配时间。
③ 分配政策。
(3) 收益分配方案。说明收益分配方案的内容。
(4) 收益分配方案的确定与公告。

(十四)基金的会计与审计

(1) 基金会计政策：说明基金的会计年度、记账本位币、会计核算制度等，例如基金的会计年度为自公历每年的 5 月 1 日至第二年的 4 月 30 日；基金核算以人民币为记账本位币，以人民币元为记账单位；会计制度执行国家有关的会计制度。

说明基金应独立建账、独立核算。说明基金管理人应保留完整的会计账目、凭证并进行日常的会计核算，按照有关规定编制基金会计报表；说明基金托管人应定期与基金管理人就基金的会计核算、报表编制等进行核对。

(2) 基金审计：说明基金管理人应聘请与基金发起人、基金管理人、基金托管人相对独立的、具有从事证券相关业务资格的会计师事务所及其注册会计师对基金年度财务报表进行审计。

说明更换会计师事务所、经办注册会计师的程序，更换会计师事务所、经办注册会计师必须报中国证监会备案。

(十五)交易安排

说明基金单位的交易事项。如为封闭式基金，说明其成立后可以根据《证券投资基金法》的规定申请上市及拟上市的证券交易所、拟上市时间及其他有关事项。

如为开放式基金，说明其成立后的下列事项。
(1) 申购和赎回场所。
(2) 申购和赎回开始日。
(3) 申购和赎回申请方式及申请的确认。
(4) 申购和赎回的数额约定。
(5) 申购和赎回价格及给用的计算与公告。
(6) 申购和赎回款项的支付方式。
(7) 赎回后的变更登记。
(8) 赎回款项延期支付的情形及处理方式如下。
① 巨额赎回。
② 因不可抗力，赎回款项需延期支付的情形。
③ 有关规定确定的赎回款项需延期支付的其他情形。
(9) 与交易有关的其他事项。

(十六)基金的信息披露

说明基金信息披露的事项。

1. 信息披露的形式

(1) 报刊公告：一个基金会计年度内的信息至少应在一家中国证监会指定的报刊上公告，列出报刊的名称。

(2) 列出中国证监会规定的其他方式。

2. 信息披露的内容及时间

(1) 年度报告、中期报告：年度报告在基金会计年度结束后的 90 日内、中期报告在基金会计年度前 6 个月结束后的 30 日内公告。

(2) 临时公告：基金在运作过程中发生可能对基金持有预期收益及基金单位的交易价格产生重大影响的事项时，应按照法律、法规及中国证监会的有关规定及时公告。

(3) 基金资产净值公告：封闭式基金资产净值列出每月公告的次数、方式和时间，开放式基金列出每周公告的次数、方式和时间。

(4) 基金投资组合公告：列出基金投资组合每三个月公告的次数、方式和时间。

3. 公开说明书

开放式基金应在基金成立后每六个月结束后一个月内公告公开说明书，并应在公告前 15 日前报中国证监会审核。公开说明书公告内容的截止日为每六个月的最后一日，包括下列内容。

(1) 基金简介。

(2) 投资组合。

(3) 经营业绩：最近三个基金会计年度各年度最高、最低、年末基金资产净值及基金单位每份资产净值，最近三个基金会计年度各年度基金单位每份收益分配金额、注册会计出具的审计报告的意见类型及会计报表，基金成立不满三年者公布基金成立至今的前述情况。

(4) 重要变更事项。

(5) 其他应披露事项，例如最近三年基金管理人、托管人及其高级管理人员是否受到中国证监会及工商、财税等其他有关机关的处罚，如果受到处罚，说明详细情况。

4. 基金信息披露文件的存放与查阅

说明基金定期报告、临时报告、基金资产净值公告、基金投资组合公告和公开说明书等公告文本的存放地点及查阅方式，并说明基金管理人和基金托管人应保证文本的内容与所公告的内容完全一致。

(十七)基金持有人

说明下列事项：

1. 基金持有人的权利及义务

(1) 基金持有人的权利，说明每份基金单位具有同等的合法权益。

(2) 基金持有人的义务。

2. 基金持有人大会

列明基金持有人大会的下列有关事项，例如：

(1) 召开事由。

(2) 召集方式。

(3) 通知。

(4) 出席方式。

(5) 议事内容与程序。

(6) 表决。

(7) 公告。

(十八) 基金发起人

说明下列事项。

1. 基金发起人情况

名称、法定代表人、住所、组织形式、注册资本、设立日期、营业期限、最近三年的经营业绩和主要业务等。

2. 基金发起人的权利与义务

(1) 基金发起人的权利。

(2) 基金发起人的义务。

(十九) 基金管理人

1. 基金管理人情况

(1) 设立日期。

(2) 法定代表人。

(3) 注册资本。

(4) 发展概况。

(5) 主要人员情况：基金管理人、董事、监事、经理及其他高级管理人员和具体负责本基金管理的业务人员的姓名、从业简历、学历及兼职情况等。

(6) 部门设置及员工情况。

(7) 内部风险控制、监察及稽核、财务管理及人事管理等制度的建立情况。

(8) 经营状况：截止招募说明书印发日的前一个月末，基金管理人管理的其他基金的名称、成立日、基金单位总份额、基金资产净值基金单位每份净值，最近三年经注册会计师审计的公司资产负债及经营业绩情况。

2. 基金管理公司章程摘要

第一章　总则

第一条　为维护公司、股东和债权人的合法权益，规范公司的组织和行为，根据《中华人民共和国公司法》和其他有关法律法规规定，制定本章程。

第二条　依照《公司法》成立××股份有限公司。

第三条　公司注册名称：×××××股权投资基金管理有限公司

第四条　公司住所

第五条 公司注册资本

第六条 存续期限

第七条 公司经营范围

第八条 公司的经营宗旨

第九条 公司债务承担方式

第十条 公司章程自生效之日起的法律效力

第十一条 对章程中的专业或专有名词进行相应解释

第二章 股东的出资方式、出资额、出资时间的规定

第三章 股东的基本权利、义务及股东行使知情权的具体方式；股东转让股权的条件及程序等规定

第四章 股东(大)会职权范围

3. 基金管理的更换

(1) 条件。

(2) 程序。

4. 基金管理人禁止行为

基金管理人应依据《证券投资基金法》、基金契约及其他有关规定，以诚实信用、勤勉尽责的原则管理和运用基金资产，不得为自己或任何第三人谋取利益，并具体说明基金管理人禁止从事的行为。

5. 基金管理人受处罚情况

最近三年内基金管理人是否受到中国证监会及工商、财税等有关机关处罚，如果受到处罚，说明详细情况。

6. 基金管理人的权利与义务

(1) 基金管理人的权利。

(2) 基金管理人的义务。

(二十)基金托管人

1. 基金托管人情况

(1) 基本情况：设立日期、注册资本、法定代表人住所、发展概况及财务状况等，基金托管人专门设置的基金托管部及其所获负责基金托管业务的授权情况。

(2) 基金托管部的设置及员工情况。

(3) 主要人员情况：基金托管人的法定代表人，分管托管业务的负责人，基金托管部主要负责人，具体负责该基金托管的业务主管的姓名、从业简历、学历及兼职情况等。

(4) 基金托管人保管的其他基金名称及资产净值。

2. 基金托管人的更换

(1) 条件。

(2) 程序。

3. 基金托管人禁止行为

载明基金托管人应按照《证券投资基金法》、基金契约及其他有关规定，以诚实信用、勤勉尽责的原则保管基金资产和监督基金管理人的运作，不得为自己或任何第三人谋取利益，并具体列明基金托管人禁止从事的行为。

4. 基金托管人受处罚情况

最近三年内基金托管人及其负责基金托管业务的高级管理人员是否受到中国证监会、中国人民银行及工商、财税及其他有关机关的处罚，如果受到处罚，说明详细情况。

5. 基金托管人的权利与义务

(1) 基金托管人的权利。
(2) 基金托管人的义务。

(二十一)基金终止

说明基金应当终止的情形。

(二十二)基金清算

说明基金清算的下列事项。
(1) 基金清算小组：说明基金清算小组的成立时间、组成及职责。
(2) 清算程序。
(3) 清算费用。
(4) 基金清算剩余资产的分配。
(5) 清算的公告。
(6) 清算账册及文件的保存。

(二十三)其他应披露事项

(二十四)招募说明书存放及查阅方式

说明招募说明书的存放地点及投资者查阅方式，备查文件至少应当包括下列文件。
(1) 中国证监会批准基金设立的文件。
(2) 基金契约。
(3) 法律意见书。
(4) 基金发起人的营业执照。
(5) 基金管理人业务资格批件、营业执照和公司章程。
(6) 基金托管人业务资格批件和营业执照。
(7) 中国证监会要求的其他文件：证券投资基金招募说明书，证券投资基金招募证明书。

第四章 证券投资基金募集

【本章小结】

(1) 基金的募集是基金投资的起点,基金的交易、申购和赎回为基金投资提供流动性。基金的募集是指基金管理公司根据有关规定向中国证监会提交募集申请文件、发售基金份额、募集基金的行为。基金的募集一般要经过申请、注册、发售、基金合同生效四个步骤。

(2) 一份完整的证券投资基金合同一般包含三部分:第一部分,基金主要当事人具体信息;第二部分,目录;第三部分,基金合同具体内容详细说明,一般来说,具体包括31项内容。证券投资基金的托管协议大体包括21项内容。

【翻转话题】

请根据本章所学习的内容,根据所学各类证券投资基金的募集过程,分组进行基金募集的过程演练。

【课程思政案例】

狡兔有多窟,乾坤大挪移

四川P资产管理有限公司(以下简称P公司)是在基金业协会登记的私募基金管理人,利用私募基金托管增信机制,设立多只由第三方托管的私募基金产品,募集了大量资金,同时与投资者签订了基金合同,约定此类基金可以投资于在基金业协会备案的其他私募基金。基金募集完成后,P公司先后将其中13只由基金托管人托管的基金资金以投资的名义分别汇集到公司旗下的m基金和n基金账户(m基金和n基金未由基金托管机构托管),被管理人支配用于支付未备案基金投资者的赎回款项、基金顾问费、员工工资或直接转入P公司及其股东账户。监管部门进一步核查m基金和n基金的资金流向时发现,其资金往来方中有6只基金产品为P公司发行,但未按规定在基金业协会备案。监管部门通过抽丝剥茧,逐层追踪资金流向,最终查实,P公司通过设立多只私募基金,采用层层嵌套、账户对倒等方式,共计挪用基金资产近亿元。幸运的是,监管部门及时发现和处理了上述违法违规行为,迫于强大的监管压力,P公司将挪用的基金款项悉数归还至被挪用的基金账户,从而避免了更加严重的后果。

更有甚者,还有人利用投资者的"无知",直接要求投资者将资金打入非募集账户,从而大量汇集资金。监管部门在检查中发现,甲投资者购买了四川Q公司设立的d私募基金,然而却未将投资款汇入基金合同约定的募集账户,而是应Q公司要求,将上述款项直接汇入Q公司基本账户。经查,Q公司收到该款项后直接用于归还董事长张某借款或以Q公司名义进行投资。Q公司收到乙、丙两名投资者投资款共计190万元后,也是直接将该款项转到Q公司关联公司账户，从而构成侵占、挪用基金财产。

(资料来源：长城基金管理有限公司，
http://www.ccfund.com.cn/main/servicecenter/zcfg/tzzbh/tzzbhdt/107436.shtml.)

案例点评：

基金募集账户管理和基金托管是保障基金财产独立和安全的重要手段。在实践中，部分私募基金管理人与基金托管机构签署托管协议，开立托管资金专门账户，用于托管资金的归集、存放与支付，托管机构对基金资金的使用情况进行监督。现实中，不法分子往往利用基金托管不当增信，或是诱骗投资者将款项直接汇入非募集账户，以达到挪用基金财产的目的。

【复习思考题】

一、单项选择题(以下各小题所给出的4个选项中，只有1项最符合题目要求，请选出正确的选项)

1. 基金管理人应当自收到投资者的申购(认购)、赎回申请之日起(　　)工作日内，对该申购(认购)、赎回申请的有效性进行确认。
   A. 1个　　　　B. 6个　　　　C. 3个　　　　D. 7个

2. 持有人T日提交基金份额跨系统转托管申请，如处理成功，(　　)日起转托管转入的基金份额可赎回或卖出。
   A. T+0　　　　B. T+1　　　　C. T+2　　　　D. T+3

3. 关于LOF的基金份额是分系统登记的，下列表述错误的是(　　)。
   A. 登记在基金注册登记系统中的基金份额可以申请赎回
   B. 登记在基金注册登记系统中的基金份额可以在证券交易所卖出
   C. 登记在证券注册登记系统中的基金份额可以在证券交易所卖出
   D. 登记在证券注册登记系统中的基金份额不能直接申请赎回

4. 下列关于基金赎回费的表述，正确的是(　　)。
   A. 对于持续持有期少于7日的投资人，收取不低于赎回金额1.5%的赎回费
   B. 对于持续持有期少于5日的投资人，收取不低于赎回金额1.5%的赎回费
   C. 对于持续持有期少于20日的投资人，收取不低于赎回金额0.75%的赎回费
   D. 对于持续持有期少于30日的投资人，收取不低于赎回金额1.5%的赎回费

5. 下列关于开放式基金的表述，正确的是(　　)。
   A. 认购是指在基金合同生效后，投资者申请购买基金份额的行为
   B. 开放式基金的申购和赎回不可以通过基金管理人的直销中心与基金销售代理人的代销网点办理
   C. 申购是指在基金设立募集期内，投资者申请购买基金份额的行为
   D. 赎回是指基金份额持有人要求基金管理人购回其所持有的开放式基金份额的行为

第四章 证券投资基金募集

二、多项选择题(以下各小题所给出的4个选项中,有2个或2个以上符合题目要求,请选出正确的选项)

1. 某基金申购费率,100万元以上(含100万元)~500万元以下为0.9%。假设T日的基金份额净值为1.25元,若申购金额为100万元,则以下计算结果正确的有( )。
   A. 净申购金额为1009000元　　　B. 净申购金额为991080.28元
   C. 申购份额为792864.22份　　　D. 申购份额为800000份

2. LOF申请在交易所上市应当具备的条件是( )。
   A. 基金的募集符合《证券投资基金法》的规定
   B. 募集金额不少于2亿元人民币
   C. 持有人不少于200人
   D. 基金管理公司规定的其他条件

3. 开放式基金注册登记机构的主要职责为( )。
   A. 建立并管理投资者基金份额账户　B. 负责基金份额登记,确认基金交易
   C. 发放红利　　　　　　　　　　　D. 建立并保管基金投资者名册

4. 下列关于开放式基金赎回金额计算方式,正确的是( )。
   A. 赎回总金额=赎回份额×赎回日基金份额净值
   B. 赎回总金额=赎回份额/赎回日基金份额净值
   C. 赎回金额=赎回总金额-赎回费用
   D. 赎回金额=赎回总金额+赎回费用

5. 关于巨额赎回,以下说法正确的是( )。
   A. 单个开放日基金的赎回申请超过基金总份额的20%时,为巨额赎回
   B. 出现巨额赎回时,基金管理人可以决定接受全额或部分延期赎回
   C. 当发生巨额赎回及部分延期赎回时,基金管理人应立即向中国证监会备案并公告
   D. 部分延期赎回时,转入下一开放日的赎回申请不享有赎回优先权

三、判断题(判断以下各小题的对错,正确的填A,错误的填B)

1. 基金管理人可以对选择前端收费方式的投资人根据其申购金额的数量适用不同的前端申购费率标准。( )

2. 《证券投资基金销售管理办法》规定开放式基金的认购费率不得超过认购金额的10%。( )

3. 目前,封闭式基金交易要收取印花税。( )

4. ETF申报价格最小变动单位为0.001元。( )

5. 基金份额被冻结的,被冻结部分产生的权益一并冻结。( )

第五章 证券投资基金估值

【学习要点及目录】

- 掌握基金资产估值的概念和应用。
- 了解基金资产估值的重要性和需要考虑的因素。
- 掌握基金资产估值的责任主体。
- 掌握基金资产估值的估值程序及基本原则。
- 理解不同投资品种的估值方法及基金暂停估值的情形。
- 了解QDII基金资产估值的特殊规定。

【核心概念】

基金估值　　基金净资产　　基金份额净值

【引导案例】

20家基金公司下调乐视网估值，未复牌已腰斩！

2017年10月27日晚间，乐视网发布三季度报告，乐视网前三季度营收60.95亿元，同比下降63.67%；净利润亏损16.52亿元，去年同期盈利4.93亿元。其中，第三季度单季营收5.54亿元，同比下滑92%；净利润亏损10.15亿元，亏损进一步扩大。

2017年10月的最后一个交易日，基金公司像是约好的一样，集体发布公告下调乐视网估值。其中，下调较少的诺安基金，将旗下基金持有的乐视网股票估值调整至9.05元；西部利得基金将旗下基金持有的乐视网股票估值调整至8.14元；华夏基金将旗下基金持有的乐视网股票估值调整至7.83元。长安基金、财通基金、泰达宏利基金、易方达基金、大成基金、国投瑞银基金、工银瑞信基金、国泰基金、天弘基金、富国基金、广发基金、申万菱信基金、国海富兰克林基金、鹏华基金、长盛基金和融通基金等公司已将估值下调至7.82元。下调幅度较大的招商基金，将旗下基金持有的乐视网股票估值调整至7.78元；华安基金则将旗下基金持有的乐视网股票估值调整至7.34元。以停牌前15.33元的收盘价计算，乐视网估值下跌了近49%，几近腰斩。

【案例导学】

基金份额净值是衡量基金业绩的重要指标，也是投资者申购、赎回的依据，基金估值是基金运作的重要环节。在我国，基金估值的责任主体有哪些？基金估值需要遵循哪些原则？基金估值采用的具体方法是什么？

第五章 证券投资基金估值

第一节 证券投资基金估值概述

一、证券投资基金资产估值的概念

(一)基金资产净值

基金资产估值的概念

基金资产净值(net asset value,NAV)是指在某一基金估值时点上,按照公允价格计算的基金资产的总市值扣除负债后的余额,该余额是基金份额持有人的权益。基金资产净值除以基金当前的总份额,就是基金份额净值。基金份额的计算公式为

基金资产净值=(基金总资产-基金总负债)÷基金总份额

(二)基金资产估值

基金资产估值是指通过对基金所拥有的全部资产及所有负债按一定的原则和方法进行估算,确定基金资产公允价值,进而得出基金资产净值的过程。基金的总资产包括基金拥有的现金、股票、债券、银行存款和其他有价证券;基金的总负债包括应付管理费、应付托管费等应付费用和其他负债。基金份额净值是计算开放式基金申购、赎回价格的基础,也是评价基金投资业绩的基础指标之一。

【例5-1】假设某基金持有的某三种股票的数量分别为20万股、30万股和40万股,每股的收盘价分别为10元、20元和30元,银行存款为500万元,对管理人应付未付的报酬为200万元,应付税金为100万元,已售出的基金份额为1500万份,则基金份额净值(目前基金份额净值一般保留至小数点后4位)计算如下:

基金资产总值=20×10+30×20+40×30+500=2500(万元)

基金负债=200+100=300(万元)

基金资产净值总额=2500-300=2200(万元)

基金份额资产净值=(基金总资产-基金总负债)÷已售出的基金份额总数=2200÷1500=1.4667(元)

二、证券投资基金资产估值的意义

由于基金份额净值是开放式基金申购份额、赎回金额计算的基础,直接关系到基金投资者的利益,所以要求基金份额净值的计算必须准确。对于基金投资者来说,申购者希望以低于实际价值的价格申购,赎回者希望以高于实际价值的价格赎回;而基金的现有持有人则恰恰相反,希望流入比实际价值更多的资金,流出比实际价值更少的资金。如果基金净资产价值偏离市价或合理价格,基金有可能成为投机工具,损害投资人的利益。因此,基金份额净值必须是公允的。

基金管理人为了提高基金业绩,达到吸引投资者的目的,有可能操纵估值结果,从而造成资产估值不公允。因此,各国各地区的监管机构对基金资产估值都非常重视,并出台相关法规和文件对基金估值进行明确规范。

三、证券投资基金资产估值应注意的问题

(一)估值频率问题

资产估值需考虑的因素

基金一般按照固定的时间间隔对基金资产进行估值,通常监管法规会规定一个最小的估值频率。对开放式基金来说,估值的时间通常与开放申购、赎回的时间一致。目前,我国的开放式基金在每个交易日估值,并于次日公告基金份额净值。封闭式基金每周披露一次基金份额净值,但每个交易日都进行估值。

海外的基金多数也是每个交易日估值,但也有一部分基金是每周估值一次,有的甚至每半个月、每月估值一次。基金估值的频率是由基金的组织形式、投资对象的特点等因素决定的,并在相关的发行法律文件中明确。

(二)交易价格选择问题

当基金只投资于交易活跃的证券时,对其资产进行估值比较容易。在这种情况下,市场交易价格是可接受的,也是可信的,直接采用市场交易价格就可以对基金资产进行估值。

当基金投资于交易不活跃的证券时,资产估值问题则要复杂得多。在这种情况下,基金持有的证券要么没有交易价格,要么交易价格不可信。比如我国的银行间债券市场就经常出现以下情况:某些证券品种交易次数很少,或者根本就没有交易;某些品种开始时有交易,但交易越来越少。在我国股票市场上某些股票也曾出现严重问题。由于涨停板和跌停板的限制,一些股票的价格会接连几个交易日封于涨停或跌停位置。

在上述情况下对基金资产进行估值就需要非常慎重,其中证券资产的流动性是非常关键的因素。

(三)价格操纵及滥估问题

在对基金资产进行估值时还需注意价格操纵和滥估问题。例如,某债券流动性很差,基金管理人可以连续少量买入以"制造"出较高的价格,从而提高基金的业绩,这就是价格操纵。而在对流动性差的证券及问题证券进行估值时需要有主观判断,这种主观判断如果由基金管理人来作出,便为滥估提供了机会。

因此,要避免基金资产估值时出现价格操纵及滥估现象,需要监管机构颁布更详细的估值规则来规范估值行为,或者由独立的第三方进行估值。基金托管人也应对管理人所采用的估值技术的科学性、合理性、合法性等进行监督,以保证通过估值技术获得的估值结果是公允的。

(四)估值方法的一致性及公开性问题

估值方法的一致性是指基金在进行资产估值时均应采取同样的估值方法,遵守同样的估值规则。

估值方法的公开性是指基金采用的估值方法需要在法定募集文件中公开披露,假如基金变更了估值方法,也需要及时进行披露。

第二节 证券投资基金估值的原则与方法

一、证券投资基金估值的原则

(1) 对存在活跃市场的投资品种，如估值日有市价的，应采用市价确定公允价值；估值日无市价的，但最近交易日后经济环境未发生重大变化，应采用最近交易市价确定公允价值。估值日无市价，且最近交易日后经济环境发生了重大变化的，应参考类似投资品种的现行市价及重大变化因素，调整最近交易市价，确定公允价值。有充分证据表明最近交易市价不能真实反映公允价值的(如异常原因导致长期停牌或临时停牌的股票等)，应对最近交易的市价进行调整，以确定投资品种的公允价值。

(2) 对不存在活跃市场的投资品种，应采用市场参与者普遍认同且被以往市场实际交易价格验证具有可靠性的估值技术确定公允价值。运用估值技术得出的结果，应反映估值日在公平条件下进行正常商业交易所采用的交易价格。采用估值技术确定公允价值时，应尽可能地使用市场参与者在定价时考虑的所有的市场参数，并应通过定期校验确保估值技术的有效性。

(3) 有充足理由表明按以上估值原则仍不能客观反映相关投资品种公允价值的，基金管理公司应根据具体情况与托管银行进行商定，按最能恰当反映公允价值的价格估值。

二、证券投资基金估值的方法

基金资产估值的方法

(一)交易所发行未上市品种的估值

(1) 首次发行未上市的股票、债券和权证，在采用估值技术确定公允价值时，若估值技术难以可靠计量公允价值，则按成本计量。

(2) 送股、转增股、配股和公开增发的新股等发行未上市的股票，按交易所上市的同一股票的市价估值。

(3) 交易所发行未上市或未挂牌转让的债券，在存在活跃市场的情况下，应以活跃市场上未经调整的报价作为计量日的公允价值；在活跃市场报价不能代表计量日公允价值的情况下，应对市场报价进行调整以确认计量日的公允价值；对于不存在的市场活动或市场活动很少的情况，则应采用估值技术确定其公允价值。

(二)交易所上市交易的非流通受限品种的估值

交易所上市交易的非流通受限股票和权证以其估值日在证券交易所挂牌的市价进行估值。

交易所上市交易或挂牌转让的不含权固定收益品种，按照第三方估值机构提供的相应品种当日的估值净价估值；含权固定收益品种按照第三方估值机构提供的相应品种当日的唯一估值净价或推荐估值净价估值。对于第三方估值机构提供的估值价格与交易所收盘价存在差异的,若基金管理人认定交易所收盘价更能体现公允价值,应采用收盘价。

交易所上市交易的可转换债券按当日收盘价作为估值全价。

交易所上市的股指期货合约以估值当日结算价进行估值。

交易所上市的不存在活跃市场的有价证券,采用估值技术确定公允价值。对交易所上市的资产支持证券品种和私募债券,鉴于其交易不活跃,各产品的未来现金流也较难确认,因此按成本估值。

(三)交易所上市交易的流通受限品种的估值

在发行时明确一定期限限售期的股票,包括但不限于非公开发行的股票、首次公开发行股票时公司股东公开发售的股份、通过大宗交易取得的带限售期的股票等,参考流通受限股票的估值指引进行估值。

(1) 流通受限股票按以下公式确定估值日该股票的价值:

$$FV = S \times (1 - \text{LoMD}) \tag{5-1}$$

式中:FV 表示估值日该流通受限股票的价值;S 表示估值日在证券交易所上市交易的同一股票的公允价值;LoMD 表示该流通受限股票剩余限售期对应的流动性折扣。

(2) 引入看跌期权计算该流通受限股票对应的流动性折扣,计算公式如下:

$$\text{LoMD} = \frac{P}{S} \tag{5-2}$$

式中:P 是估值日看跌期权的价值。

(3) 证券投资基金持有的流通受限股票在估值日按平均价格亚式期权模型(AAP 模型)确定估值日看跌期权的价值。AAP 模型计算公式如下:

$$P = S e^{-qT} \left[N\left(\frac{v\sqrt{T}}{2}\right) - N\left(-\frac{v\sqrt{T}}{2}\right) \right] \tag{5-3}$$

$$v\sqrt{T} = \sqrt{\sigma^2 T + \ln\left[2(e^{\sigma^2 T} - \sigma^2 T - 1)\right] - 2\ln(e^{\sigma^2 T} - 1)} \tag{5-4}$$

式中:S 表示估值日在证券交易所上市交易的同一股票的公允价值;T 表示剩余限售期,以年为单位表示;σ 表示股票在剩余限售期内的股价的预期年化波动率;q 表示股票预期年化股利收益率;N 表示标准正态分布的累积分布函数。

(四)交易所停止交易等非流通品种的估值

(1) 因持有股票而享有的配股权,从配股除权日起到配股确认日止,如果收盘价高于配股价,按收盘价高于配股价的差额估值;收盘价等于或低于配股价,则估值为零。

(2) 对停止交易但未行权的权证,一般采用估值技术确定公允价值。

(3) 对于因重大特殊事项而长期停牌股票的估值,需要按估值基本原则判断是否采用估值技术。估值技术包括指数收益法、可比公司法、市场价格模型法和估值模型法等,供管理人在进行基金估值时参考。

(五)全国银行间债券市场交易的固定收益品种的估值

全国银行间债券市场交易的固定收益品种,采用第三方估值机构提供的相效品种当日的估值价格。

(1) 不含权的固定收益品种,以第三方估值机构提供的相应品种当日的估值净价进行估值。

(2) 含权的固定收益品种,以第三方估值机构提供的相应品种当日的唯一估值净价或推荐估值净价进行估值。含投资人回售权的固定收益品种,在回售登记期截止日(含当日)后未行使回售权的,按照长待偿期所对应的价格进行估值。

(3) 对银行间市场未上市,且第三方估值机构未提供估值价格的债券,在发行利率与二级市场利率不存在明显差异、未上市期间市场利率没有发生大的变动的情况下,按成本估值。

(六)基金中基金投资的证券投资基金的估值方法

(1) 基金中基金投资的境内非货币市场基金,按所投资基金估值日的份额净值估值;基金中基金投资的境内货币市场基金,按所投资基金前一估值日后至估值日期间(含节假日)的万份收益计提估值日基金收益。

(2) 基金中基金投资的ETF基金,按所投资ETF基金估值日的收盘价估值;ETF联接基金投资的ETF基金,按所投资ETF基金估值日的份额净值估值;基金中基金投资的境内上市开放式基金(LOF),按所投资基金估值日的份额净值估值;基金中基金投资的境内定期开放式基金、封闭式基金,按所投资基金估值日的收盘价估值。基金中基金投资的境内上市交易型货币市场基金,如所投资基金披露份额净值。则按所投资基金估值日的份额净值估值;如所投资基金披露万份(百份)收益,则按所投资基金前一估值日后至估值日期间(含节假日)的万份(百份)收益计提估值日基金收益。

(3) 如遇所投资基金不公布基金份额净值、进行折算或拆分、估值日无交易等特殊情况,基金管理人根据以下原则进行估值:①以所投资基金的基金份额净值估值的,若所投资基金与基金中基金估值频率一致但未公布估值日基金份额净值,以其最近公布的基金份额净值为基础估值。②以所投资基金的收盘价估值的,若估值日无交易,且最近交易日后市场环境未发生重大变化,按最近交易日的收盘价估值;如最近交易日后市场环境发生了重大变化,可以最新的基金份额净值为基础或参考类似投资品种的现行市价及重大变化因素调整最近交易市价,确定公允价值。③如果所投资基金前一估值日至估值日期间发生分红除权、折算或拆分,基金管理人应根据基金份额净值或收盘价、单位基金份额分红金额、折算或拆分比例、持仓份额等因素合理确定公允价值。

(七)其他投资品种的估值方法

黄金ETF投资的黄金现货实盘合约按估值日金交所的当日收盘价估值,估值日无交易的,以最近收盘价估值;黄金ETF投资的黄金现货延期交收合约按估值日金交所的当日结算价估值,估值日无交易的,以最近结算价估值;在以现金替代申赎方式下,基金管理人和基金托管人应按照基金法律文件确定的估值方法对黄金ETF的可退申购退补款和可退赎回代卖款进行估值。

港股通投资的股票,在基金估值日,按其在港交所的收盘价估值;估值日无交易的,以最近交易日的收盘价估值。港股通投资持有外币证券资产估值涉及港币对人民币汇率的,可参考当日中国人民银行或其授权机构公布的人民币汇率中间价,或其他可以反映公允价值的汇率进行估值。基金合同对汇率有明确约定的,按照基金合同的约定执行。

第三节　证券投资基金估值实务

2006 年财政部颁布了新的企业会计准则体系,2006 年 11 月 26 日中国证监会下发了《关于基金管理公司及证券投资基金执行〈企业会计准则〉的通知》(证监会计字〔2006〕23 号),规定证券投资基金自 2007 年 7 月 1 日起执行新的《企业会计准则》。为规范基金各类投资品种的估值业务,确保基金执行新会计准则后及时、准确地进行份额净值计价,更好地保护基金份额持有人的合法权益,中国证监会发布了《关于证券投资基金执行(企业会计准则〉估值业务及份额净值计价有关事项的通知》,对基金资产的估值进行了明确规定。2008 年 9 月 12 日,中国证监会发布了《关于进一步规范证券投资基金估值业务的指导意见》,对基金估值业务,特别是长期停牌股票等没有市价的投资品种的估值等问题作了进一步规范。

一、证券投资基金资产估值的责任人

我国基金资产估值的责任人是基金管理人,但基金托管人对基金管理人的估值结果负有复核责任。

为了准确、及时地进行基金估值和份额净值计价,基金管理公司应制定基金估值和份额净值计价的业务管理制度,明确基金估值的原则和程序,建立健全估值决策体系,使用合理、可靠的估值业务系统,加强对业务人员的培训,确保估值人员熟悉各类投资品种的估值原则及具体估值程序,不断完善相关风险监测、控制和报告机制,根据基金投资策略定期审阅估值原则和程序,确保其持续适用性。

托管银行在复核、审查基金资产净值、基金份额申购和赎回价格之前,应认真审阅基金管理公司采用的估值原则和程序。当对估值原则或程序有异议时,托管银行有义务要求基金管理公司作出合理解释,通过积极商讨达成一致意见。

为提高估值的合理性和可靠性,行业还成立了基金估值工作小组。工作小组定期评估基金行业的估值原则和程序,并对活跃市场上没有市价的投资品种、不存在活跃市场的投资品种提出具体估值意见。基金管理公司和托管银行在进行基金估值、计算基金份额净值及相关复核工作时,可参考工作小组的意见,但是并不能免除各自的估值责任。

二、证券投资基金的估值程序

(1) 基金份额净值是按照每个开放日闭市后,基金资产净值除以当日基金份额的余额数量计算的。

(2) 基金日常估值由基金管理人进行。基金管理人每个工作日对基金资产估值后,将基金份额净值结果发给基金托管人。

(3) 基金托管人按基金合同规定的估值方法、时间、程序对基金管理人的计算结果进行复核，复核无误后签章返回给基金管理人，由基金管理人对外公布，并由基金注册登记机构根据确认的基金份额净值计算申购、赎回数额。月末、年中和年末估值复核与基金会计账目的核对同时进行。

三、计价错误的处理及责任承担

(1) 基金管理公司应制定估值及份额净值计价错误的识别及应急方案。当估值或份额净值计价错误实际发生时，基金管理公司应立即纠正，及时采取合理措施防止损失进一步扩大。当基金份额净值计价错误达到或超过其净值的 0.25%时，基金管理公司应及时向监管机构报告；当计价错误达到 0.5%时，基金管理公司应当公告并报监管机构备案。

(2) 基金管理公司和托管银行在进行基金估值、计算或复核基金份额净值的过程中，未能遵循相关法律法规的规定或基金合同的约定，给基金财产或基金份额持有人造成损害的，应分别对各自行为依法承担赔偿责任。因共同行为给基金财产或基金份额持有人造成损害的，应承担连带赔偿责任。

四、暂停估值的情形

当基金有以下情形时，可以暂停估值。
(1) 在基金投资所涉及的证券交易所遇法定节假日或因其他原因暂停营业时。
(2) 因不可抗力或其他情形致使基金管理人、基金托管人无法准确评估基金资产价值时。
(3) 占基金相当比例的投资品种的估值出现重大转变，而基金管理人为保障投资人的利益已决定延迟估值时。
(4) 出现基金管理人认为属于紧急事故的任何情况，会导致基金管理人不能出售或评估基金资产的。
(5) 出现中国证监会和基金合同认定的其他情形的。

五、QDII 基金资产的估值问题

(一)估值责任人

QDII 基金在我国是一个新生事物，与境内的证券投资基金相比，其运作链条较长，参与机构较多，其投资管理和运作目前仍在试行之中。

根据《合格境内机构投资者境外证券投资管理试行办法》的有关规定，基金托管人在履行职责时应确保基金的份额净值按照有关法律法规、基金合同和集合资产管理合同规定的方法进行计算。在实践中，基金管理公司是 QDII 基金的会计核算和资产估值的责任主体，托管人仍负有复核责任。

(二)QDII 基金份额净值的计算及披露

《关于实施〈合格境内机构投资者境外证券投资管理试行办法〉有关问题的通知》(证

监发〔2007〕81号），对QDII基金的净值计算及披露作了明确规定。

(1) 基金份额净值应当至少每周计算并披露一次，如基金投资衍生品，应当在每个工作日计算并披露。

(2) 基金份额净值应当在估值日后两个工作日内披露。

(3) 基金份额净值应当以人民币或美元等主要外汇货币单独或同时计算并披露。

(4) 基金资产的每一买入、卖出交易应当在最近份额净值的计算中得到反映。

(5) 流动性受限的证券估值可以参照国际会计准则进行。

(6) 衍生品的估值可以参照国际会计准则进行。

(7) 境内机构投资者应当合理确定开放式基金资产价格的选取时间，并在招募说明书和基金合同中载明。

(8) 开放式基金净值及申购和赎回价格的具体计算方法应当在基金、集合计划合同和招募说明书中载明，并明确小数点后的位数。

【本章小结】

(1) 基金资产估值是指通过对基金所拥有的全部资产及所有负债按一定的原则和方法进行估算，确定基金资产公允价值，进而得出基金资产净值的过程。基金估值要注意频率问题、交易价格选择问题、价格操纵及滥估问题、估值方法的一致性及公开性问题。

(2) 估值要遵循一定的原则，交易所发行未上市品种、交易所上市交易的非流通受限品种、交易所上市交易的流通受限品种、交易所停止交易等非流通品种、全国银行间债券市场交易的固定收益品种、基金中基金投资的证券投资基金采用不同的方法进行估值。

(3) 我国基金资产估值的责任人是基金管理人，但基金托管人对基金管理人的估值结果负有复核责任。基金估值要规范操作，对计价错误和暂停估值要及时处理。

【翻转话题】

随着基金的蓬勃发展，对专业基金估值人才的需求愈发旺盛，请通过各大招聘网站和你了解的招聘渠道查找基金估值岗位主要职责、任职要求和薪资水平，并进行分享。

【课程思政案例】

不可避免？基金净值计算出错的警示

2019年1月19日，一家基金公司公告旗下某只基金净值计价出现错误。无独有偶，另一家大中型公司旗下一只债券基金净值计算也出现差错，这给迅速发展的中国证券投资基金市场发出了警告。

公告显示，出现计算错误的基金当天正确的净值应为0.9570元/份，而发布的净值为

0.9323 元/份，估值误差达到 2.6%。事实上，无论是将基金净值算少了还是算多了，都可以算是一个严重的事故。还是这家基金公司，此前已经发生过一起净值计算出错的事件，那次是将基金净值给算多了。

出现错误背后的原因各异，有的是因为债券部分质押导致该天兑付后部分款项未入账，有的是因股票送股除权导致错误产生。但无论是何种原因，都暴露出投资清算流程上的漏洞，都有可能导致投资人对基金公司丧失信任。

(资料来源：超20家基金公司下调乐视网估值，未复牌已腰斩！某牛散或浮亏7亿，证券时报e公司. https://baijiahao.baidu.com/s?id=1582782805037830372&wfr=spider&for=pc)

案例点评：

基金是一种信托关系，投资人因信任管理人而将资产委托管理人管理。准确估值是基金管理人应尽的信托责任，也是管理人信誉的体现，提高基金后台清算能力应引起行业的高度重视，监管部门也应加强监管力度，对多次估值错误的管理人和托管人进行处罚，以便更好地保护投资人的利益。

【复习思考题】

一、单项选择题(以下各小题所给出的4个选项中，只有1项最符合题目要求，请选出正确的选项)

1. 基金管理公司和托管人因共同行为给基金财产或基金份额持有人造成损害时，下列说法正确的是( )。
   A. 基金管理公司承担赔偿责任　　B. 基金托管人承担赔偿责任
   C. 二者承担连带赔偿责任　　　　D. 二者承担按份赔偿责任

2. ( )是计算投资者申购基金份额、赎回资金金额的基础。
   A. 基金资产份额　　　　　　　　B. 基金资产份额净值
   C. 基金资产净值　　　　　　　　D. 基金资产总值

3. QDII基金份额净值应当至少( )计算并披露一次，如基金投资衍生品，应( )披露一次。
   A. 每个工作日；每个工作日　　　B. 每月；每周
   C. 每月；每个工作日　　　　　　D. 每周；每个工作日

4. 假定基金的总资产为35亿元，总负债为5亿元，发行在外的基金份额总数为30亿份，那么其基金份额净值为( )元。
   A. 1.00　　　B. 1.16　　　C. 1.23　　　D. 1.27

5. 基金资产估值就是按一定的原则和方法对基金资产和基金负债进行估算，进而确定( )。
   A. 基金资产成本　　　　　　　　B. 基金资产份额净值
   C. 基金资产公允价值　　　　　　D. 基金资产总值

二、多项选择题(以下各小题所给出的4个选项中,有2个或2个以上符合题目要求,请选出正确的选项)

1. 下列与基金份额净值的计算有关的是( )。
   A. 基金总资产 B. 基金总负债
   C. 基金持有人数 D. 基金总份额

2. 关于基金资产估值需要考虑的因素,以下表述正确的是( )
   A. 交易活跃的证券,通常采用市价估值
   B. 我国封闭式基金每个交易日估值,每周披露一次份额净值
   C. 海外基金的估值频率较低,一般是每月估值一次
   D. 交易所上市的股指期货合约以估值当日结算价进行估值

3. 基金估值的责任主体包括( )。
   A. 基金管理公司 B. 基金托管人 C. 投资者 D. 基金管理人

4. 根据《基金合同的内容与格式》的要求,基金合同应列明的基金资产估值事项包括( )。
   A. 估值政策 B. 估值方法 C. 估值对象 D. 估值日

5. 根据《证券投资基金法》的规定,下列属于基金管理公司责任的是( )。
   A. 计算并公告基金资产净值 B. 确定基金赎回价格
   C. 确定基金份额申购价格 D. 复核基金资产净值

三、判断题(判断以下各小题的对错,正确的填A,错误的填B)

1. 我国的封闭式基金、开放式基金均是每个交易日估值。( )
2. 只要有市场交易价格的证券,就直接采用市场交易价格估值。( )
3. 海外的基金多数是每个交易日估值。( )
4. 估值方法的一致性是指基金进行资产估值时均应采用同样的估值方法,遵守同样的估值原则。( )
5. 估值方法的公开性是指基金在进行资产估值时均应采取同样的估值方法,遵守同样的估值规则。( )

第六章 证券投资基金费用、利润分配与税收

【学习要点及目录】

- 了解基金费用的种类。
- 掌握基金管理费、托管费及销售服务费的计提标准及计提方式。
- 了解不列入基金费用的项目种类。
- 掌握基金利润来源及相关财务指标的主要内容。
- 掌握利润分配对基金份额净值的影响。
- 理解基金分红的不同方式和货币市场基金利润分配的特殊规定。
- 掌握基金投资活动中涉及的税收项目。
- 掌握投资者投资基金涉及的税收项目。

【核心概念】

基金费用　　基金利润分配　　基金税收

【引导案例】

华夏大盘精选证券投资基金(000011)2021年度部分财务数据

2021年，华夏大盘精选收入为459776460.24元，其中利息收入为10231691.13元、投资收益为1605549168.96元、公允价值变动收益为-1163757979.72元、其他收入为7753579.87元；华夏大盘精选费用为135453366.20元，其中管理人报酬为86314795.08元、托管费为14385799.19元、销售服务费为9856.76元、交易费用为34472156.54元、税金为0.42元、其他费用为270758.21元，净利润为324323094.04元；华夏大盘精选期末可供分配利润为4607628980.16元、期末可供分配基金份额利润为17.3437元。2021年，基金每10份基金份额分红为2.030元。

【案例导学】

基金的年度报告披露过去一个会计年度的主要财务数据，包括资产、负债、收入、费用、净利润等。结合案例思考，证券投资基金的收入来源主要有哪些？费用包括哪些种类？基金如何纳税？基金利润的分配形式和股票、债券有什么区别？

第一节　证券投资基金费用

基金运作过程中所涉及的费用可分为两大类：一类是基金销售过程中发生的由基金投资者自己承担的费用，主要包括申购费、赎回费及基金转换费，这些费用直接从投资者申

购、赎回或转换的金额中收取；另一类是基金管理过程中发生的费用，主要包括基金管理费、基金托管费、信息披露费等，这些费用由基金资产承担。对于不收取申购费(认购费)、赎回费的货币市场基金，基金管理人可以依照相关规定从基金财产中持续计提一定比例的销售服务费，专门用于本基金的销售和对基金持有人的服务。

上述两大类费用的性质是截然不同的，第一类费用并不参与基金的会计核算，而第二类费用则需直接从基金资产中列支。本节所述基金费用仅指第二类费用，其种类及计提标准一般在基金合同及基金招募说明书中明确规定。

一、基金费用的种类

下列与基金有关的费用可以从基金财产中列支。
(1) 基金管理人的管理费。
(2) 基金托管人的托管费。
(3) 销售服务费。
(4) 基金合同生效后的信息披露费用。
(5) 基金合同生效后的会计师费和律师费。
(6) 基金份额持有人大会费用。
(7) 基金的证券交易费用。
(8) 按照国家有关规定和基金合同的约定，可以在基金财产中列支的其他费用。

二、各种费用的计提标准及计提方式

(一)基金管理费、基金托管费和基金销售服务费

基金管理费是指基金管理人管理基金资产而向基金收取的费用。基金托管费是指基金托管人为基金提供托管服务而向基金收取的费用。基金销售服务费是指从基金资产中扣除的用于支付销售机构佣金以及基金管理人的基金营销广告费、促销活动费、持有人服务费等方面的费用。

1. 计提标准

基金管理费率通常与基金规模成反比，与风险成正比。基金规模越大，基金管理费率越低；基金风险程度越高，基金管理费率越高。不同类别及不同国家和地区的基金，管理费率不完全相同。但从基金类型看，证券衍生工具基金管理费率最高，如认股权证基金的管理费率约为 1.5%～2.5%；股票基金居中，约为 1%～1.5%；债券基金约为 0.5%～1.5%；货币市场基金最低，管理费率约为 0.25%～1%。我国香港基金公会公布的几种基金的管理年费率，债券基金为 0.5%～1.5%，股票基金为 1%～2%。在美国等基金发达的国家和地区，基金的管理年费率通常为 1%左右，但在一些国家或地区则较高，如我国台湾地区的基金管理年费率一般为 1.5%，有的发展中国家或地区的基金管理年费率甚至超过了 3%。目前，我国股票基金大部分按照 1.5%的比例计提基金管理费，债券基金的管理费率一般低于 1%，货币市场基金的管理费率为 0.33%。

基金托管费收取的比例与基金规模、基金类型有一定关系。通常基金规模越大，基金

托管费率越低。新兴市场国家和地区的托管费收取比例相对要高。基金托管费年费率国际上通常为 0.2%左右，美国一般为 0.2%，我国一般则为 0.25%。目前，我国封闭式基金按照 0.25%的比例计提基金托管费；开放式基金根据基金合同的规定比例计提，通常低于 0.25%；股票基金的托管费率要高于债券基金及货币市场基金的托管费率。

基金销售服务费目前只有货币市场基金和一些债券基金收取，费率大约为 0.25%。收取销售服务费的基金通常不收取申购费。

2. 计提方法和支付方式

目前，我国的基金管理费、基金托管费及基金销售服务费均是按前一日基金资产净值的一定比例逐日计提，按月支付。

其计算方法如下：

$$H = \frac{E \times R}{当年实际天数}$$

式中：H 为每日计提的费用；E 为前一日的基金资产净值；R 为基金年费率。

【例 6-1】 假设某开放式基金 2022 年 8 月 5 日的基金资产净值为 350000 万元人民币，2022 年 8 月 6 日的基金资产净值为 351250 万元人民币，该基金的管理费率为 1.5%，托管费率为 0.25%，2022 年的实际天数为 365 天，则该基金 8 月 6 日应计提管理费和托管费为多少？

管理费：$H = \dfrac{350000 \times 1.5\%}{365} = 14.3836(万元)$

托管费：$H = \dfrac{350000 \times 0.25\%}{365} = 2.3973(万元)$

(二)基金交易费

基金交易费是指基金在进行证券买卖交易时所发生的相关交易费用。目前，我国证券投资基金的交易费用主要包括印花税、交易佣金、过户费、经手费、证管费。交易佣金由证券公司按成交金额的一定比例向基金收取，印花税、过户费、经手费、证管费等则由登记公司或交易所按有关规定收取。参与银行间债券交易的，还需向中央国债登记结算有限责任公司支付银行间账户服务费，向全国银行间同业拆借中心支付交易手续费等服务费用。

(三)基金运作费

基金运作费是指为保证基金正常运作而发生的应由基金承担的费用，包括审计费、律师费、上市年费、信息披露费、分红手续费、持有人大会费、开户费、银行汇划手续费等。按照有关规定，发生的这些费用如果影响基金份额净值小数点后第 4 位的，即发生的费用大于基金净值 1/10000，应采用预提或待摊的方法计入基金损益；发生的费用如果不影响基金份额净值小数点后第 4 位的，即发生的费用小于基金净值 1/10000，应于发生时直接计入基金损益。

三、不列入基金费用的项目

下列费用不列入基金费用。

(1) 基金管理人和基金托管人因未履行或未完全履行义务导致的费用支出或基金财产的损失。

(2) 基金管理人和基金托管人处理与基金运作无关的事项发生的费用。

(3) 基金合同生效前的相关费用，包括但不限于验资费、会计师和律师费、信息披露费用等费用。

第二节　证券投资基金利润分配

一、证券投资基金利润

基金利润是指基金在一定会计期间的经营成果，包括收入减去费用后的净额、直接计入当期利润的利得和损失等。基金收入是基金资产在运作过程中所产生的各种收入。基金收入来源主要包括利息收入、投资收益以及其他收入。基金资产估值引起的资产价值变动作为公允价值变动损益记入当期损益。

(一)利息收入

利息收入是指基金经营活动中因债券投资、资产支持证券投资、银行存款、结算备付金、存出保证金、按买入返售协议融出资金等而实现的利息收入。其具体包括债券利息收入、资产支持证券利息收入、存款利息收入、买入返售金融资产收入等。

(二)投资收益

投资收益是指基金经营活动中因买卖股票、债券、资产支持证券、基金等实现的差价收益，因股票、基金投资等获得的股利收益，以及衍生工具投资产生的相关损益，如卖出或放弃权证、权证行权等实现的损益。其具体包括股票投资收益、债券投资收益、资产支持证券投资收益、基金投资收益、衍生工具收益、股利收益等。

(三)其他收入

其他收入是指除上述收入以外的其他各项收入，包括赎回费扣除基本手续费后的余额、手续费返还、ETF 替代损益以及基金管理人等机构为弥补基金财产损失而支付给基金的赔偿款项等。这些收入项目一般根据发生的实际金额确认。

(四)公允价值变动损益

公允价值变动损益是指基金持有的采用公允价值模式计量的交易性金融资产、交易性金融负债等公允价值变动形成的应计入当期损益的利得或损失，并于估值日对基金资产按公允价值估值时予以确认。

二、证券投资与基金利润有关的几个财务指标

根据目前的有关规定，以下几个指标与基金利润有关。

(一)本期利润

本期利润是指基金在一定时期内全部损益的总和，包括记入当期损益的公允价值变动损益。该指标既包括了基金已经实现的损益，也包括了未实现的估值增值或减值，是一个能够全面反映基金在一定时期内经营成果的指标。

(二)本期已实现收益

该指标是指基金本期利息收入、投资收益、其他收入(不含公允价值变动收益)扣除相关费用后的余额，是将本期利润扣除本期公允价值变动损益后的余额。

(三)期末可供分配利润

该指标是指期末可供基金进行利润分配的金额，为期末资产负债表中未分配利润与未分配利润中已实现部分的孰低数。由于基金本期利润包括已实现和未实现两部分，如果期末未分配利润的未实现部分为正数，则期末可供分配利润的金额为期末未分配利润的已实现部分；如果期末未分配利润的未实现部分为负数，则期末可供分配利润的金额为期末未分配利润(已实现部分扣减未实现部分)。

(四)未分配利润

未分配利润是指基金进行利润分配后的剩余额。未分配利润将转入下期分配。

三、证券投资基金利润分配

(一)基金利润分配对基金份额净值的影响

基金进行利润分配会导致基金份额净值的下降。例如，一只基金在分配前的份额净值是 1.23 元，假设每份基金分配 0.05 元，在进行分配后基金的份额净值将会下降到 1.18 元。尽管基金的份额净值下降了，但并不意味着投资者有投资损失。假设一个基金投资者在该基金中拥有 1000 份的基金投资，分配前该投资者在该基金中的投资价值为 1230 元(1000×1.23)，分配后该投资者获得了 50 元(1000×0.05)的现金分红，其在该基金上的投资价值为 1180 元(1000×1.18)，与现金分红合计仍为 1230 元，因此分配前后的价值不变。

(二)封闭式基金的利润分配

根据《证券投资基金运作管理办法》的有关规定，封闭式基金的利润分配每年不得少于一次，封闭式基金年度利润分配比例不得低于基金年度已实现利润的 90%。基金收益分配后基金份额净值不得低于面值。

封闭式基金当年利润应先弥补上一年度亏损，然后才可进行当年的利润分配。封闭式基金一般采用现金方式分红。

(三)开放式基金的利润分配

我国开放式基金按规定需在基金合同中约定每年基金利润分配的最多次数和基金利润

分配的最低比例。利润分配比例一般以期末可供分配利润为基准计算。基金收益分配后基金份额净值不得低于面值。

开放式基金的分红方式有两种。

(1) 现金分红方式。根据基金利润情况，基金管理人以投资者持有基金单位数量的多少，将利润分配给投资者。这是基金分配最普遍的形式。

(2) 分红再投资转换为基金份额。分红再投资转换为基金份额是指将应分配的净利润按除息后的份额净值折算为等值的新的基金份额进行基金分配。

根据有关规定，基金分配应当采用现金方式。开放式基金的基金份额持有人可以事先选择将所获分配的现金利润，按照基金合同有关基金份额申购的约定转为基金份额。基金份额持有人事先未作出选择的，基金管理人应当支付现金。

(四)货币市场基金的利润分配

《货币市场基金监督管理办法》第 10 条规定："对于每日按照面值进行报价的货币市场基金，可以在基金合同中将收益分配的方式约定为红利再投资，并应当每日进行收益分配。"

《货币市场基金监督管理办法》第 15 条规定："当日申购的基金份额自下一个交易日起享有基金的分配权益，当日赎回的基金份额自下一个交易日起不享有基金的分配权益，但中国证监会认定的特殊货币市场基金品种除外。"

具体而言，货币市场基金每周五进行分配时，将同时分配周六和周日的利润；每周一至周四进行分配时，则仅对当日利润进行分配。投资者于周五申购或转换转入的基金份额不享有周五、周六和周日的利润，投资者于周五赎回或转换转出的基金份额享有周五、周六和周日的利润。

例如，假设投资者在 2022 年 4 月 8 日(周五)申购了份额，那么基金将从 4 月 11 日(周一)开始计算其收益。如果在 4 月 8 日(周五)赎回了份额，那么除了享有 4 月 8 日(周五)的利润之外，还同时享有 4 月 9 日(周六)和 4 月 10 日(周日)的利润，但不再享受 4 月 11 日的利润。节假日的利润计算基本与在周五申购或赎回的情况相同。投资者在法定节假日前最后一个开放日的利润将与整个节假日期间的利润合并后于法定节假日最后一日进行分配；法定节假日结束后第一个开放日起的分配规则同日常情况下的分配规则一样。投资者于法定节假日前最后一个开放日申购或转换转入的基金份额不享有该日和整个节假日期间的利润，投资者于法定节假日前最后一个开放日赎回或转换转出的基金份额享有该日和整个节假日期间的利润。假定 2022 年 5 月 1 日至 3 日为法定休假日，2022 年 5 月 4 日是节后第一个工作日，假设投资者在 2022 年 4 月 29 日(周五，节前最后一个工作日)申购了基金份额，那么基金利润将会从 5 月 4 日起开始计算；如果投资者在 2022 年 4 月 29 日赎回了基金份额，那么投资者将享有直至 5 月 3 日内该基金的利润。

四、证券投资基金份额的分拆、合并

(一)基金份额分拆、合并的概念

1. 基金份额分拆

基金拆分又称拆分基金，是指在保证投资者的投资总额不发生改变的前提下，将一份

第六章 证券投资基金费用、利润分配与税收

基金按照一定的比例分拆成若干份，每一基金份额的单位净值也按相同的比例降低，是对基金资产进行重新计算的一种方式。基金分拆比例通常大于1，如表6-1所示，南方新兴消费增长股票基金2020年11月16日的拆分折算比例为1：1.6770，属于基金拆分。

2. 基金份额合并

基金份额合并与基金分拆正好相反，是将若干基金份额合并成一份，基金分拆比例通常小于1，因此又被称为逆向拆分。如表6-1所示，南方新兴消费增长股票基金2019年3月13日拆分折算比例为1:0.8150，属于基金合并。

表6-1 南方新兴消费增长股票(LOF)A (160127)份额拆分详情

年 份	拆分折算日	拆分类型	拆分折算比例
2020年	2020-11-16	份额折算	1：1.6770
2020年	2020-03-13	份额折算	1：1.3500
2019年	2019-03-13	份额折算	1：0.8150
2018年	2018-03-13	份额折算	1：1.2640
2017年	2017-03-13	份额折算	1：1.4630
2016年	2016-03-14	份额折算	1：0.9520
2015年	2015-03-13	份额折算	1：1.3760
2014年	2014-03-13	份额折算	1：1.1020
2013年	2013-03-13	份额折算	1：0.9600

资料来源：天天基金网。

(二)基金份额分拆、合并的影响

基金份额分拆是通过直接调整基金份额数量达到降低基金份额净值的目的，从而降低投资者对价格的敏感性，有利于基金持续营销，有利于改善基金份额持有人结构，有利于基金经理更有效地运作资金，从而贯彻基金运作的投资理念与投资哲学。基金份额分拆还能有效地解决"被迫分红"的问题，有效地降低交易成本，减少频繁买卖对证券市场的冲击。而当基金净值过低时，基金份额合并可以提高基金净值，提高份额持有人对价格的敏感性。

无论是基金份额的分拆还是合并，都只能影响基金份额净值和份额持有人的份额，并不影响基金的已实现收益、未实现利得等。

【例6-2】假设某投资者持有5000份基金A，当前的基金份额净值为1.4元，对该基金按1：1.4的比例进行拆分操作后，对应的基金资产为多少元？

解析：原基金资产=5000×1.4=7000(元)

拆分后份额净值=1(元)

基金份额=5000×1.4=7000(份)

拆分后基金资产=7000(元)

折算前后投资者的基金资产规模未发生变化。

(三)基金份额分拆和基金分红的区别

基金分拆和基金分红还是有很大区别的：一是选择现金分红方式的投资者在获得现金分红的同时，其所拥有的基金份额并不发生改变；二是在这样的情况下，基金分红有大量的现金流出，基金的资产规模也会发生改变；三是基金分红时机的选择与基金分拆时机的选择有所不同，由于基金分红会导致大量的资金流出，因此，无论是对投资者还是对基金的管理者来说，基金要进行分红必须选择一个恰当的时机。比如基金所持有的资产的价格处于股票价格的持续上升期，进行基金分红必将要求基金管理者卖出价格持续上涨的部分资产，这种行为将会影响基金未来收益的提高或者基金收益的持续性增长。相对而言，基金的分拆不需要卖出基金的资产，只是对原有的结构进行形式上的分解，对时机的要求没有那么严格。

第三节 证券投资基金的税收

我国基金税收的政策法规主要体现在以下文件中：1998年发布的《财政部、国家税务总局关于证券投资基金税收问题的通知》；2004年发布的《关于证券投资基金税收政策的通知》；2005年发布的《关于股息红利个人所得税有关政策的通知》《关于股息红利有关个人所得税政策的补充通知》；2008年发布的《关于企业所得税若干优惠政策的通知》；2015年发布的《关于上市公司股息红利差别化个人所得税政策有关问题的通知》；2016年发布的《关于明确金融、房地产开发、教育辅助服务等增值税政策的通知》《财政部、国家税务总局关于全面推开营业税改征增值税试点的通知》《营业税改征增值税试点实施办法》《关于进一步明确全面推开营改增试点金融业有关政策的通知》；2017年发布的《关于资管产品增值税有关问题的通知》《关于租入固定资产进项税抵扣等增值税政策的通知》。这些政策法规对基金作为一个营业主体的税收问题、基金管理人和基金托管人作为基金营业主体的税收问题与投资者买卖基金涉及的税收问题有明确规定。基金管理人、基金托管人从事基金管理和基金托管活动取得的收入，依照《税法》的规定征收增值税和企业所得税，在此不作重点探讨。

一、增值税

增值税是指以商品(含应税劳务)在流转过程中产生的增值额作为计税依据而征收的一种流转税。从计税原理上说，增值税是对商品生产、流通、劳务服务中多个环节的新增价值或商品的附加值征收的一种流转税。增值税为价外税，也就是由消费者负担，有增值才征收，未增值则不征收。自2016年5月1日起，全国范围内全面推开营业税改征增值税(简称营改增)试点，金融业纳入试点范围，由缴纳营业税改为缴纳增值税，增值税税率为6%。

(一)基金自身活动产生的增值税

资管产品运营过程中发生的增值税应税行为，以资管产品管理人为增值纳税人。

存款利息不征收增值税，对下列金融商品转让收入免征增值税：香港市场投资者(包括单位和个人)通过基金互认买卖内地基金份额,证券投资基金(封闭式证券投资基金、开放式证券投资基金)管理人运用基金买卖股票、债券。证券投资基金实行质押式买入返售取得的金融同业往来利息收入免征增值税。

(二)机构投资者买卖基金的增值税

机构投资者买卖基金份额属于金融商品转让,应按照卖出价扣除买入价后的余额为销售额,计征增值税。但机构投资者购入基金、信托、理财产品等各类资产管理产品持有至到期,不属于金融商品转让。

合格境外投资者(QFII)委托境内公司在我国从事证券买卖业务、香港市场投资者通过基金互认买卖内地基金份额取得的收入免征增值税。

(三)个人投资者买卖基金的增值税

个人买卖基金份额的行为免征增值税。

二、印花税

(一)基金自身活动产生的印花税

从 2008 年 9 月 19 日起,基金卖出股票时按照 1‰的税率征收证券(股票)交易印花税,而对买入股票交易不再征收印花税。

(二)机构投资者买卖基金产生的印花税

机构投资者买卖基金份额暂免征收印花税。

(三)个人投资者买卖基金产生的印花税

(1) 个人投资者买卖基金份额暂免征收印花税。
(2) 对香港市场投资者通过基金互认买卖、继承、赠予内地基金份额,按照内地现行税制规定,暂不征收印花税。
(3) 对内地投资者通过基金互认买卖、继承、赠予香港基金份额,按照香港特别行政区现行印花税税法规定执行。

三、所得税

(一)基金自身活动产生的所得税

对证券投资基金从证券市场中取得的收入,包括买卖股票、债券的差价收入,股权的股息、红利收入,债券的利息收入及其他收入,暂不征收企业所得税。对基金取得的股利收入、债券的利息收入、储蓄存款利息收入,由上市公司、发行债券的企业和银行在向基金支付上述收入时代扣代缴 20%的个人所得税。

自 2015 年 9 月 8 日起,个人从公开发行和转让市场取得的上市公司股票,持股期限在 1 个月以内(含 1 个月)的,其股息红利所得全额计入应纳税所得额;持股期限在 1 个月以上至1年(含1年)的,暂减按50%计入应纳税所得额。上述所得统一适用20%税率计征个人所得税。持股期限超过1年的,股息红利所得暂免征收个人所得税。

股息红利差别化个人所得税政策实施前,上市公司股息红利个人所得税的税负为10%。该政策实施后,股息红利所得按持股时间长短确定实际税负。因此,个人投资者持股时间越长,其股息红利所得个人所得税的税负就越低。

(二)机构投资者买卖基金产生的所得税

(1) 机构投资者在境内买卖基金份额获得的差价收入,应并入企业的应纳税所得额,征收企业所得税;机构投资者从基金分配中获得的收入,暂不征收企业所得税。

(2) 对内地企业投资者通过基金互认买卖香港基金份额取得的转让差价所得,计入其收入总额,依法征收企业所得税。

(3) 对内地企业投资者通过基金互认从香港基金分配取得的收益,计入其收入总额,依法征收企业所得税。

(三)个人投资者买卖基金产生的所得税

(1) 个人投资者买卖基金份额获得的差价收入,在对个人买卖股票的差价收入未恢复征收个人所得税以前,暂不征收个人所得税。

(2) 个人投资者从基金分配中获得的股票的股利收入、企业债券的利息收入、储蓄存储利息收入,由上市公司发行债券的企业和银行在向基金支付上述收入时,代扣代缴20%的个人所得税。证券投资基金从上市公司分配取得的股息红利所得,扣缴义务人在代扣代缴个人所得税时,按50%计算应纳税所得额。基金向个人投资者分配股息、红利、利息时,不再代扣代缴个人所得税。个人投资者从基金分配中取得的收入,暂不征收个人所得税。

(3) 个人投资者从基金分配中获得的国债利息、买卖股票差价收入,在国债利息收入、个人买卖股票差价收入未恢复征收所得税以前,暂不征收所得税。

(4) 个人投资者从封闭式基金分配中获得的企业债券差价收入,按现行《税法》规定,应对个人投资者征收个人所得税,税款由封闭式基金在分配时依法代扣代缴。

(5) 个人投资者申购和赎回基金份额取得的差价收入,在对个人买卖股票的差价收入未恢复征收个人所得税以前,暂不征收个人所得税。

(6) 对内地个人投资者通过基金互认买卖香港份额取得的转让差价收入,征收个人所得税。

(7) 内地个人投资者通过基金互认从香港基金分配取得的收益,由该香港基金在内地的代理人按照20%的税率代扣代缴个人所得税。

【本章小结】

(1) 基金费用主要包括基金管理费、基金托管费、信息披露费等,这些费用由基金资产承担。

(2) 基金利润包括收入减去费用后的净额、直接计入当期利润的利得和损失等。本期利

第六章 证券投资基金费用、利润分配与税收

润、本期已实现收益、期末可供分配利润、未分配利润是与基金利润有关的几个财务指标。开放式基金、封闭式基金、货币市场基金的利润分配方法各不相同。基金管理人也会对基金进行拆分、合并，但无论是基金份额的分拆还是合并，都只能影响基金份额净值和份额持有人的份额，并不影响基金的已实现收益、未实现利得等。

(3) 基金税收主要包括增值税、印花税、所得税等。

【翻转话题】

华夏大盘精选 A(000011)和华夏优势增长混合(000021)分别是华夏基金公司发售的两只混合型基金，请通过这两只基金近三年的费用、利润和利润分配情况，对这两只基金进行比较。

【课程思政案例】

史上最大逃税丑闻！文艺复兴基金或补缴近 70 亿美元税款

2014 年，全球最成功的投资者之一、对冲基金文艺复兴基金爆出逃税 70 亿美元的丑闻。科技公司的创始人吉姆·西蒙斯(Jim Simons)刚刚遭遇了一次罕见的挫败。

美国国税局长期以来一直认为，文艺复兴对其旗舰基金 Medallion 的利润进行了错误描述，使用了一种复杂的期权安排，将短期资本利得转化为长期利得，而后者的税率较低。Medallion 是历史上表现最好的基金之一，自 1988 年成立以来，年化回报率约为 40%。该基金几乎完全由文艺复兴的现任和前任员工所有。文艺复兴的机构股票基金等向外界开放的基金不在此项税收纠纷的范围之内。

2021 年，文艺复兴科技公司与美国国税局(IRS)达成和解协议，创始人西蒙斯和他的几位同事将补缴数十亿美元的税款、利息和罚款，以了结美国有史以来最大的税务纠纷。

根据协议条款，西蒙斯和其他六名文艺复兴董事会现任和前任成员将支付 100%的附加税，如果他们按照美国国税局的要求，将收益描述为短期资本利得的话。这些人包括文艺复兴现任 CEO 布朗，以及前任 CEO 罗伯特·默瑟(Robert Mercer)，他是著名的保守派政治捐赠者，也是美国前总统特朗普的重要支持者。文艺复兴董事会成员还将支付利息和罚金，具体金额不详。其他 Medallion 投资者将为短期资本利得支付 80%的附加税以及利息。此外，西蒙斯还向美国国税局另外支付了 6.7 亿美元，以了结美国国税局在文艺复兴的期权安排中发现的另一个涉及股息预扣税的问题。

(资料来源：史上最大逃税丑闻！文艺复兴基金或补缴近 70 亿美元税款，金融界，https://baijiahao.baidu.com/s?id=1709890181934781421&wfr=spider&for=pc。)

案例点评：

依法纳税是基金管理人、托管人、份额持有人必须严格履行的义务。金融产品的种类繁多、设计复杂，给税务机构的税收计量带来了较大的挑战，也容易使不法之徒钻法律漏

洞。这个案例虽然发生在国外，但对我国也有较大的警示作用，作为纳税主体的基金管理人应该加强公司治理，依法依规纳税；监管主体也应严格监管，营造公平、透明的市场环境。

【复习思考题】

一、单项选择题(以下各小题所给出的4个选项中，只有1项最符合题目要求，请选出正确的选项)

1. 假设某封闭式基金7月18日的基金资产净值为3.5亿元人民币，7月19日的基金资产净值为3.5125亿元人民币，该股票基金的基金管理费率为0.25%，该年实际天数为365天，则该基金7月19日应计提的托管费为(　　)元。
   A. 2397.26　　　B. 2405.82　　　C. 3215.35　　　D. 4123.08
2. 基金在一定会计期间的经营成果称为(　　)。
   A. 基金税收　　B. 基金利润　　C. 基金分拆　　D. 基金分红
3. 基金利润来源中的利息收入不包括(　　)。
   A. 债券利息收入　　　　　　　B. 资产支持证券利息收入
   C. 因股票投资获得的股利收益　　D. 买入返售金融资产收入
4. 在我国，对(　　)从证券市场中取得的收入，包括买卖股票、债券的差价收入，股票的股息、红利收入、债券的利息收入及其他收入，暂不征收企业所得税。
   A. 非银行金融机构　　　　　　B. 企业
   C. 证券投资基金　　　　　　　D. 基金管理公司
5. 个人从公开发行和转让市场取得的上市公司股票，持股期限在1个月以上至1年(含1年)的，暂减按(　　)计入应纳税所得额。
   A. 30%　　　　B. 40%　　　　C. 45%　　　　D. 50%

二、多项选择题(以下各小题所给出的4个选项中，有2个或2个以上符合题目要求，请选出正确的选项)

1. 应由基金财产承担的费用包括(　　)。
   A. 基金的证券交易费用　　　　B. 基金合同生效前的律师费
   C. 基金管理人的管理费　　　　D. 基金托管人的托管费
2. 关于封闭式基金的利润分配，下列选项中表述正确的是(　　)
   A. 年度收益分配比例不得低于基金年度可供分配利润的90%
   B. 基金收益分配后基金份额净值不得低于面值
   C. 基金收益分配每年不得少于一次
   D. 分配方式可以选择现金分红或者分红再投资转换为基金份额
3. 基金因投资股票而带来的投资收益包括(　　)。
   A. 存款利息收入　B. 股票股利　　C. 股票价差收入　D. 现金股利
4. 关于基金的分红方式，以下选项中表述正确的是(　　)。

A. 货币基金只能选择分红再投资
B. 开放式基金的分红方式有现金分红和分红再投资
C. 封闭式基金可选择分红再投资
D. 基金份额持有人可以选择修改分红方式

5. 按照现行的税收政策，下列说法中正确的是(　　)。
A. 机构投资者和个人投资者买卖基金份额均暂时免征印花税
B. 机构投资者和个人投资者买卖基金份额获得的差价收入，分别暂时免征企业所得税和个人所得税
C. 机构投资者从基金分配中获得的收入，暂时免征企业所得税
D. 个人投资者从基金分配中获得的收入，征收个人所得税

三、判断题(判断以下各小题的对错，正确的填 A，错误的填 B)

1. 目前，我国的基金管理费、基金托管费及基金销售服务费均是按前一日基金资产净值的一定比例逐月计提，按年支付。(　　)
2. 开放式基金的分红方式有现金分红和分红再投资。(　　)
3. 封闭式基金的分红方式有现金分红和分红再投资。(　　)
4. 个人从公开发行和转让市场取得的上市公司股票，持股期限超过 1 年的，暂减按 25%计入应纳税所得额。(　　)
5. 从封闭基金分配中获得的企业债券差价收入暂不征收个人所得税。(　　)

第七章 证券投资基金的信息披露

【学习要点及目录】

- 掌握基金信息披露的作用、原则和内容。
- 掌握基金信息披露的禁止性行为。
- 理解基金管理人信息披露的主要内容。
- 理解基金托管人信息披露的主要内容。
- 理解基金合同、托管协议等法律文件应包含的重要内容。
- 理解招募说明书的重要内容。
- 掌握基金净值公告的种类及披露时效性要求。
- 理解货币市场基金信息披露的特殊规定。
- 理解基金定期公告的相关规定。
- 理解基金上市交易公告书和临时信息披露的相关规定。

【核心概念】

基金募集信息　基金运作信息

【引导案例】

景顺长城基金管理有限公司关于景顺长城优信增利债券型证券投资基金经理变更公告

公告送出日期：2022 年 6 月 7 日

1. 公告基本信息

基金名称	景顺长城优信增利债券型证券投资基金
基金简称	景顺长城优信增利债券
基金主代码	261002
基金管理人名称	景顺长城基金管理有限公司
公告依据	《公开募集证券投资基金信息披露管理办法》
基金经理变更类型	解聘基金经理
共同管理本基金的其他经理姓名	彭琦岭
离任基金经理姓名	何江波

2. 离任基金经理的相关信息

离任基金经理姓名	何江波
离任原因	公司投资部门工作安排
离任日期	2022 年 6 月 6 日
转任本公司其他工作岗位的说明	仍担任景顺长城稳定收益债券型证券投资基金、景顺长城景兴信用纯债债券型证券投资基金、景顺

第七章 证券投资基金的信息披露

	长城景泰汇利定期开放债券型证券投资基金、景顺长城景泰鑫利纯债债券型证券投资基金、景顺长城弘远66个月定期开放债券型证券投资基金的基金经理。
是否已按规定在中国基金业协会办理变更手续	是

3. 其他需要提示的事项

上述事项已按规定向中国证券投资基金业协会办理相应手续，并报中国证券监督管理委员会深圳监管局备案。

(资料来源：景顺长城公司官网.)

🔑【案例导学】

案例的公告为基金公司变更基金经理的公告，公告涉及基金名称、基金代码、基金管理人名称等基本信息，以及离任基金经理的相关信息和其他需要提示的事项。结合案例思考，基金信息披露的主体有哪些？基金信息披露还涉及哪些内容？

我国的基金信息披露制度体系分为国家法律、部门规章、规范性文件与自律性规则四个层次。基金信息披露主要包括募集信息披露、运作信息披露和临时信息披露。基金管理人、基金托管人是基金信息披露的主要义务人。

第一节 证券投资基金信息披露概述

一、证券投资基金信息披露的含义与作用

基金信息披露是指基金市场上的有关当事人在基金募集、上市交易、投资运作等一系列环节中，依照法律法规规定向社会公众进行的信息披露。

"阳光是最好的消毒剂。"依靠强制性信息披露，培育和完善市场运行机制，增强市场参与各方对市场的理解和信心，是世界各国各地区证券市场监管的普遍做法，基金市场作为证券市场的组成部分也不例外。基金信息披露的作用主要表现在以下几方面。

基金信息披露

(一)有利于投资者的价值判断

在基金份额的募集过程中，基金招募说明书等募集信息披露文件向公众投资者阐明了基金产品的风险收益特征及有关募集安排，投资者能据此选择适合自己风险偏好和收益预期的基金产品。在基金运作过程中，通过充分披露基金投资组合、历史业绩和风险状况等信息，现有基金份额持有人可以评价基金经理的管理水平，了解基金投资是否符合基金合同的承诺，从而判定该基金产品是否值得继续持有。

(二)有利于防止利益冲突与利益输送

资本市场的基础是信息披露，监管的主要内容之一就是对信息披露的监管。相对于实

质性审查制度，强制性信息披露的基本推论是投资者在公开信息的基础上"买者自慎"。它可以改变投资者的信息弱势地位，增加资本市场的透明度，防止利益冲突与利益输送，增强对基金运作的公众监督，限制和阻止基金管理不当和欺诈行为的发生。

(三)有利于提高证券市场的效率

由于现实中存在证券市场信息不对称问题，使投资者无法对基金进行有效甄别，也无法有效地克服基金管理人的道德风险，高效率的基金无法吸引足够的资金进行投资，不能形成合理的资金配置机制。通过强制性信息披露，能迫使隐藏的信息得到及时和充分地公开，从而在一定程度上消除逆向选择和道德风险等问题带来的低效无序状况，提高证券市场的有效性。

(四)有效防止信息滥用

如果法规不对基金信息披露进行规范，任由不充分、不及时、虚假的信息随意传播，那么市场上便会充斥着各种猜测，投资者可能会受这种市场"噪声"的影响而作出错误的投资决策，甚至给基金运作带来致命性打击，不利于整个行业的长远发展。

二、我国证券投资基金信息披露的制度体系

我国基金信息披露制度体系可分为国家法律、部门规章、规范性文件与自律规则四个层次。

(一)基金信息披露的国家法律

我国法律对基金信息披露的规范主要体现在《证券投资基金法》中。《证券投资基金法》对公开披露基金信息的主要原则、披露文件类别、禁止性行为等都作出了明确规定。

(二)基金信息披露的部门规章

我国基金信息披露的部门规章主要是 2004 年 7 月 1 日起施行的《证券投资基金信息披露管理办法》。该办法对基金信息披露义务人进行了细化，并对各类基金信息披露文件的披露时间、披露方式、披露事务管理等作出了详细的规定。

(三)基金信息披露的规范性文件

我国基金信息披露的规范性文件分为三类：基金信息披露内容与格式准则、基金信息披露编报规则、基金信息披露 XBRL 模板和相关标引规范(taxonomy)。

基金信息披露内容与格式准则主要规范各类披露文件的内容与格式，包括招募说明书、基金合同、托管协议、上市交易公告书、年度报告、半年度报告和季度报告的内容与格式等。

基金信息披露编报规则主要规范特定事项或特殊基金品种的披露，包括主要财务指标的计算及披露、基金净值表现的编制及披露、会计报表附注的编制及披露、投资组合报告的编制及披露和货币市场基金信息披露特别规定等。

第七章 证券投资基金的信息披露

基金信息披露 XBRL 模板是根据我国会计准则和基金披露法规,将各类披露文件进一步表格化,并为各类信息元素加注 XBRL 编号。目前已发布净值公告、季度报告、半年度报告和年度报告、基金合同生效公告及 11 类临时公告披露的 XBRL 模板。《基金信息披露 XBRL 标引规范》是在 XBRL 国际组织最新的技术规范框架下,根据我国会计准则和基金披露法规定义的词汇表,于 2008 年由中国证监会发布实施的规范性文件。

(四)基金信息披露的自律规则

在证券交易所上市交易的基金信息披露应遵守证券交易所的业务规则,如上海证券交易所和深圳证券交易所的证券投资基金上市规则。此外,ETF 相关信息披露义务人应遵守证券交易所有关 ETF 业务实施细则的规定,LOF 相关信息披露义务人还应遵守证券交易所有关 LOF 业务规则与业务指引的规定。

三、证券投资基金信息披露的原则

基金信息披露的原则体现在对披露内容和披露形式两方面的要求上。在披露内容上,要求遵循真实性原则、准确性原则、完整性原则、及时性原则和公平披露原则;在披露形式上,要求遵循规范性原则、易解性原则和易得性原则。

(一)披露内容方面应遵循的基本原则

(1) 真实性原则。真实性原则是基金信息披露最根本、最重要的原则,它要求披露的信息应当以客观事实为基础,以没有扭曲和不加粉饰的方式反映真实状态。

(2) 准确性原则。准确性原则要求用精确的语言披露信息,不使人误解,不使用模棱两可的语言。

(3) 完整性原则。完整性原则要求披露所有可能影响投资者决策的信息,在披露某一具体信息时,必须对该信息的所有重要方面进行充分的披露,不仅披露对信息披露义务人有利的正面信息,更要揭示与投资风险相关的各种信息。该原则要求充分披露重大信息,但并不是要求事无巨细地披露所有信息,因为这不仅会增加信息披露义务人的成本,也将增加投资者收集信息的成本和筛选有用信息的难度。

(4) 及时性原则。及时性原则要求公开披露最新的信息,要求信息披露义务人应在法规要求的时限内尽快履行披露义务。例如,当基金发生重大事件可能对投资者决策产生重大影响时,基金管理人应在重大事件发生之日起两日内披露临时报告;又如,为了让投资者了解基金募集的最新信息,基金管理人在基金成立后需要定期披露更新的招募说明书。

(5) 公平披露原则。公平披露原则要求将信息向市场上所有的投资者平等公开地披露,而不是仅向个别机构或投资者披露,不是针对不同投资者对信息进行选择性披露。

(二)披露形式方面应遵循的基本原则

(1) 规范性原则。规范性原则要求基金信息必须按照法定的内容和格式进行披露,保证披露信息的可比性。

(2) 易解性原则。易解性原则要求信息披露的表述应当简明扼要、通俗易懂,避免使用冗长费解的技术性用语。

(3) 易得性原则。易得性原则要求公开披露的信息容易被一般公众投资者所获取。例如，我国目前基金信息披露采用了多种方式，包括通过中国证监会指定报刊、基金管理人网站、基金业协会网站披露信息，将信息披露文件备置于特定场所供投资者查阅或复制，直接邮寄给基金份额持有人等。

四、证券投资基金信息披露的分类

基金信息披露大致可分为基金募集信息披露、基金运作信息披露和基金临时信息披露。

(一)基金募集信息披露

基金募集信息披露可分为首次募集信息披露和存续期募集信息披露。首次募集信息披露主要包括基金份额发售前至基金合同生效期间进行的信息披露。在基金份额发售前，基金管理人需要编制并披露招募说明书、基金合同、托管协议、基金份额发售公告等文件。当基金将验资报告提交中国证监会办理基金备案手续后，基金还应当编制并披露基金合同生效公告。

存续期募集信息披露主要是指开放式基金在基金合同生效后每六个月披露一次更新的招募说明书。由于开放式基金不是一次募集完成的，而是在其存续期间不断地进行申购、赎回，这就需要针对潜在的基金投资者披露与后续募集期间相对应的基金募集、运作信息。

(二)基金运作信息披露

基金运作信息披露主要是指在基金合同生效后至基金合同终止前，基金信息披露义务人依法定期披露基金的上市交易、投资运作及经营业绩等信息。基金运作信息披露文件包括：基金份额上市交易公告书，基金资产净值和份额净值公告，基金年度报告、半年度报告、季度报告。

(三)基金临时信息披露

基金临时信息披露主要是指在基金存续期间，当发生重大事件或市场上流传误导性信息，可能引致对基金份额持有人权益或者基金份额价格产生重大影响时，基金信息披露义务人依法对外披露临时报告或澄清公告。

五、证券投资基金信息披露的禁止行为

为了防止信息误导给投资者造成损失，保护公众投资者的合法权益，维护证券市场的正常秩序，法律法规对于借公开披露基金信息为名，编制、传播虚假基金信息，恶意进行信息误导，诋毁同行或竞争对手等行为作出了禁止性规定，具体包括以下情形。

(一)虚假记载、误导性陈述或者重大遗漏

虚假记载是指信息披露义务人将不存在的事实在基金信息披露文件中予以记载的行为；误导性陈述是指使投资者对基金投资行为发生错误判断并产生重大影响的陈述；重大

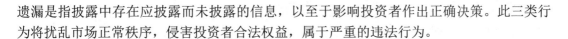

遗漏是指披露中存在应披露而未披露的信息,以至于影响投资者作出正确决策。此三类行为将扰乱市场正常秩序,侵害投资者合法权益,属于严重的违法行为。

(二)对证券投资业绩进行预测

对于证券投资基金,其投资领域横跨资本市场和货币市场,投资范围涉及股票、债券、货币市场工具等金融产品,基金的各类投资标的由于受到发行主体、经营情况、市场涨跌、宏观政策以及基金管理人的操作等因素影响,其风险收益变化存在一定的随机性,因此,对基金的证券投资业绩水平进行预测并不科学,应予以禁止。

(三)违规承诺收益或者承担损失

基金是存在一定投资风险的金融产品,投资者应根据自己的收益偏好和风险承受能力,审慎选择基金品种,即所谓"买者自慎"。一般情况下,管理人可以受托管理基金资产,托管人可以受托保管基金资产,但没有人可以替代投资者承担基金投资的盈亏。对于基金信息披露义务人而言,其没有承诺收益的能力,也不存在承担损失的可能。因此,如果基金信息披露中违规承诺收益或承担损失,则被视为对投资者的诱骗及进行不当竞争。

(四)诋毁其他基金管理人、托管人或者基金销售机构

如果基金管理人、基金托管人或者基金销售机构对其他同行进行诋毁、攻击,借以抬高自己,将被视为违反市场公平原则,扰乱市场秩序,构成一种不当竞争行为。

(五)登载任何自然人、法人或者其他组织的祝贺性、恭维性或推荐性文字

任何自然人、法人或者其他组织的祝贺性、恭维性或推荐性文字都会误导投资者对证券投资基金投资价值的判断,干扰正常的基金市场秩序,损害投资者的利益,必须明令禁止。

第二节　证券投资基金主要当事人的信息披露义务

在基金募集和运作过程中,负有信息披露义务的当事人主要有基金管理人、基金托管人、召集基金份额持有人大会的基金份额持有人。他们应当依法及时披露基金信息,并保证所披露信息的真实性、准确性和完整性。各基金当事人在信息披露中的具体职责有以下内容。

一、证券投资基金管理人的信息披露义务

基金管理人主要负责办理与基金财产管理业务活动有关的信息披露事项,具体涉及基金募集、上市交易、投资运作、净值披露等各环节。

(1) 募集信息披露。向中国证监会提交基金合同草案、托管协议草案、招募说明书草案等募集申请材料。在基金份额发售的 3 日前,将招募说明书、基金合同摘要登载在指定的报刊和管理人网站上,同时将基金合同、托管协议登载在管理人网站上,将基金份额发售

公告登载在指定的报刊和管理人网站上。在基金合同生效的次日，在指定的报刊和管理人网站上登载基金合同生效公告。开放式基金合同生效后每六个月结束之日起45日内，将更新的招募说明书登载在管理人网站上，将更新的招募说明书摘要登载在指定报刊上；在公告的15日前，应向中国证监会报送更新的招募说明书，并就更新内容提供书面说明。

(2) 上市交易公告书披露。基金拟在证券交易所上市的，应向交易所提交上市交易公告书等上市申请材料。基金获准上市的，应在上市日前三个工作日，将基金份额上市交易公告书登载在指定的报刊和管理人网站上。

(3) 净值披露。至少每周公告一次封闭式基金的资产净值和份额净值。开放式基金在开始办理申购或者赎回前，至少每周公告一次资产净值和份额净值；开放申购和赎回后，应于每个开放日的次日披露基金份额净值和份额累计净值。如遇半年末或年末，还应披露半年度和年度最后一个市场交易日的基金资产净值、份额净值和份额累计净值。

(4) 定期报告披露。在每年结束后90日内，在指定的报刊上披露年度报告摘要，在管理人网站上披露年度报告全文；在上半年结束后60日内，在指定的报刊上披露半年度报告摘要，在管理人网站上披露半年度报告全文；在每季结束后15个工作日内，在指定的报刊和管理人网站上披露基金季度报告。基金管理人应当在每个季度结束之日起15个工作日内，编制完成基金季度报告，并将季度报告登载在指定的报刊和网站上。基金合同生效不足两个月的，基金管理人可以不编制当期季度报告、半年度报告或者年度报告。上述定期报告在披露的第二个工作日，应分别报中国证监会及其证监局备案。对于上市交易基金的定期报告，需要在披露前报送基金上市地证券交易所登记，由证券交易所进行事后审核。

(5) 临时信息披露。当发生对基金份额持有人权益或者基金价格具有重大影响的事件时，应在两日内编制并披露临时报告书，并分别报中国证监会及其证监局备案。对于上市交易基金的临时报告，一般需在披露前报送基金上市地证券交易所审核。

(6) 澄清信息披露。当媒体报道或市场流传的消息可能对基金价格产生误导性影响或引起较大波动时，管理人应在知悉后立即对该消息进行公开澄清，将有关情况报告中国证监会及基金上市地证券交易所。

(7) 基金份额持有人大会披露。管理人召集基金份额持有人大会的，应至少提前30日公告大会的召开时间、会议形式、审议事项、议事程序和表决方式等事项。会议召开后，应将持有人大会决定的事项报中国证监会核准或备案，并予公告。

(8) 基金管理人终止审计报告披露。基金管理人职责终止时，应聘请会计师事务所对基金财产进行审计，并将审计结果予以公告，同时报中国证监会备案。

除依法披露基金财产管理业务活动相关的事项外，对管理人运用固有资金进行基金投资的事项，基金管理人也应履行相关披露义务，包括：认购基金份额的，在基金合同生效公告中载明所认购的基金份额、认购日期、适用费率等情况；申购、赎回或者买卖基金份额的，在基金季度报告中载明申购、赎回或者买卖基金的日期、金额、适用费率等情况。

为了做好上述信息披露工作，基金管理人应当在公司内部建立健全信息披露管理制度，明确信息披露的目的、原则、方式、内容、程序等事项，并指定专人负责管理基金信息披露事务。

二、证券投资基金托管人的信息披露义务

基金托管人主要负责办理与基金托管业务活动有关的信息披露事项，具体涉及基金资产保管、代理清算交割、会计核算、净值复核、投资运作监督等环节。

(1) 基金募集信息披露。在基金份额发售的三日前，将基金合同、托管协议登载在托管人网站上。

(2) 基金复核信息披露。对基金管理人编制的基金资产净值、份额净值、申购赎回价格、基金定期报告和定期更新的招募说明书等公开披露的相关基金信息进行复核、审查，并向基金管理人出具书面文件或者盖章确认。

(3) 基金定期报告披露。在基金年度报告中出具托管人报告，对报告期内托管人是否尽职尽责履行义务以及管理人是否遵规守约等情况作出声明。

(4) 基金临时信息披露。当基金发生涉及托管人及托管业务的重大事件，例如基金托管人的专门基金托管部门的负责人变动、该部门的主要业务人员在一年内变动超过30%、托管人召集基金份额持有人大会、托管人的法定名称或住所发生变更、发生涉及托管业务的诉讼、托管人受到监管部门的调查或托管人及其托管部门的负责人受到严重行政处罚等时，托管人应当在事件发生之日起两日内编制并披露临时公告书，并报中国证监会备案。

(5) 基金份额持有人大会公告。如托管人召集基金份额持有人大会，应至少提前30日公告大会的召开时间、会议形式、审议事项、议事程序和表决方式等事项；会议召开后，应将持有人大会决定的事项报中国证监会核准或备案，并予公告。

(6) 基金托管人职责终止审计报告。基金托管人职责终止时，应聘请会计师事务所对基金财产进行审计，并将审计结果予以公告，同时报中国证监会备案。同基金管理人一样，基金托管人也应建立健全各项信息披露管理制度，指定专人负责管理信息披露事务。

三、证券投资基金份额持有人的信息披露义务

基金份额持有人主要负责与基金份额持有人大会相关的披露义务。根据《证券投资基金法》的规定，当代表基金份额10%以上的基金份额持有人就同一事项要求召开持有人大会，而管理人和托管人都不召集的时候，代表基金份额10%以上的持有人有权自行召集。此时，该类持有人应至少提前30日公告持有人大会的召开时间、会议形式、审议事项、议事程序和表决方式等事项。会议召开后，如果基金管理人和托管人对持有人大会决定的事项不履行信息披露义务的，召集基金持有人大会的基金份额持有人应当履行相关的信息披露义务。

另外，有时公开披露的基金信息需要由中介机构出具意见书，例如会计师事务所需要对基金年度报告中的财务报告、基金清算报告等进行审计并出具意见，律师事务所需要对基金招募说明书、基金清算报告等文件出具法律意见书。此时，该类中介机构应保证所出具文件内容的真实性、准确性和完整性。

第三节 证券投资基金信息披露实务

一、证券投资基金募集信息披露

基金合同、基金招募说明书和基金托管协议是基金募集期间的三大信息披露文件。

(一)基金合同

基金合同是指约定基金管理人、基金托管人和基金份额持有人权利义务关系的重要法律文件。投资者缴纳基金份额认购款项时,即表明其对基金合同的承认和接受,此时基金合同成立。基金合同的主要披露事项包括以下内容。

(1) 募集基金的目的和基金名称。

(2) 基金管理人、基金托管人的名称和住所。

(3) 基金运作方式。

(4) 封闭式基金的基金份额总额和基金合同期限,开放式基金的最低募集份额总额。

(5) 确定基金份额发售日期、价格和费用的原则。

(6) 基金份额持有人、基金管理人和基金托管人的权利、义务。例如,基金份额持有人可申请赎回持有的基金份额,参与分配清算后的剩余基金财产,要求召开基金份额持有人大会并对大会审议事项行使表决权,对基金管理人、托管人或基金份额发售机构损害其合法权益的行为依法提起行政诉讼等。

(7) 基金份额持有人大会召集、议事及表决的程序和规则。根据《证券投资基金法》的规定,提前终止基金合同、转换基金运作方式、提高管理人或托管人的报酬标准、更换管理人或托管人等事项均需要通过基金份额持有人大会审议通过。持有人大会是基金份额持有人维权的一种方式,基金合同当事人应当在基金合同中明确约定持有人大会的召开、议事规则等事项。

(8) 基金份额发售、交易、申购、赎回的程序、时间、地点、费用计算方式以及给付赎回款项的时间和方式。

(9) 基金收益分配原则、执行方式。

(10) 作为基金管理人、基金托管人报酬的管理费、托管费的提取、支付方式与比例。

(11) 与基金财产管理、运用有关的其他费用的提取、支付方式。

(12) 基金财产的投资方向和投资限制。

(13) 基金资产净值的计算方法和公告方式。

(14) 基金募集未达到法定要求的处理方式。

(15) 基金合同解除和终止的事由、程序以及基金财产清算方式。基金合同一旦终止,基金财产就进入清算程序,对于清算后的基金财产,投资者是享有分配权的。对此,基金投资者需要事先了解,以便对基金产品的存续期限有所预期,对封闭式基金现行的价格水平有所判断,对基金产品的风险有所认识。

(16) 争议解决方式。

(二)基金招募说明书

基金招募说明书是指基金管理人为发售基金份额而依法制作的,供投资者了解管理人基本情况、说明基金募集有关事宜、指导投资者认购基金份额的规范性文件。其编制原则是,基金管理人应将所有对投资者作出投资判断有重大影响的信息予以充分披露,以便投资者更好地作出投资决策。招募说明书的主要披露事项包括以下内容。

(1) 招募说明书摘要。该部分出现在每六个月更新的招募说明书中,主要包括基金投资基本要素、投资组合报告、基金业绩和费用概览、招募说明书更新说明等内容,是招募说明书内容的精华。在基金存续期的募集过程中,投资者只需阅读该部分信息,即可了解到基金产品的基本特征、过往投资业绩、费用情况以及近六个月来与基金募集相关的最新信息。

(2) 基金募集申请的核准文件名称和核准日期。

(3) 基金管理人、基金托管人的基本情况。

(4) 基金份额的发售日期、价格、费用和期限。

(5) 基金份额的发售方式、发售机构及登记机构名称。

(6) 基金份额申购、赎回的场所、时间、程序、数额与价格,拒绝或暂停接受申购、暂停赎回或延缓支付、巨额赎回的安排等。

(7) 基金的投资目标、投资方向、投资策略、业绩比较基准、投资限制。这是招募说明书中最重要的信息,因为这些信息体现了基金产品的风险收益水平,可以帮助投资者选择与自己风险承受能力和收益预期相符合的产品。与此同时,投资者通过将此信息同基金存续期间披露的运作信息进行比较,可以判断基金管理人遵守基金合同的情况,从而决定是否继续信赖该管理人。

(8) 基金资产的估值。由于开放式基金是按照基金份额净值进行申购、赎回,而封闭式基金的交易价格一般也是围绕基金份额净值上下波动的,因此,基金资产净值与基金投资成本息息相关。对于投资者来说,除了解基金估值的原则和方法外,还应清楚基金资产净值的公告方式,以便及时了解相关信息。

(9) 基金管理人、基金托管人报酬及其他基金运作费用的费率水平、收取方式。不同基金类别的管理费和托管费水平存在差异。即使是同一类别的基金,计提管理费的方式也可能不同。例如,有的管理人是每日计提管理费;而有的管理人会在招募说明书中约定,如果基金资产净值低于某一标准将停止计提管理费。对于一些特殊的基金品种,如货币市场基金,其不仅计提管理费和托管费,还计提销售服务费。所有这些条款是管理人计提基金运作费用的依据,也是投资者合理预期投资收益水平的重要标准。

(10) 基金认购费、申购费、赎回费、转换费的费率水平、计算公式、收取方式。不同开放式基金的申购费率、赎回费率可能不同。即使是同一开放式基金品种,由于买卖金额不同、收费模式不同,也可能适用不同的费率水平。有的基金品种,如货币市场基金是不收取申购费和赎回费的。

(11) 出具法律意见书的律师事务所和审计基金财产的会计师事务所的名称和住所。

(12) 风险警示内容。在招募说明书封面的显著位置,管理人一般会作出"基金过往业绩不预示未来表现;不保证基金一定盈利,也不保证最低收益"等风险提示。在招募说明书正文,管理人还会就基金产品的各项风险因素进行分析,并列明与特定基金品种、特定投资方法或特定投资对象相关的特定风险。只有对投资基金的相关风险有清醒的认识，投资者才能作出科学的选择，才能放心地将资金交给管理人管理，即便是基金运作中出现了亏损，投资者也能理解和接受。对于基金管理人来说，风险的充分揭示可以保证资金来源的稳定，从而为基金运作提供基本保障。

(13) 基金合同和基金托管协议的内容摘要。

(三)基金托管协议

基金托管协议是指基金管理人和基金托管人签订的协议，主要目的在于明确双方在基金财产保管、投资运作、净值计算、收益分配、信息披露及相互监督等事宜中的权利、义务及职责，确保基金财产的安全，保护基金份额持有人的合法权益。

基金托管协议包含两类重要信息，第一，基金管理人和基金托管人之间的相互监督和核查，例如基金托管人应依据法律法规和基金合同的约定，对基金投资对象、投资范围、投融资比例、投资禁止行为、基金参与银行间市场的信用风险控制等进行监督；基金管理人应对基金托管人履行账户开设、净值复核、清算交收等托管职责情况等进行核查。第二，协议当事人权责约定中事关持有人权益的重要事项，例如当事人在净值计算和复核中重要环节的权责，包括管理人与托管人依法自行商定估值方法的情形和程序、管理人或托管人发现估值未能维护持有人权益时的处理、估值错误时的处理及责任认定等。

二、证券投资基金运作信息披露

基金运作信息披露文件主要包括基金净值公告、基金定期报告、基金上市交易公告书以及基金临时信息披露等。

(一)基金净值公告

1. 普通基金净值公告

普通基金净值公告主要包括基金资产净值、份额净值和份额累计净值等信息。封闭式基金和开放式基金在披露净值公告的频率上有所不同，封闭式基金一般至少每周披露一次资产净值和份额净值。对多数开放式基金(不包括 QDII 基金)来说，在其放开申购、赎回前，一般至少每周披露一次资产净值和份额净值；开放申购、赎回后，则会披露每个开放日的份额净值和份额累计净值。

2. 货币市场基金收益公告和偏离度公告

1) 收益公告

对于每日按照面值进行报价的货币市场基金，每日分配收益，份额净值保持 1 元不变，因此，货币市场基金不像其他类型基金那样定期披露份额净值，而是需要披露收益公告，包括每万份基金收益和最近七日年化收益率。按照披露时间的不同，货币市场基金收益公告可分为三类：封闭期的收益公告、开放日的收益公告和节假日的收益公告。

封闭期的收益公告是指货币市场基金的基金合同生效后，基金管理人于开始办理基金份额申购或者赎回当日，在中国证监会指定的报刊和基金管理人网站上披露截止前一日的基金资产净值，基金合同生效至前一日期间的每万份基金净收益，前一日的七日年化收益率。

开放日的收益公告是指货币市场基金于每个开放日的次日在中国证监会指定的报刊和基金管理人网站上披露开放日每万份基金净收益和最近七日年化收益率。

节假日的收益公告是指货币市场基金开放申购和赎回后,在遇到法定节假日时,于节假日结束后第二个自然日披露节假日期间的每万份基金净收益,节假日最后一日的七日年化收益率,以及节假日后首个开放日的每万份基金净收益和七日年化收益率。

2) 偏离度公告

为了客观地体现货币市场基金的实际收益情况,避免采用摊余成本法计算的基金资产净值与按市场利率和交易市价计算的基金资产净值发生重大偏离,使基金份额持有人的利益产生不利影响,基金管理人会采用影子定价于每一估值日对本金资产重新进行估值。当影子定价所确定的基金资产净值超过摊余成本法计算的基金资产净值(即产生正偏离)时,表明基金组合中存在浮盈;反之,当存在负偏离时,则基金组合中存在浮亏。此时,若基金投资组合的平均剩余期限和融资比例仍较高,则该基金隐含的风险较大。目前,按我国基金信息披露法规的要求,当偏离达到一定程度时,货币市场基金应刊登偏离度信息,主要包括以下三类。

(1) 在临时报告中披露偏离度信息。当影子定价与摊余成本法确定的基金资产净值负偏离度绝对值超过 0.25%时,基金管理人应当在两个交易日内向中国证监会报告,并依法履行信息披露义务;其中涉及银行间债券市场的,应当遵守中国人民银行有关规定,向相关部门备案。

当正偏离度绝对值达到 0.5%时,基金管理人应当暂停接受申购并在五个交易日内将正偏离度绝对值调整到 0.5%以内。当负偏离度绝对值达到 0.5%时,基金管理人应当使用风险准备金或者固有资金弥补潜在资产损失,将负偏离度绝对值控制在 0.5%以内。当负偏离度绝对值连续两个交易日超过 0.5%时,基金管理人应当采用公允价值估值方法对持有投资组合的账面价值进行调整,或者采取暂停接受所有赎回申请并终止基金合同进行财产清算等措施。基金管理人应按照合同中约定前述情形及处理方法并履行信息披露义务。

(2) 在半年度报告和年度报告中披露偏离度信息。在半年度报告和年度报告的重大事件揭示中,基金管理人将披露报告期内偏离度的绝对值达到或超过 0.5%的信息。

(3) 在投资组合报告中披露偏离度信息。在季度报告的投资组合报告中,货币市场基金将披露报告期内偏离度绝对值 0.25%～0.5%之间的次数、偏离度的最高值和最低值、偏离度绝对值的简单平均值等信息。

(二)基金定期报告

1. 基金年度报告

基金年度报告的财务会计报告应当经过审计。基金份额持有人通过阅读基金年报,可以了解年度内基金管理人和托管人履行职责的情况、基金经营业绩、基金份额的变动等信息,以及年度末基金财务状况、投资组合和持有人结构等信息。具体而言,基金年度报告的主要内容有以下几点。

1) 基金管理人和托管人在年度报告披露中的责任

基金管理人是基金年度报告的编制者和披露义务人,因此,管理人及其董事应保证年度报告的真实、准确和完整,承诺其中不存在虚假记载、误导性陈述或重大遗漏,并就其保证承担个别及连带责任。为了进一步保障基金信息的质量,法规规定基金年度报告应经2/3以上独立董事签字同意,并由董事长签发;如个别董事对年度报告内容的真实、准确、完整无法保证或存在异议时,应当单独陈述理由和发表意见;未参会董事应当单独列示其姓名。

托管人在年度报告披露中的责任主要是一些与托管职责相关的披露责任,包括负责复核年报、半年报中的财务会计资料等内容,并出具托管人报告等。

2) 正文与摘要的披露

为满足不同类型投资者的信息需求,提高基金信息的使用效率,目前基金年报采用在管理人网站上披露正文、在指定报刊上披露摘要两种方式。基金管理人披露的正文信息应力求充分、详尽,摘要应力求简要地揭示重要的基金信息。

相对于正文,摘要在基金简介、报表附注、投资组合报告等部分进行了较大程度的简化。这样,普通投资者通过阅读摘要即可获取重要信息,而专业投资者通过阅读正文可获得更详细的信息。

3) 关于年度报告中的"重要提示"

目前法规规定价格为明确信息披露义务人的责任,提醒投资者注意投资风险,年度报告的扉页就以下方面作出提示。

(1) 管理人和托管人的披露责任。
(2) 管理人管理和运用基金资产的原则。
(3) 投资风险提示。
(4) 年度报告中注册会计师出具非标准无保留意见的提示。

4) 基金财务指标的披露

基金年度报告中应披露以下财务指标:本期利润、本期利润扣减本期公允价值变动损益后的净额、加权平均份额本期利润、期末可供分配利润、期末可供分配份额利润、期末资产净值、期末基金份额净值、加权平均净值利润率、本期份额净值增长率和份额累计净值增长率等。

在上述指标中,净值增长指标是目前较为合理的评价基金业绩表现的指标。投资者通过将基金净值增长指标与同期基金业绩比较基准收益率进行比较,可以了解基金实际运作与基金合同规定基准的差异程度,判断基金的实际投资风格。

5) 基金净值表现的披露

基金资产净值信息是基金资产运作成果的集中体现。基金的主要经营活动是证券投资,因此,其资产运作情况主要表现为证券资产的利息收入、投资收益和公允价值变动损益,具体又反映到基金资产净值的波动上。投资者通过考察较长历史阶段内基金净值增长率的波动,可以了解基金产品的长期收益情况和风险程度。基金咨询与评级机构通过对基金净值表现信息进行整理、加工和评价,不仅可以向投资者提供有用的决策信息,而且将对管理人形成压力和动力,促使其诚信经营、科学管理。在定期报告中,基金净值以图表形式表现。

6) 管理人报告的披露

管理人报告是基金管理人就报告期内管理职责履行情况等事项向投资者进行的汇报,

具体内容包括：管理人及基金经理情况简介，报告期内基金运作遵规守信情况说明，报告期内公平交易情况说明，报告期内基金的投资策略和业绩表现说明，管理人对宏观经济、证券市场及行业走势的展望，管理人内部监察稽核工作情况，报告期内基金估值程序等事项说明，报告期内基金利润分配情况说明及对会计师事务所出具非标准审计报告所涉事项的说明等。

7) 基金财务会计报告的编制与披露

(1) 基金财务报表的编制与披露。基金财务报表包括报告期末及其前一个年度末的比较式资产负债表、该两年度的比较式利润表、该两年度的比较式所有者权益(基金净值)变动表。

(2) 财务报表附注的披露。报表附注的披露内容主要包括：基金基本情况、会计报表的编制基础，遵循会计准则及其他有关规定的声明、重要会计政策和会计估计、会计政策和会计估计变更以及差错更正的说明、税项、重要报表项目的说明、或有事项、资产负债表日后事项的说明、关联方关系及其交易、利润分配情况、期末基金持有的流通受限证券、金融工具风险及管理等。基金财务报表附注主要是对报表内未提供的或披露不详尽的内容做进一步的解释说明，例如，对于按相关法规规定的估值原则不能客观反映资产公允价值、管理人与托管人共同商定估值方法的情况，报表附注中应披露对该资产估值所采用的具体方法。

(3) 基金投资组合报告的披露。基金年度报告中的投资组合报告应披露以下信息：期末基金资产组合、期末按行业分类的股票投资组合、期末按市值占基金资产净值比例大小排序的所有股票明细、报告期内股票投资组合的重大变动、期末按券种分类的债券投资组合、期末按市值占基金资产净值比例大小排序的前五名债券明细、投资组合报告附注等。

基金股票投资组合重大变动的披露内容包括：报告期内累计买入、累计卖出价值超出期初基金资产净值2%(报告期内基金合同生效的基金，采用期末基金资产净值的2%)的股票明细；对累计买入、累计卖出价值前20名的股票价值低于2%的，应披露至少前20名的股票明细；整个报告期内买入股票的成本总额及卖出股票的收入总额。披露该信息的意义主要在于反映报告期内基金的一些重大投资行为。

8) 基金持有人信息的披露

基金年度报告披露的持有人信息主要有以下几方面。

(1) 上市基金前10名持有人的名称、持有份额及占总份额的比例。

(2) 持有人结构，包括机构投资者、个人投资者持有的基金份额及占总份额的比例。

(3) 持有人户数、户均持有基金份额。

当期末基金管理公司的基金从业人员持有开放式基金时，年度报告还将披露公司所有基金从业人员投资基金的总量及占基金总份额的比例。披露上市基金前10名持有人信息有助于防范上市基金价格操纵和市场欺诈等行为的发生。由于持有人结构的集中或者分散程度直接影响基金规模的稳定性，进而影响基金的投资运作，因此法规要求所有基金披露持有人结构和持有人户数等信息。

9) 开放式基金份额变动的披露

基金规模的变化在一定程度上反映了市场对基金的认同度，而且不同规模基金的运作和抗风险能力也不同，这是影响投资者进行投资决策的重要因素。因此，法规要求在年度报告中披露开放式基金合同生效日的基金份额总额、报告期内基金份额的变动情况(包括期初基金份额总额、期末基金份额总额、期间基金总申购份额、期间基金总赎回份额、期间基金拆分变动份额)。报告期内基金合同生效的基金，应披露自基金合同生效以来基金份额的变动情况。

2. 基金半年度报告

与年度报告相比，半年度报告的披露主要有以下特点。

(1) 半年度报告不要求进行审计。

(2) 半年度报告只需披露当期的数据和指标，而年度报告应提供最近三个会计年度的主要会计数据和财务指标。

(3) 半年度报告披露净值增长率列表的时间段与年度报告有所不同，半年度报告既无须披露近5年每年的净值增长率，也无须披露近3年每年的基金收益分配情况。

(4) 半年度报告的管理人报告无须披露内部监察报告。

(5) 半年度财务报表附注重点披露比上年度财务会计报告更新的信息，并遵循重要性原则进行披露，例如半年度报告无须披露所有的关联关系，只披露关联关系的变化情况，又如半年度报告只对当期的报表项目进行说明，无须说明两个年度的报表项目。

(6) 在重大事件揭示中，半年度报告只报告期内改聘会计师事务所的情况，无须披露支付给聘任会计师事务所的报酬及事务所已提供审计服务的年限等。

(7) 半年度报告摘要的财务报表附注无须对重要的报表项目进行说明，而年度报告摘要的报表附注在说明报表项目部分时，则因审计意见的不同而有所差别。

3. 基金季度报告

基金季度报告主要包括基金概况、主要财务指标和净值表现、管理人报告、投资组合报告、开放式基金份额变动等内容。在季度报告的投资组合报告中，需要披露基金资产组合、按行业分类的股票投资组合、前10名股票明细、按券种分类的债券投资组合、前5名债券明细及投资组合报告附注等内容。

(三)基金上市交易公告书

凡是根据有关法律法规发售基金份额并申请在证券交易所上市交易的基金，基金管理人均应编制并披露基金上市交易公告书。目前，披露上市交易公告书的基金品种主要有封闭式基金、上市开放式基金(LOF)和交易型开放式指数基金(ETF)。

基金上市交易公告书的主要披露事项包括：基金概况，基金募集情况与上市交易安排，持有人户数，持有人结构及前10名持有人、主要当事人介绍，基金合同摘要，基金财务状况，基金投资组合报告，重大事件揭示等。

(四)基金临时信息披露

1. 关于基金信息披露的重大性标准

信息披露的标准在于使证券市场和投资者得到投资判断所需要的信息，但又要力图避免证券市场充斥过多的噪声，避免投资者陷于众多细小琐碎而又无关紧要的信息中。为了实现这一标准，信息披露中引入了"重大性"概念。

各国各地区信息披露所采用的"重大性"概念有以下两种标准:一种是影响投资者决策标准;另一种是影响证券市场价格标准。按照前一种标准,如果可以合理地预期某种信息将会对理性投资者的投资决策产生重大影响,则该信息为重大信息,应及时予以披露。按照后一种标准,如果相关信息足以导致或可能导致证券价值或市场价格发生重大变化,则该信息为重大信息,应予披露。

2. 基金临时报告

对于重大性的界定,我国基金信息披露法规采用较为灵活的标准,即影响投资者决策标准或者影响证券市场价格标准。如果预期某种信息可能对基金份额持有人的权益或者基金份额的价格产生重大影响,则该信息为重大信息,相关事件为重大事件,信息披露义务人应当在重大事件发生之日起两日内编制并披露临时报告书。

基金的重大事件包括:基金份额持有人大会的召开,提前终止基金合同,延长基金合同期限,转换基金运作方式,更换基金管理人或托管人,基金管理人的董事长、总经理及其他高级管理人员、基金经理和基金托管人的基金托管部门负责人发生变动,涉及基金管理人、基金财产、基金托管业务的诉讼,基金份额净值计价错误金额达基金份额净值0.5%,开放式基金发生巨额赎回并延期支付,基金改按估值技术等方法对长期停牌股票进行估值,等等。

3. 基金澄清公告

由于上市交易基金的市场价格等事项可能受到谣言、猜测和投机等因素的影响,为了防止投资者误将这些因素视为重大信息,基金信息披露义务人还有义务发布公告对这些谣言或猜测进行澄清。具体地,在基金合同期限内,任何公共媒体中出现的或者在市场上流传的消息可能对基金份额价格或者基金投资者的申购、赎回行为产生误导性影响的,相关信息披露义务人知悉后应当立即对该消息进行公开澄清。

三、特殊证券投资基金品种的信息披露

一些特殊的基金品种,例如 QDII 基金、ETF,在投资范围、会计核算或交易机制等方面有别于其他类型的基金,因此,我国基金信息披露法规规定,这些特殊的基金品种除遵循信息披露的一般规定外,还应针对产品特性,补充披露其他信息。

(一)QDII 基金的信息披露

与普通基金仅投资境内证券不同,QDII 基金将其全部或部分资金投资境外证券,管理人会聘请境外投资顾问为其境外证券投资提供咨询或组合管理服务,托管人会委托境外资产托管人负责境外资产托管业务,除现有法规规定的披露要求之外,法规针对 QDII 基金投资运作上的特性,还有其他一些特殊的披露要求。

1. 信息披露所使用的语言及币种选择

QDII 基金在披露相关信息时,可同时采用中、英文,并以中文为准,可单独或同时以人民币、美元等主要币种计算并披露净值信息。涉及币种之间转换的,应披露汇率数据来源,并保持一致性。

2. 基金合同、招募说明书中的特殊披露要求

(1) 境外投资顾问和境外托管人信息。基金管理公司在管理 QDII 基金时，如委托境外投资顾问、境外托管人，应在招募说明书中披露境外投资顾问和境外托管人的相关信息，包括境外投资顾问和境外托管人的名称、注册地址、办公地址、法定代表人、成立时间，境外投资顾问最近一个会计年度的资产管理规模，主要负责人教育背景、从业经历、取得的从业资格和专业职称，境外托管人最近一个会计年度的实收资本、托管资产规模、信用等级等。

(2) 投资交易信息。如 QDII 基金投资金融衍生品，应在基金合同、招募说明书中详细说明拟投资的衍生品种及其基本特性、拟采取的组合避险、有效管理策略及采取的方式、频率；如 QDII 基金投资境外基金，应披露基金与境外基金之间的费率安排。

(3) 投资境外市场可能产生的风险信息，包括境外市场风险、政府管制风险、政治风险、流动性风险、信用风险等的定义、特征及可能发生的后果。

3. 净值信息的披露要求

QDII 基金应至少每周计算并披露一次净值信息，如投资衍生品，应在每个工作日计算并披露净值。QDII 基金的净值在估值日后两个工作日内披露。

4. 定期报告中的特殊披露要求

(1) 境外投资顾问和境外资产托管人信息。在基金定期报告的产品概况部分中披露境外投资顾问和境外资产托管人的基本情况，在定期报告的管理人报告部分中披露境外投资顾问为基金提供投资建议的主要成员的情况。

(2) 境外证券投资信息。在基金投资组合报告中，QDII 基金将根据股票所在证券交易所的不同，列表说明期末在各个国家(地区)证券市场的股票投资分布情况，除股票投资和债券投资明细外，还应披露基金投资明细及金融衍生品组合情况。

(3) 外币交易及外币折算相关的信息。例如在报表附注中披露外币交易及外币折算采用的会计政策，计入当期损益的汇兑损益等。

5. 临时公告中的特殊披露要求

当 QDII 基金变更境外托管人、变更投资顾问、投资顾问主要负责人变动、出现境外涉及诉讼等重大事件时，应在事件发生后及时披露临时公告，并在更新的招募书中予以说明。

(二)ETF 的信息披露

针对 ETF 特有的证券申购、赎回机制，以及一级市场与二级市场并存的交易制度安排，交易所的业务规则规定了 ETF 特殊的信息披露事项。

(1) 在基金合同和招募说明书中，需明确基金份额的各种认购、申购、赎回方式，以及投资者认购、申购、赎回基金份额涉及的对价种类等。

(2) 基金上市交易之后，需按交易所的要求，在每日开市前披露当日的申购、赎回清单，并在交易时间内即时揭示基金份额参考净值(Indicative Optimized Portfolio Value，IOPV)。

① 在每日开市前，基金管理人需向证券交易所、证券登记结算机构提供 ETF 的申购、

赎回清单,并通过证券交易所指定的信息发布渠道予以公告。对于当日发布的申购、赎回清单,当日不得修改。申购、赎回清单主要包括最小申购、赎回单位对应的各组合证券名称、证券代码及数量等内容。

② 交易日的基金份额净值除了按规定于次日在指定报刊和管理人网站上披露外,也将通过证券交易所的行情发布系统于下一交易日揭示。

③ 在交易时间内,证券交易所根据基金管理人提供的基金份额参考净值计算方式、申购和赎回清单中的组合证券等信息,实时计算并公布基金份额参考净值。可见,基金份额参考净值是指在交易时间内,申购、赎回清单中组合证券(含预估现金部分)的实时市值,主要供投资者交易、申购赎回基金份额时参考。

基金管理人关于 ETF 基金份额参考净值的计算方式,一般需经证券交易所认可后公告,修改 ETF 基金份额参考净值计算方式,也需经证券交易所认可后公告。

【本章小结】

(1) 基金信息披露有利于投资者的价值判断,有利于防止利益冲突与利益输送,有利于提高证券市场的效率,可以有效防止信息滥用。在披露内容上,要求遵循真实性原则、准确性原则、完整性原则、及时性原则和公平披露原则;在披露形式上,要求遵循规范性原则、易解性原则和易得性原则。

(2) 基金管理人主要负责办理与基金财产管理业务活动有关的信息披露事项,具体涉及基金募集、上市交易、投资运作、净值披露等各环节。基金托管人主要负责办理与基金托管业务活动有关的信息披露事项,具体涉及基金资产保管、代理清算交割、会计核算、净值复核、投资运作监督等环节。基金份额持有人主要负责与基金份额持有人大会相关的披露义务。

(3) 基金合同、基金招募说明书和基金托管协议是基金募集期间的三大信息披露文件。基金运作信息披露文件主要包括净值公告、季度报告、半年度报告、年度报告以及基金上市交易公告书等。

【翻转话题】

阅读华夏大盘精选(000011)近三年财务报表,分析其持仓结构、收入和费用、分红、持有人结构等内容,总结其运作情况,研判其投资价值。

【课程思政案例】

董事长变动未按时信息披露 益民基金总经理康健被警告罚款

2022 年 8 月 12 日,中国证监会北京监管局网站公布的行政处罚决定书〔2022〕4 号显示，中国证监会北京监管局对益民基金违法违规行为进行了立案调查、审理，本案现已调查、审理终结。

经查明，益民基金存在以下违法事实：2018年8月4日，益民基金召开2018年第一次股东会，选举纪小龙、窦仁政、刘影、康健、梁雪青、徐经长、李萍七人为公司第三届董事会董事，其中康健、窦仁政、徐经长以及李萍四人为新任董事。该次股东会后，益民基金董事变更超过董事总人数的50%。同日，益民基金召开第三届董事会第一次会议，选举纪小龙担任公司第三届董事会董事长，原董事长翁振杰不再担任公司董事长。

根据《证券投资基金信息披露管理办法》(以下简称《信披办法》)第二十三条的规定，益民基金应当在2日内编制临时报告书，公告上述董事长变动及超过50%董事变更事项，但益民基金未在规定期限内履行信息披露义务。

根据《证券投资基金管理公司高级管理人员任职管理办法》(以下简称《高管办法》)第三十九条第一款的规定，益民基金应当自原董事长翁振杰离任之日起30个工作日内将审计报告报送中国证监会，但益民基金未在规定期限内履行报告义务。

董事长变动事项、超过50%董事的变更事项，属于《信披办法》第二十三条第二款第(十)项、第(十一)项规定的重大事件，益民基金未在规定时间内公告，违反了《信披办法》第二十三条第一款以及《证券投资基金法》第七十五条的规定，构成《证券投资基金法》第一百三十一条所述"不依法披露基金信息"的情形。益民基金未在规定时间内报送董事长翁振杰的离任审计报告，违反了《高管办法》第三十九条第一款的规定，构成《高管办法》第四十五条第(一)项所述"未按照本办法的规定履行报告义务"的情形。

康健时任益民基金总经理，全面负责公司工作，未勤勉尽责，是上述违法行为直接负责的主管人员。根据当事人违法行为的事实、性质、情节与社会危害程度，依据《证券投资基金法》第一百三十一条、《高管办法》第四十五条第(一)项的规定，中国证监会北京监管局决定：关于益民基金未及时披露董事长变动及超过50%董事变更事项，对康健给予警告，并处5万元罚款。关于益民基金未及时报送董事长离任审计报告事项，对康健给予警告，并处1万元罚款。

综合上述两项违法事实，对康健给予警告，合计并处6万元罚款。此前，中国证监会北京监管局已发布了行政处罚决定书〔2022〕2号，对益民基金给予警告，合计处以16万元罚款。

(资料来源：董事长变动未按时信披 益民基金总经理康健被警告罚款. 中国经济网，
https://baijiahao.baidu.com/s?id=1740943371098152699&wfr=spider&for=pc)

案例点评：

证券投资基金的一个突出特点就是透明度较高，这主要得益于基金的强制信息披露制度。强制信息披露制度可以有效防止利益冲突与利益输送，有利于投资者利益的保护。真实、准确、完整、及时的基金信息披露是树立整个基金行业公信力的基石。

第七章 证券投资基金的信息披露

【复习思考题】

一、单项选择题(以下各小题所给出的4个选项中,只有1项最符合题目要求,请选出正确的选项)

1. 基金托管人的基金托管部门主要业务人员在一年内变动超过( )时,托管人应当在变化发生之日起两日内编制并披露临时报告书,并报中国证监会及其派出机构备案。
   A. 30%　　　　B. 50%　　　　C. 15%　　　　D. 5%
2. 基金募集期内的三大信息披露文件不包括( )。
   A. 基金合同　　　　　　　　B. 基金招募说明书
   C. 基金份额上市交易公告书　　D. 基金托管协议
3. 以下选项中,不属于QDII基金临时公告中的特殊披露要求的是( )。
   A. 汇率变动　　　　　　　　B. 变更投资顾问
   C. 变更境外托管人　　　　　D. 境外诉讼
4. 基金管理公司需要在每年结束后的( )公布年度报告。
   A. 60个工作日　B. 60个自然日　C. 90个工作日　D. 90个自然日
5. 目前,披露上市交易公告书的基金品种不包括( )。
   A. LOF　　　　B. 封闭式基金　C. 货币市场基金　D. ETF

二、多项选择题(以下各小题所给出的4个选项中,有2个或2个以上符合题目要求,请选出正确的选项)

1. 基金管理人召集基金份额持有人大会,应至少提前30日公告大会的事项包括( )。
   A. 基金份额持有人名录　　　B. 召开时间
   C. 表决方式　　　　　　　　D. 审议事项
2. 基金信息披露的原则包括( )。
   A. 真实性原则　B. 完整性原则　C. 准确性原则　D. 公平性原则
3. 基金合同的重要信息包括( )。
   A. 基金投资的基本要素　　　B. 基金的运作方式
   C. 当事人的权利义务　　　　D. 基金的持有人结构
4. 作为投资者,应对招募说明书中的信息加以重点关注,其中包括( )。
   A. 业绩比较基准　　　　　　B. 风险收益特征
   C. 投资策略　　　　　　　　D. 收益预期
5. 股票基金净值公告内容包括( )。
   A. 基金份额累计净值　　　　B. 基金万份收益
   C. 基金资产净值　　　　　　D. 基金份额净值

三、判断题(判断以下各小题的对错，正确的填 A，错误的填 B)

1. 基金投资组合一般在临时报告中公布。   (   )
2. 真实性原则要求用精确的语言披露信息，不使人误解，不得使用模棱两可的语言。
                                                              (   )
3. 在季度报告中的投资组合报告中，应披露报告期内偏离度绝对值在 0.2%～0.4%的次数。   (   )
4. 半年度报告需要审计。   (   )
5. ETF 上市交易后，其管理人应在每周向证券交易所和证券登记结算公司提供申购、赎回清单。   (   )

第八章　证券投资基金投资管理

【学习要点及目录】

- 掌握基金投资管理的过程和步骤。
- 掌握基金决策系统。
- 了解投资决策委员会的工作职责和决策流程。
- 了解基金的投资目标和投资理念。
- 掌握现代投资组合理论。
- 掌握投资组合理论的实践应用。
- 掌握资本市场理论及应用。
- 掌握资本资产定价模型及应用。
- 掌握市场有效性理论。
- 掌握基金投资策略。
- 掌握资产配置的概念和类型。

【核心概念】

投资决策系统　投资组合管理　投资策略

【引导案例】

> 关于华尔街的人们与金钱打交道的情形，好莱坞电影已经给人们留下了深刻的印象：同时接听两个电话，疯狂地记录着什么，同时盯着多个电脑屏幕，上面永远闪烁着不断跳动的数字，一旦股票价格下跌，便会显出一脸痛苦的表情。
>
> 巴菲特与这样疯狂的生活完全无关，他自信且沉静，无须盯着一大排电脑屏幕，对于每分每秒的价格变化毫无兴趣。他考虑的不是每分每秒，不是以天、月、季度为单位的股价变动，而是以年，甚至多年为单位。他不需要数以百计的电脑，因为他的持股数量集中而有限。他称自己为"专注的投资者"，只投资于少数杰出的公司。这种集中投资的方法，大大简化了投资组合的管理任务。

【案例导学】

集中投资看似简单，实际上是建立在精密复杂、相互交汇的理论基础上。在本章里，我们将仔细研究集中投资的问题，研究证券投资基金的投资决策程序、投资组合管理的理论依据，并重点探讨目前证券投资基金的投资策略。

第一节　证券投资基金投资决策程序

证券投资基金从散户手中募集到资金并统一管理，通过基金管理人的投资运作，追求在降低风险的前提下获得最大的收益。为达此目的，基金管理人必须建立科学有效的投资决策和执行系统，并制定明确的投资目标。不同类型的基金有各自不同的投资理念、投资目标、投资对象和投资策略。激进型的基金追求投资者的资金短期内迅速增长，投资者在获得高收益的同时也要担负较高的风险；保守型的基金通常会保证投资者的当期收益并追求收益的长期稳定，投资者需承担的风险相应地也较小。

在投资过程中，基金会根据投资目标制定相应的投资决策，然后选择合适的投资对象构建投资组合。证券组合管理理论的发展，为基金的投资决策起到了较好的指导作用。基金管理人通过熟练运用证券组合理论，以实现扩大投资收益、降低投资风险的目标。

投资基金规模巨大，基金资产通常数以亿元计甚至几十亿元计，所以基金公司是证券市场上最重要的机构投资者，其投资行为会对整个证券市场带来重大影响。为了减少证券市场的异常波动，保护投资者利益，各国各地区制定了相应的法律规定来规范基金的投资行为，对基金投资的限制主要包括投资对象和投资比例两方面内容。

一、证券投资基金的决策系统

投资基金作为一个庞大的机构投资者，资金规模达到数十亿元乃至数百亿元，盲目的决策和杂乱无章的投资必定会使基金遭受巨大的损失，因而建立一个规范有效的投资决策系统对基金来说是必需的。基金的决策系统通常包括决策机构、决策的制定、决策的实施和风险管理等。通常，决策机构依据规范的决策程序，制定并下达投资决策，由实施机构负责投资决策的具体实施，同时基金管理人的风险控制机构及内部监察稽核机构进行风险评估，以督促基金管理人防范投资风险。

(一)决策机构

根据基金发展比较成熟国家的经验，基金管理人要想实现基金运作的科学性和稳健性，就必须建立一个理性、高效的投资决策机构，这个决策机构被称为"投资决策委员会"。它通常是由基金管理公司的高级管理层和各相关业务部门负责人组成，负责基金有关重大事项的决策和协调，包括基金筹措、合作方选择、管理制度、运作机制、风险控制等，定期讨论基金的投资目标、投资对象并分析和评价基金的投资业绩。

我国在1993年前后设立的老基金虽也有类似的机构，但事实上形同虚设，并没有真正起到制定投资决策的作用。1998年以后，依据《证券投资基金管理暂行办法》规定设立的新基金都有比较完备的投资决策机构。目前，我国基金管理公司的投资决策架构体系一般都非常完善，以下是一个典型的基金管理公司的投资决策体系设置。

基金管理公司实行投资决策委员会领导下、团队协作基础上的基金经理负责制，投资决策委员会是基金公司最高投资决策机构，是基金公司的灵魂，不同形式构成的"投决会"直接影响基金公司整体投资策略和基金业绩。在投资决策上，应强调团队的价值和分工协作，注重研究人员和基金经理的充分沟通，杜绝研究和投资实践无法契合的现象。公司内部相关投资机构主要由以下几个部门组成。

(1) 投资决策委员会：是基金投资运作的最高决策机构，主要负责审议基金资产配置计划、股票投资的行业配置计划以及金额超过一定限额的具体投资计划。投资决策委员会一般每月召开两次会议，基金经理和相关研究人员列席会议。

(2) 基金运营部：负责在投资决策委员会的指导和授权下进行基金的投资运作。如果基金经理的操作超出投资决策委员会议定的基本配置范围，基金经理应说明理由并提交相应的支持报告。在个股的选择上，基金经理投资的所有股票都必须来自公司的股票备选库。

(3) 研究部：负责宏观经济、行业、个股及债券研究。研究员在对上市公司进行深入调研的基础上，写出研究报告，在投资研究部和基金管理部人员组成的投资研究联席会议上，围绕研究报告对股票的投资价值进行充分讨论和论证，经投票表决并有 2/3 以上人员通过后，股票进入投资备选库。而核心备选库中的所有股票还须经过研究员实地调研和集体讨论两重把关，可有效防止因上市公司质量不佳带来的个股风险和基金经理道德风险，并有利于提高投资收益。

(4) 集中交易部：接受基金经理下达的投资指令，在确认投资指令的合规性、合理性、有效性后按照指令的规定内容严格执行，并及时向投资总监、投资部总经理、基金经理以及监察部门反馈与交易相关的信息。

(5) 金融工程部：运用数量化分析手段对每只基金的收益、风险和有关指标定期分析评估，对各种潜在的投资风险进行讨论，提出相应的风险控制计划和改进投资的建议。

(6) 风险管理部：对投资组合的风险水平及基金的投资绩效进行评估，报风险管理委员会，抄送投资决策委员会、投资总监及基金经理，并就基金的投资组合提出风险管理建议。

(7) 法律合规部：对基金的投资行为进行合规性监控，并对投资过程中存在的风险隐患向基金经理、投资总监、投资决策委员会及风险管理委员会进行风险提示。

(二)决策制定流程

决策制定流程通常包括投资决策的依据、决策的方式和程序、决策部门的权限和责任等内容。开放式基金在设立过程中，为了保证投资决策的科学性和有效地防范风险，都在有关文件中明确规定了投资决策应如何制定。

一般基金的投资决策依据主要有以下几方面。

(1) 符合基金份额持有人利益最大化原则。

(2) 国家有关法律、法规和基金合同的有关规定。

(3) 国内外宏观经济发展状况、上市公司的经济运行状况。

(4) 国家财政政策、货币政策、产业政策。

(5) 证券市场政策环境、市场资金供求状况、投资者状况。

(6) 投资品种的预期收益率和风险水平。

(7) 影响证券市场未来走势的其他因素。

一般基金的投资决策制定程序如下。

(1) 研究部、金融工程小组和交易部通过自身研究及借助外部研究机构形成有关公司分析、行业分析、宏观分析、市场分析以及数据模拟的各类报告，为基金的投资管理提供决策依据。

(2) 投资决策委员会定期召开会议，并依据上述报告对基金的投资方向、资产配置比例等提出指导性意见，如遇重大事项，投资决策委员会及时召开临时会议作出决策。

(3) 基金经理小组根据投资决策委员会的决议，参考上述报告，并结合自身对证券市场和上市公司的分析判断，形成基金投资计划，包括资产配置、行业配置、股票/债券选择以及买卖时机。

(4) 交易部依据基金经理小组的指令，制定交易策略，统一执行证券投资组合计划，进行具体品种的交易，基金经理必须遵守投资组合决定权和交易下单权严格分离的规定。

(5) 风险控制委员会和风险管理部根据市场变化对投资组合计划提出风险防范措施，监察部门和法律合规部对投资组合计划的执行过程进行日常监督和实时风险控制，基金经理小组依据基金申购和赎回的情况控制投资组合的流动性风险。

(6) 基金管理人在确保基金持有人利益的前提下，有权根据环境变化和实际需要对上述投资程序做出调整。

图 8-1 所示为基金管理公司的投资决策流程。

图 8-1　基金管理公司的投资决策流程

(三)决策的实施

基金管理人在确定了投资决策后，就要进入决策的实施阶段。基金经理根据投资决策中规定的投资对象、投资结构和持仓比例等，在市场上选择合适的债券、股票或其他投资工具来构建投资组合。投资决策是否得到合理、有效地实施，直接关系到基金投资效益的好坏和基金投资者收益的高低。从国内基金的招募说明书中可以看到，基金管理公司通常会设立专门的基金投资部，负责基金的具体投资工作。

在基金的具体投资运作中，通常是由基金经理向基金交易员发出交易命令。这种交易命令具体包括买入(卖出)何种投资工具，买入(卖出)的时间和数量，买入(卖出)的价格控制等。可以说，基金经理的投资理念、分析方法和投资工具的选择是基金投资运作的关键，基金经理投资水平的高低，直接决定了基金的收益情况。基金经理在实际投资中会依据一定的投资目标，构建合适的投资组合，并根据市场实际情况的变化及时对投资组合进行调整，合理地吸收或剔除相应的债券、股票或其他投资工具。

在实际操作中，交易员的地位和作用也是相当重要的。基金经理下达交易命令后要由交易员来负责完成。交易员就是通常所说的"操盘手"，他每天从基金经理那里接收交易指令，然后寻找合适的机会以尽可能低的价位买入需要买入的股票或债券，以尽可能高的价位卖出应当卖出的股票或债券。交易员除了执行基金经理的指令外，还必须及时向基金经理汇报实际交易情况和市场动向，协助基金经理完成基金的有效运作。

(四)风险控制

为了提高基金投资的质量，防范、降低投资和管理风险，切实保障基金投资者的利益，无论是国外还是国内的基金都必须建立一套完整的风险控制机制。目前我国基金都定了严格的风险防范制度，并以书面形式在招募说明书中予以规定。一般基金的风险控制制度有以下几点。

1. 风险控制机构

基金管理公司设有风险控制委员会，是基金投资的风险控制机构。风险控制委员会通常由公司总经理或副总经理、督察长、监察稽核部经理及其他有关人员组成，负责制定风险管理政策，评估、监控基金投资组合的风险，提出改善建议，并在市场发生重大变化的情况下，研究制定风险控制办法等。

2. 内部风险控制制度

基金的内部风险控制制度包括以下几方面。

(1) 严格按照《证券投资基金法》规定的投资比例进行投资，不得从事法律禁止的业务。

(2) 坚持独立性原则，基金管理公司管理的基金资产与基金管理公司自有资产应相互独立，实行分账管理，基金和基金管理公司的会计人员以及工作场地应相互分开。

(3) 实行集中交易制度，每笔交易都必须有书面记录并加盖时间章。

(4) 加强内部信息控制，实行空间隔离和门禁制度，严防重要内部信息泄露。

(5) 前台与后台部门应独立运作。

(6) 控制交割清算风险，选择信誉好、效率高的证券经营机构。

3. 内部监察和稽核制度

基金管理公司的监察稽核部直接接受总经理领导，接受中国证监会的业务指导并向其报告工作，独立开展内部监察稽核工作。

监察稽核部的工作内容包括以下几方面。

(1) 基金管理稽核，主要是检查各部门在基金投资管理中是否违反了国家有关法律、法规和公司有关业务规章制度。

(2) 财务管理稽核，主要是审查、监督基金核算和公司财务管理制度的执行情况，审查财务收支和费用、成本及利润是否真实准确地反映公司实际经营情况，检查财会制度的执行是否符合国家法规和公司规章制度的要求，是否体现客观、真实、完整、准确的原则。

(3) 内控制度稽核，负责调查和评价公司内部风险控制制度的健全性、合理性和有效性。

(4) 其他稽核事项，主要是指对重大违法违纪事故和案件配合有关部门进行的联合稽核，其他总经理以及上级有关部门认为需要稽核的事项等。

监察稽核部的权限包括以下几方面。

(1) 从公司有关部门获取文件和材料。

(2) 检查被稽核部门的会计凭证、账簿和报表，查阅有关业务合同、协议及相关附件。

(3) 查实实物资产，并就实物资产与账面资产进行核对。

(4) 按照国家和公司有关规定，对被稽核部门及有关人员的违规、违法行为提出处理意见。

(5) 抽查各项流程作业。

(6) 调查员工交易是否违背关系人交易等相关法规。

(7) 经总经理同意后有权参加被稽核部门的有关会议，召集有关人员座谈和个别谈话，查阅有关文件档案。

(8) 要求被稽核部门及其有关人员支持配合监察稽核人员开展工作，提供调查证明材料和必要的办事条件,不得设置任何障碍。

(9) 在稽核工作完成后,对被稽核部门、人员提出的不合规定的业务、财务和钱物等活动建议或意见,有权令其限期整改或答复。

4. 督察长制度

督察长负责组织指导公司监察稽核工作,其履行职责的范围涵盖基金及公司运作的所有业务环节。督察长由总经理提名,董事会聘任,并经过全体独立董事同意。督察长履行职责应保持充分独立性。

督察长的主要职责包括以下几方面。

(1) 重点关注基金销售、投资、信息披露、运营等各环节是否符合法律、法规规定和基金合同的约定,是否存在损害基金投资人利益和操纵市场等违法行为,重点关注基金管理公司的资产是否安全完整等。

(2) 监督检查基金管理公司内部风险控制情况。

(3) 对基金管理公司推出新产品、开展新业务的合法合规性提出意见。

(4) 指导、督促公司妥善处理投资人的重大投诉,保护投资人的合法权益。

5. 财务管理制度

财务管理制度即从财务管理的角度制定相应的风险防范制度。它主要是通过严格执行国家有关政策、会计制度和准则,做好公司业务活动和其他活动的核算工作,如实地反映基金的情况和基金管理公司的开支情况,通过严格的财务管理,配合加强基金的成本控制工作。

二、证券投资基金的投资目标和理念

基金的投资目标是指基金管理人运作基金资产所要达到的目的。我国的基金一般会在招募说明书上明确表明其投资目标。

2001年下半年,我国进入了开放式基金的发展阶段,开放式基金对于投资目标的表述都比较详细。在投资目标的分类上,出现了成长、价值、平衡;大盘、中盘、小盘;红利股投资、指数投资等。现实中,不同基金往往用基金投资风格来阐述自己的投资目标,一般认为,投资目标主要应该划分为两类,即绝对收益(absolute return)目标和相对收益(relative return)目标。这种划分是就基金的业绩基准而言的,绝对收益目标是无论证券市场涨跌,基金均要获取正回报,相对收益目标则是要超越预先设定的业绩基准(在熊市时候,基金也可能为负收益,但必须超越基准)。在基金投资目标中明确标明追求绝对收益的基金,早期如在基金业绩基准中设置了"价值增长线"的基金——博时价值增长贰号、天治财富增长、海富通收益增长等,由于业绩基准价值增长线的非负增长性质,可以认为,这几只基金具有绝对收益概念。其他如德盛安心成长基金,以及2010年之后债券型基金和分级基金的稳健子基金,都具有绝对收益的投资目标。

投资理念(investment philosophy)从英文本义上是指投资哲学。哲学是指人们的系统化的世界观和方法论。因此,投资理念从其本质上说就是指投资者对投资目的的认识和对投资方法的认知。投资理念包含两个层面:一是为什么要投资,即投资的目的是什么;二是怎样投资,即投资的方法是什么。因此,基金的投资理念往往是投资风格的高度浓缩,投资风格则是投资理念的具体诠释。

自2002年以来,我国基金的投资目标和投资理念都日益多样化,不同的投资基金开始日益显示出各自的差异性。各个基金管理公司逐渐形成并完善各自独特的投资理念,目的是塑造各自的品牌优势。当然,同一基金公司旗下不同的基金由于性质差异,投资理念也存在差异。本节按照投资理念的不同,以价值、成长、平衡和灵活配置进行分类,举例如下。

(一)价值投资理念

以博时价值增长基金为例,博时基金管理公司于2003年在国内基金业最早提出了"价值投资"的概念,旗下基金的投资理念一致为"做投资价值发现者"。

(1) 投资目标。在力争使基金单位资产净值高于价值增长线水平的前提下,本基金在多层次复合投资策略的投资结构基础上,采取低风险适度收益配比原则,以长期投资为主,保持基金资产良好的流动性,谋求基金资产的长期稳定增长。

(2) 投资理念。"做投资价值发现者"。本基金认为,具有持续的现金收益和良好增长前景的上市公司,最终将得到投资者的认可并会在股价上得到体现。本基金力求在强化投资研究的基础上,长期坚持对股票进行质地分析和现金流分析,以发现具有投资价值的上市公司。同时,本基金致力于通过专业化投资方法将中国经济长期增长的潜力最大地转化为投资者的安全收益。

(二)成长投资理念

交银施罗德基金公司2006年募集成立了交银成长基金,其投资理念为:在坚持一贯的价值投资理念的基础上,通过专业化研究分析,积极挖掘得益于中国经济高速增长的高成长性行业和企业所蕴含的投资机会。该理念至少包含以下三方面含义。

(1) 证券市场不是完全有效,通过专业研究可以获得信息优势,挖掘具有高成长特性的行业和上市公司,积极投资,可以获得较高的超额收益。

(2) 随着股权分置改革的逐步推进,国内上市公司的治理结构得到优化,内在价值成为投资的基础,而上市公司的成长性终将在价值中得到体现。

(3) 得益于中国经济持续的高速增长,一些上市公司已经呈现出良好的成长性,投资于这些成长型股票,可以最大程度地分享中国经济高速增长的成果。

在具体的投资对象方面,基金的投资对象重点为经过严格品质筛选和价值评估,具有完善治理结构、较大发展潜力、良好行业景气和成长质量优良的成长型股票,以同时具有以下良好成长性特征的上市公司股票为主。

(1) 未来两年预期主营业务收入增长率和息税前利润增长率超过GDP增长率。

(2) 根据交银施罗德企业成长性评估体系,在全部上市公司中成长性综合评分排名前10%。

(3) 根据交银施罗德多元化价值评估体系,投资评级不低于二级。

(三)配置型投资理念

以南方基金管理公司旗下的南方积极配置基金为例。

1. 投资目标

本基金为股票配置型基金,通过积极操作进行资产配置和行业配置,在时机选择的同时精选个股,力争在适度控制风险并保持良好流动性的前提下,为投资者寻求较高的投资收益。

2. 投资理念

本基金将股票型、配置型和积极操作型基金相结合,采用定量分析和定性分析相结合的方法,在秉承南方基金管理公司一贯的投资理念的基础上,按照以下理念进行投资。

积极投资原则:本基金认为中国证券市场是一个非完全有效市场,因此,通过积极投资、动态资产配置和行业配置,挖掘出投资价值被市场低估的股票或债券,可以获得超过市场平均水平的收益。

价值投资原则:通过对中国经济发展的结构变化和各行业发展周期的研究,通过对上市公司投资价值的定性和定量研究,进行价值投资。

研究为本原则:本基金坚信在中国证券市场研究创造价值,通过对上市公司具有前瞻性的研究,挖掘上市公司内在投资价值,有助于规避上市公司的道德风险及信用风险。

当前证券市场上不同基金类型对应的基金分类和目标也有一定差异,表8-1列举了几种不同基金类型对应的基金分类和投资目标。

表8-1 不同类型基金的投资目标

基金名称	基金类型	基金分类	投资目标
诺德新旺 (005293)	股票型	灵活配置类	本基金通过对各大类资产的动态灵活配置,在严格控制投资风险的前提下,把握市场投资机会,力求基金资产长期稳定增值
嘉实医药健康股票C (005304)	股票型	成长类	本基金通过投资于医药健康企业中具有长期稳定成长性的上市公司,在风险可控的前提下力争获取超越业绩比较基准的收益
大摩健康产业混合C (014030)	混合型—偏股	平衡类	本基金采取主动管理的投资策略,在控制风险的基础上,优选健康产业股票,力争获取超额收益与长期资本增值
南方希元转债 (005461)	债券型	价值类	本基金为债券型证券投资基金,债券投资部分以可转换债券为主要投资标的,在保持适当流动性、合理控制风险的基础上,合理配置债券等固定收益类金融工具和权益类资产,充分利用可转换债券兼具权益类证券与固定收益类证券的特性,力争实现基金资产的长期增值

此外，指数型、QDII、ETF、LOF 基金常以"追求跟踪偏离度和跟踪误差的最小化"为投资目标。例如汇添富中证精准医疗指数 A (501005)，其投资目标为："进行被动式指数化投资，紧密跟踪中证精准医疗主题指数，追求跟踪偏离度和跟踪误差的最小化，以便为投资者带来长期收益"。

第二节　证券投资基金组合管理

一、现代投资组合理论

(一)现代投资理论与资本市场理论发展概述

从哈里·马科维茨的均值-方差投资组合选择理论到威廉·夏普、约翰·林特尔和莫辛的资本资产定价模型、尤金·法玛的有效市场假说、罗斯的套利定价理论、丹尼尔·卡尼曼(Dainel Kahneman)和阿莫斯·特沃斯基(Amos Tversky)的行为投资组合理论，广义的现代投资组合理论(Modern Portfolio Theory，MPT)已经发展了近 70 年。在这 70 年里，现代投资组合的理论及其应用研究已然取得了丰硕的成果，甚至从某种意义上说，现代投资组合理论是现代金融理论研究的起源和不竭动力之一。

1. 投资组合选择理论

1952 年 3 月，美国经济学家哈里·马科维茨在《财务学杂志》(Journal of Finance)上发表了《资产组合的选择》(Portfolio Selection)一文，首次提出投资组合理论，成为现代投资理论的开端。该理论包含两个重要内容：均值-方差分析方法和投资组合有效边界模型。这一理论的基本假设是投资者是厌恶风险的，意味着投资者若接受高风险的话，则必定要求高收益率来补偿。同时由于这一理论要求计算所有资产的协方差矩阵，在一定程度上制约了其在早期实践应用中的发展。目前该理论更多地用于选择最优投资策略。

2. 资本资产定价模型

20 世纪 60 年代，美国经济学家夏普、林特尔和布莱克三人分别于 1964 年、1965 年和 1966 年提出了资本资产定价模型(CAPM)，夏普教授也因此获得了 1990 年的诺贝尔经济学奖。该模型是在资产组合理论和资本市场理论的基础上发展起来的。该模型不仅提供了评价收益-风险相互转换特征的可运作框架，也为投资组合分析、基金绩效评价提供了重要的理论基础。

该模型主要研究证券市场中资产的预期收益率与风险之间的关系，以及均衡价格是如何形成的，是现代金融市场价格理论的支柱，广泛应用于投资决策和公司理财领域。

3. 有效市场假说

1965 年，美国芝加哥大学金融学教授法玛发表了题为《股票市场价格行为》的博士毕业论文，并于 1970 年对该理论进行深化，提出了有效市场假说，2013 年获得诺贝尔经济学奖。有效市场假说有一个受到颇多质疑的前提假设，即参与市场的投资者有足够的理性，并且能够迅速地对所有市场信息作出合理反应。

有效市场假说提出后，便成为证券市场实证研究的热门课题，支持和反对的证据都很多，是目前最具争议的投资理论之一。尽管如此，在现代金融市场主流理论的基本框架中，该假说仍然占据重要地位。

4. 套利定价理论(APT 模型)

1976 年，针对 CAPM 模型所存在的不可检验性的缺陷，罗斯(Ross)提出了一种替代性的资本资产定价模型，即 APT 模型。该模型成就了多指数投资组合分析方法在投资实践上的广泛应用。

套利定价理论导出了与资本资产定价模型相似的一种市场关系。套利定价理论以收益率形成过程的多因子模型为基础，认为证券收益率与一组因子线性相关。这组因子代表影响证券收益率的一些基本因素，投资者可以构造一个零风险组合，使其投资净资产为零，如果此时有收益出现，则说明套利成功。事实上，当收益率通过单一因子(市场组合)形成时，将会发现套利定价理论形成了一种与资本资产定价模型相同的关系。因此，套利定价理论可以被认为是一种广义的资本资产定价模型，为投资者提供了一种替代性方法，来理解市场中的风险与收益率间的均衡关系。

套利定价理论与投资组合选择理论、资本资产定价模型、期权定价模型等一起构成了现代金融学的理论基础。

5. 行为投资组合理论

20 世纪 70 年代，卡尼曼和特沃斯基创立了大名鼎鼎的前景理论(Prospect Theory)，认为投资者并非完全理性，他们有时会过度自信、厌恶损失，具有从众行为等。现实中人人都是厌恶风险的，人人又都是冒险家。行为金融理论认为，部分投资者因非理性或非标准偏好的驱使会作出非理性的行为，而且具有标准偏好的理性投资者无法全部抵消非理性投资者的资产需求。

1979 年，卡尼曼和特沃斯基发表了题为《期望理论：风险状态下的决策分析》的文章，建立了人类风险决策过程的心理学理论，成为行为金融学发展史上的一个里程碑。

行为金融理论是在对现代金融理论，尤其是对 EMH 和 CAPM 的挑战和质疑的背景下形成的。行为金融理论在博弈论和实验经济学被主流经济学接纳之际，对人类个体和群体行为研究的日益重视，促成了传统的力学研究方式向以生命为中心的非线性复杂范式的转换，使得我们看到了金融理论与实际的沟壑有了弥合的可能。行为金融理论将人类心理与行为纳入金融的研究框架，但是由于涉及人类心理与行为研究的维度，加上行为金融起步较晚，发展受到了一定的限制。

(二)均值-方差模型概述

马科维茨在《资产组合的选择》中，建立了均值-方差模型来对资产收益进行分析，从而衡量未来投资的收益和风险，其意义在于采用适当的方法选择多种证券作为投资对象，以达到在保证预定收益的前提下最小化投资风险，或在控制风险的前提下最大化投资收益的目标，为科学投资奠定了理论基础，而其投资组合理论也建立了若干严密的基本假设。

1. 均值-方差模型的假设

马科维茨投资组合理论基本假设如下。

(1) 理性投资者假设，投资者是厌恶风险的，如果在两个相同预期收益率的证券之间进行选择，投资者会选择风险较小的；要让投资者承担更高的风险，必须有更高的预期收益来补偿，即风险与收益相匹配。

(2) 有效市场假设，证券价格能够准确地反映其内在价值，不存在投资者间的信息不对称；市场无摩擦，即市场的借贷利率相等，是完全的，不存在税收，无交易成本，不存在进入或退出市场的限制，市场中所有的参与者都只是价格的接受者。

(3) 证券的收益是不确定的，投资存在一定的风险；对收益率进行正态性假设，各种证券的收益率之间存在一定的相关性，其相关程度可以用相关系数或收益率之间的协方差来表示的，同时，在市场中是允许卖空。

(4) 资产都是无限可分的，购买和出售股票的数量可以少于一股；任何投资者对于股票的买卖都不会引起市场价格的变动，市场具有无限的供给弹性。

(5) 投资者以期望收益率及收益率的方差作为选择或评价资产的依据，把风险视为收益的代价，并完全依据均值-方差标准确定其有效投资组合。

2. 均值-方差模型的核心要点

在回避风险的假定下，马科维茨建立的均值-方差投资组合模型，要点可以总结如下：第一，投资组合的两个重要特征：①有一个特定的预期收益率；②对于可能的收益率围绕其预期值的偏离程度，方差无疑是最佳的度量方式。第二，目标确定为：投资者将选择并持有有效投资组合，即给定的风险水平下最大化期望收益，或给定的期望收益率上最小化风险的投资组合。第三，通过对每种证券的期望收益率、收益率的方差和每一种证券与其他证券之间的相互关系（用协方差来度量）这三类信息的适当分析，从理论上识别出有效投资组合。第四，对上述三类信息进行计算，得出有效投资组合的集合，并根据投资者的偏好，选择出最适合的投资组合，即确定各种证券在投资者的资金中所占的份额。

(三) 资产收益率的期望、方差和标准差

1. 单个证券的风险与期望收益率计量

资产收益率往往是不确定的，这里有一个特定的预期收益率 R 是指收益率的期望值，而期望收益率实际是资产各种可能收益率的加权平均值，用 $R_1, R_2, \cdots, R_n$ 描述投资某证券未来可能的收益率，用 $p_1, p_2, \cdots, p_n$ 描述各种可能收益率发生的概率，则期望收益率 $E(R)$ 表示如下：

$$E(R) = R_1 p_1 + R_2 p_2 + \cdots + R_n p_n = \sum_{i=1}^{n} R_i p_i \tag{8-1}$$

风险的大小可由估计证券实际收益率与期望收益率的偏离程度，用方差反映。

$$\sigma_1^2 = \sum_{i=1}^{n} [R_i - E(R)]^2 p_i \tag{8-2}$$

其中，p_i 为可能收益率发生的概率；σ_1 为标准差。

【例8-1】 假设投资者计划明年投资证券A，预计明年经济上行的概率为40%，经济下行的概率为30%，经济平稳的概率为30%，证券A在经济上行时预期收益率为8%，经济下行时预期收益率为-4%，经济平稳时预期收益率为3%，则证券A明年的期望收益率和风险是多少？

解析：① $E(R) = 40\% \times 8\% + 30\%(-4\%) + 30\% \times 3\% = 2.9\%$

② $\sigma_1^2 = \sum_{i=1}^{n}[R_i - E(R)]^2 p_i$

$= (8\% - 2.9\%)^2 \times (40\%) + (-4\% - 2.9\%)^2 \times (30\%) + (3\% - 2.9\%)^2 \times (30\%)$

$= 0.0025$

综上，证券A明年的期望收益率为2.9%，风险为0.0025。

2. 两种证券的投资组合风险与期望收益率计量

两种证券的投资组合，证券A的收益率为R_1，证券B的收益率为R_2，ω_1和ω_2分别表示证券A和证券B的投资比例，其中，允许$\omega_i < 0$，则证券组合P的期望收益率为：

$$E(R_p) = \omega_1 E(R_1) + \omega_2 E(R_2) = (\omega_1, \omega_2)\begin{pmatrix} E(R_1) \\ E(R_2) \end{pmatrix} \quad (8-3)$$

投资组合的方差为：

$$\sigma_p^2 = \omega_1^2 \sigma_1^2 + \omega_2^2 \sigma_2^2 + 2\omega_1 \omega_2 \sigma_1 \sigma_2 \rho_{12} = (\omega_1, \omega_2)\begin{bmatrix} \sigma_1^2 & \sigma_1 \sigma_2 \rho_{12} \\ \sigma_1 \sigma_2 \rho_{12} & \sigma_2^2 \end{bmatrix}\begin{pmatrix} \omega_1 \\ \omega_2 \end{pmatrix} \quad (8-4)$$

其中，σ_1和σ_2分别是证券A和证券B的收益率的方差，ρ_{12}是证券A和证券B的相关系数。

【例8-2】 假定投资者选择了A和B两个公司的股票作为组合对象，有关数据如下：

$E(R_A)=0.25$，$E(R_B)=0.18$，$\sigma_A=0.08$，$\sigma_B=0.04$

投资比例$\omega_A=\omega_B=50\%$，计算投资组合的期望收益率和风险。

① $E(R_p) = \omega_A E(R_A) + \omega_B E(R_B) = 0.5 \times 0.25 + 0.5 \times 0.18 = 0.215$

② $\sigma_p^2 = \omega_A^2 \sigma_A^2 + \omega_B^2 \sigma_B^2 + 2\omega_A \omega_B \sigma_A \sigma_B \rho_{AB}$

假设三种情形下由②式可得 $\rho_{AB}=1, \sigma_p=0.06$，$\rho_{AB}=0, \sigma_p=0.045$，$\rho_{AB}=-1, \sigma_p=0.02$。

3. 多种证券的投资组合风险与期望收益率计量

设n种证券的投资组合，各证券的收益率为$R_1, R_2, \cdots, R_n$，均为随机变量，相应的收益率均值为$E(R_1), E(R_2), \cdots, E(R_n)$，方差记为$\sigma_1^2, \sigma_2^2, \cdots, \sigma_n^2$，$R_i$和$R_j$的相关系数记为$\rho_{ij}$。$\omega_1, \omega_2, \cdots, \omega_n$表示各证券的投资比例，$\sum_i \omega_i = 1$，且允许$\omega_i < 0$，则证券组合P的期望收益率为：

$$E(R_p) = \omega_1 E(R_1) + \omega_2 E(R_2) + \cdots + \omega_n E(R_n) = (\omega_1, \omega_2, \cdots, \omega_n)\begin{pmatrix} E(R_1) \\ E(R_2) \\ \cdots \\ E(R_n) \end{pmatrix} = W^T R \quad (8-5)$$

其中，W为证券组合中各证券投资比例向量；R为各证券的收益向量。

投资组合的方差为：

$$\sigma_p^2 = \omega_1^2\sigma_1^2 + \omega_2^2\sigma_2^2 + \cdots + \omega_n^2\sigma_n^2 + \cdots + \omega_1\omega_2\sigma_1\sigma_2\rho_{12} + \cdots + \omega_1\omega_n\sigma_1\sigma_n\rho_{1n} + \cdots$$
$$= \sum_i\sum_j \omega_i\omega_j\sigma_i\sigma_j\rho_{ij} \tag{8-6}$$

$$= (\omega_1,\omega_2,\cdots,\omega_n) \begin{bmatrix} \sigma_1^2 & \sigma_1\sigma_2\rho_{12} & \cdots & \sigma_1\sigma_n\rho_{1n} \\ \sigma_2\sigma_1\rho_{21} & \sigma_2^2 & \cdots & \sigma_2\sigma_n\rho_{2n} \\ \vdots & \vdots & \ddots & \vdots \\ \sigma_n\sigma_1\rho_{n1} & \sigma_n\sigma_2\rho_{n2} & \cdots & \sigma_n^2 \end{bmatrix} \begin{pmatrix} \omega_1 \\ \omega_2 \\ \cdots \\ \omega_n \end{pmatrix} = W^{\mathrm{T}}VW$$

其中，σ_i^2 是证券 i 的收益率的方差；ρ_{ij} 是证券 i 和证券 j 的相关系数；$\sigma_i\sigma_j\rho_{ij}$ 是收益率之间的协方差；V 为协方差矩阵。

4. 多种证券的投资组合风险与组合中证券数量的关系

一般来说，σ_p^2 远小于 σ_i^2，即分散投资后的组合风险显著降低了。

(1) 若充分分散化，例如 $\omega_i = \dfrac{1}{n}$，$i=1,2,3,\cdots,n$，则有 $\sigma_p^2 = \dfrac{1}{n^2}\sum_i\sum_j \sigma_i\sigma_j\rho_{ij}$。

(2) 若各证券间不相关或弱相关，上式化简为 $\sigma_p^2 = \sum_i \sigma_i^2$。

(3) 若所有证券的方差均为 σ^2 时，$\sigma_p^2 = n\sigma^2$。

基于以上三种特殊情况的考虑，从理论上讲，在上述条件下，随着证券数目 n 的增加，标准差逐渐减小，趋向于 0(见表 8-2)(这里仅讨论非系统性风险)，但实际上是不可能的。原因是：第一，随着数目的增加，相互独立的可供选择的证券越来越少；第二，当数目增加到一定程度时，交易成本不可能忽略不计。

表 8-2　组合收益的标准差随证券数目变化情况

证券数目 n	组合收益的标准差	证券数目 n	组合收益的标准差
1	0.1000	50	0.0141
2	0.0707	100	0.0100
3	0.0577	500	0.0045
4	0.0500	1000	0.0032
5	0.0447	2000	0.0022
10	0.0316	5000	0.0014
20	0.0224	10000	0.0010

表 8-2 和图 8-2 说明了投资组合中风险与证券数目的关系，当投资组合中证券数目增加时，风险较低了，并且随着证券数目的增加，风险降幅也在不断减少，当证券数目增加到四种时，风险降幅达到 0.5%，当证券数目增加到 20 种时，风险降低的作用不大。证券种类选在 15 种左右时，风险可以降低到投资者满意的程度。

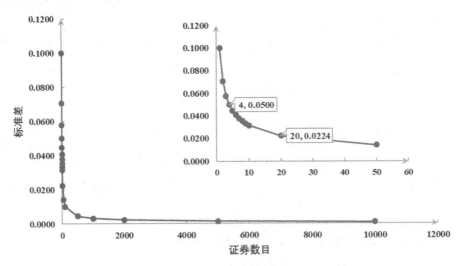

图 8-2 组合收益的标准差随证券数目变化情况

(四)资产收益相关性

现行市场中,一种资产价格上涨很可能伴随另一种资产价格上涨,同样一种资产价格下跌也会出现另一种资产价格伴随下跌的情况。如果两种资产的收益受到某些因素的共同影响,那么它们的波动会存在一定的联系。由于存在一系列同时影响多个资产收益的因素,大多数资产的收益之间都会存在一定的相关性。

1. 相关系数 ρ:资产间关联程度的度量

① $|\rho_{ij}|=1$,表明资产 i 和 j 的收益率完全相关,R_i 和 R_j 之间存在确定的线性关系。其中,$\rho_{ij}=1$,表明资产 i 和 j 的收益率之间完全正相关;$\rho_{ij}=-1$,表明资产 i 和 j 的收益率之间完全负相关。

② $|\rho_{ij}|<1$,表明资产 i 和 j 的收益率不完全相关,R_i 和 R_j 之间存在一种线性关系。$|\rho_{ij}|$ 越大,它们之间的关系越密切。$0<\rho_{ij}<1$,表明资产 i 和 j 的收益率之间不完全正相关;$-1<\rho_{ij}<0$,表明资产 i 和 j 的收益率之间完全不负相关。

③ $|\rho_{ij}|=0$,表明资产 i 和 j 的收益率不相关,R_i 和 R_j 之间不存在线性关系。

2. 资产收益相关性对组合收益率及风险的影响

资产收益之间的相关性会影响投资组合的风险,而不会影响投资组合的预期收益率。可以通过一个简单的例子进行说明。

【例 8-3】研究两个证券的投资组合问题。假定资产 i 和资产 j 的预期收益率及标准差如表 8-3 所示。

表 8-3 资产预期收益率及标准差

	预期收益率(%)	标准差
资产 i	6	0.06
资产 j	8	0.09

第八章 证券投资基金投资管理

对于由两个资产 i 和 j 构成的组合，给定一个特定的投资比例，可以得到一个特定的投资组合，它具有特定的预期收益率和标准差，在标准差-预期收益率平面图上则表现为一个点。如果让投资比例在一定范围内连续变化，那么得到的投资组合点在标准差-预期收益率平面图上构成一条连续的曲线。给定不同的相关系数，得到不同的曲线。本例中考虑相关系数取 -1，-0.5，0，0.5，1 五种情况，图 8-3 中的五条曲线分别对应五个不同的取值。

当 $\rho_{ij}=1$，投资组合的方差 $\sigma_p^2 = \omega_i^2\sigma_i^2 + \omega_j^2\sigma_j^2 + 2\omega_i\omega_j\sigma_i\sigma_j$ 化简为 $\sigma_p = |\omega_i\sigma_i + \omega_j\sigma_j|$，此时两个资产的投资组合呈现为一条直线，直线上的每一个点表示不同权重的投资组合(见图 8-3)。如果把 100%的资金投资于资产 i，那么投资组合就是 i 点(0.06, 0.06)。随着 i 的权重越来越小，j 的权重越来越大，投资组合的点就沿着直线向右上方移动。当 j 的权重达到 100%时，投资组合就到了 j 点(0.09, 0.08)。

当 $\rho_{ij}=-1$，投资组合的方差 $\sigma_p^2 = \omega_i^2\sigma_i^2 + \omega_j^2\sigma_j^2 - 2\omega_i\omega_j\sigma_i\sigma_j$ 可化简为 $\sigma_p = |\omega_i\sigma_i - \omega_j\sigma_j|$，一定能在平面上找到一个点，使得投资组合的标准差为 0。在平面上，两个资产的可能组合一条转折点在 Y 轴的折线。转折点标准差为 0，预期收益率为 $\frac{E(R_i)-E(R_j)}{\sigma_i+\sigma_j}\sigma_j + E(R_j)$，等同于无风险资产。

当 $\rho_{ij}=0$，平面上显示为介于 $\rho_{ij}=1$ 和 $\rho_{ij}=-1$ 之间的一条曲线。投资组合的方差 $\sigma_p^2 = \omega_i^2\sigma_i^2 + \omega_j^2\sigma_j^2$，化简为 $\sigma_p = \sqrt{\omega_i^2\sigma_i^2 + \omega_j^2\sigma_j^2}$。

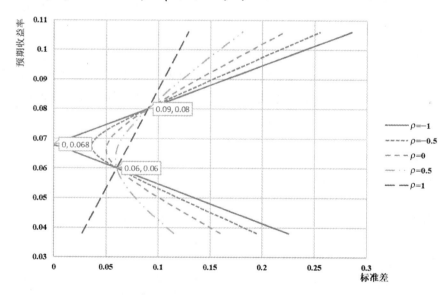

图 8-3 相关系数对投资组合收益和风险的影响(不限制卖空)

不管相关系数取何值，图中的曲线必定通过代表资产 i 的点(0.06, 0.06)以及代表资产 j 的点(0.09, 0.08)，这两点分别对应于 100%投资于资产 i 及 100%投资于资产 j 的情形。卖空被限制时，投资组合的收益率介于资产 i 与资产 j 的收益率之间，因此曲线在资产 i 与资产 j 之间的部分对应于卖空被限制的情形(见图 8-4)，而两端的部分代表存在卖空的情形。观察不同曲线在资产 i 与资产 j 之间的部分，可以发现当相关系数从 1 变化到-1 时，曲线的弯曲程度越大，投资组合的风险越小。而预期收益率只与两种资产的比例有关，与相关系数无关。

由此可见，除非相关系数等于1，二元资产投资组合的风险始终小于单独投资这两种资产的风险的加权平均数，即通过资产组合，可以降低投资风险。

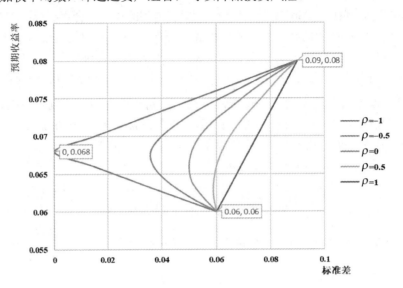

图 8-4　相关系数对投资组合收益和风险的影响(限制卖空)

(五)最小方差前沿与有效前沿

1. 最小方差前沿

在不含无风险资产的情况下，如果让投资比例在允许的范围内变化，则可以得到一系列可行的投资组合，所有代表市场上可投资产所形成的所有组合即为可行投资组合集合，简称可行集。所有可能的投资组合都位于可行集的内部或者边界上，由两个资产形成的可行投资组合集在平面上表现为一条抛物线，而带有卖空限制时表现为一个闭环区域，如图 8-5 所示。

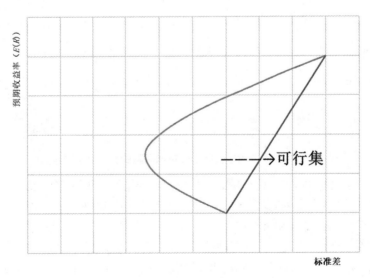

图 8-5　投资组合可行集

投资组合集给定后仍然不能确定最佳的投资组合,因为如果做一条和横轴平行的直线,和可行集的边界交于 A、B 两点(见图 8-6),我们可以发现两点的预期收益率是完全相同的,但是它们的风险不同,A 点在左边,它的风险比 B 点低。我们需要确定投资者的需求,假设投资者是理性的,希望达到投资收益最大化,同时风险最小化。首先,最优的投资组合只能在可行投资组合集中进行选择;其次,对可行投资组合集施加一个约束条件,即投资组合的预期收益率必须超过某一给定水平 $E(R)$,投资者只能在预期收益率超过 $E(R)$ 的可行投资组合集中进行选择;再次,投资者在满足约束条件的投资组合集中选择一个风险最小的投资组合,即该集合中最靠左的投资组合 A 点。因此,无论和横轴平行的直线如何平行移动,只有可行集最左边的点是有效的,右边所有的点都是无效的。最左边的点都连在一起形成的这条曲线称为最小方差前沿,如图 8-7 所示。

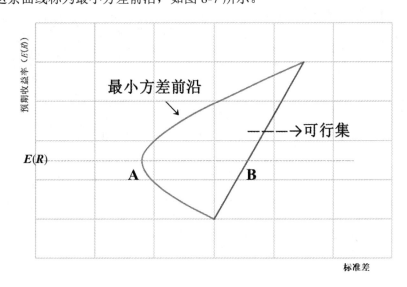

图 8-6　投资组合可行集(最小方差前沿)

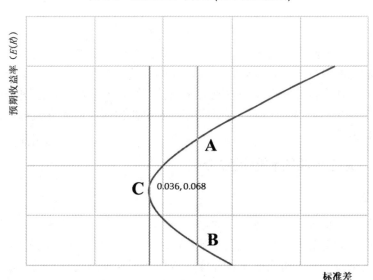

图 8-7　有效的最小方差前沿

在相同收益率水平下，这条曲线上的组合具有最小方差。最小方差前沿上每个点都是所有风险资产的组合，各个点的区别是风险资产的权重不同。

最小方差前沿最左边的拐点处会有一条与纵轴平行的直线与最小方差前沿相切，切点为全局最小方差组合，这一点就是上下部分的分界点。在风险水平一定的情况下，上半部分的点 A 具有更高的收益率，因此，最小方差前沿只有上半部分才是有效的。

2. 有效前沿

从全局最小方差组合开始，最小方差前沿的上半部分就被称为马科维茨的有效前沿(见图 8-8)。有效前沿是能够达到的最优投资组合的集合，它位于所有资产和资产组合的左上方。在一定期望收益率水平下，有效前沿上的投资组合风险最低；在一定的风险水平下，有效前沿上的投资组合期望收益率最高。

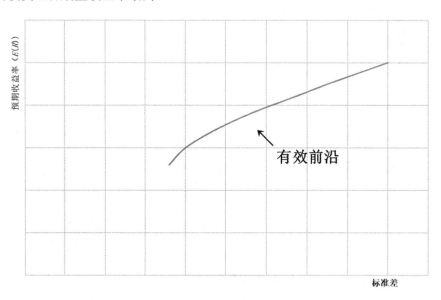

图 8-8　有效前沿

有效前沿上的投资组合为有效组合，其特点是：包含了所有的风险资产，所有的有效组合是完全分散化的投资组合。有效前沿是由全部有效投资组合构成的集合。如果一个投资组合是有效的，那么投资者就无法找到另一个预期收益率更高且风险更低的投资组合。一个有效投资组合相对于另一个有效投资组合，如果在预期收益率方面有优势，那么在风险方面就一定有劣势。

(六)效用、无差异曲线和最优组合

1. 效用函数

投资组合的可行集列出了所有可行的资产组合，即给出了可供选择的方案。投资者要从方案中选出自己最满意的方案，这涉及个人偏好，偏好不同，方案的选择也不同。

"效用"是指投资给人带来的满意程度，投资者更喜欢高收益和低风险的资产，因此不同资产给投资者的效用是不一样的。我们用效用值来衡量不同资产组合偏好程度。资产组合的效用函数是指资产组合的效用与资产收益率之间的对应关系，一般用 $U(R)$ 表示。

效用函数有多种类型，根据投资者对风险的态度不同，可以将投资者分为风险厌恶、风险偏好和风险中性三种，对应的效用函数我们分为凸性、凹性和线性三种类型讨论。

1) 凸性效用函数

若对任一个组合收益率 R_X，都满足：

$$U(R_X) > \frac{1}{2}[U(R_X - R_0) + U(R_X + R_0)] \tag{8-7}$$

$$\frac{dU}{dR} > 0, \quad \frac{d^2U}{dR^2} < 0 \tag{8-8}$$

称此效用函数为凸性效用函数，如图 8-9 所示。经济学含义为投资收益率的边际效用递减，投资者不愿意冒险。此类效用函数的投资者为风险厌恶型，即其并不喜欢投资结果的不确定性，更喜欢确定的收益，在期望收益相同的投资方案中，他们会选择其中风险最小的。

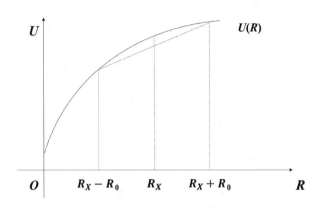

图 8-9　凸性效用函数

2) 凹性效用函数

若对任一个组合收益率 R_X，都满足：

$$U(R_X) < \frac{1}{2}[U(R_X - R_0) + U(R_X + R_0)] \tag{8-9}$$

$$\frac{dU}{dR} > 0, \quad \frac{d^2U}{dR^2} > 0 \tag{8-10}$$

称此效用函数为凹性效用函数，如图 8-10 所示。经济学含义为投资收益率的边际效用递增，投资者喜好冒险。此类效用函数的投资者为风险偏好型，即其喜欢投资结果的不确定性，在期望收益相同的投资方案中，会选择其中风险最大的。

3) 线性效用函数

若对任一个组合收益率 R_X，都满足：

$$U(R_X) = \frac{1}{2}[U(R_X - R_0) + U(R_X + R_0)] \tag{8-11}$$

$$\frac{dU}{dR} = c, \quad \frac{d^2U}{dR^2} = 0 \tag{8-12}$$

称此效用函数为线性效用函数，如图 8-11 所示。此类效用函数的投资者为风险中性型，即其仅根据期望收益这一个指标做投资决策，不关心风险。

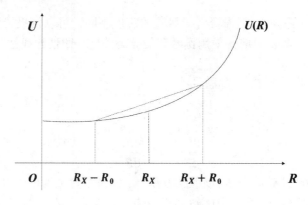

图 8-10 凹性效用函数

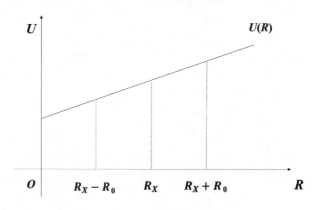

图 8-11 线性效用函数

效用函数的一种常见形式为

$$U(R) = E(R) - \frac{1}{2}A\sigma^2 \tag{8-13}$$

其中：U 为效用值；A 为某投资者的风险厌恶系数；$E(R)$ 为资产的预期收益；σ 为资产收益的方差。

在风险厌恶系数不变的情况下，某资产的期望收益率越大，带给投资者的效用越大；资产的风险越大，效用越小。同一资产带给风险厌恶系数不同的投资者的效用并不相同，风险厌恶系数 A 越大，投资者感受到的效用越低。

2. 无差异曲线

投资效用一般可用无差异曲线表示。无差异曲线形象地描述了投资者对风险的态度，一条无差异曲线代表给投资者带来同样满足程度的预期收益和风险的所有组合。在同一条无差异曲线上的组合对投资来说是无差异的，把无差异曲线绘制在一个平面坐标图上，其中横轴表示用标准差测度风险，纵轴表示用预期收益率测度的收益(见图 8-12)。

无差异曲线的特点有以下几点。

(1) 对于给定风险厌恶系数的投资者来说，每一个投资者都有无数条无差异曲线(见图 8-12 中的 U_1、U_2、U_3)，越位于上方的无差异曲线所代表的效用水平越高。这是因为在同一风险水平下，上方的无差异曲线能提供更高的预期收益。另外，在同一预期收益率水平下，上方的无差异曲线能提供更小的风险。

(2) 每一条无差异曲线都是上升的，即曲线斜率是正的。因为投资者是厌恶风险的，风险是负效用，而收益是正效用，所以高风险的投资伴随着高预期收益率。

(3) 无差异曲线上升的速度是递增的，即无差异曲线是下凸的。这说明随着风险的增加，投资者对它的厌恶程度是上升的，为弥补增加的一单位风险，必须支付更多的收益。

(4) 无差异曲线是不相交的。如图 8-13 所示，如果两条无差异曲线相交，就会出现矛盾。假设交点 X 同时在两条无差异曲线 U_1 和 U_2 上，而 U_1 上的所有组合对投资者来说是同样满意的，这意味着它们与交点 X 有相同的满意程度；同时交点也在 U_2 上，而 U_2 上所有组合与交点的满意程度相同，于是 U_1 上所有组合必然与 U_2 上所有组合有相同的满意程度。这就出现了矛盾，因为 U_1 和 U_2 是假设代表不同满意水平的两条曲线。为了不引起矛盾，这些无差异曲线不能相交。

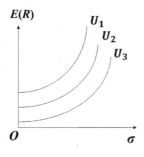

图 8-12 无差异曲线　　图 8-13 无差异曲线的不可交性

(5) 无差异曲线向上弯曲程度大小反映了投资者风险承受能力的强弱。无差异曲线的斜率表示风险和收益直接的替代率，斜率越大，表明为了让投资者多冒同样的风险，必须给他提供的收益补偿也越高，即高度风险厌恶者的无差异曲线更陡峭一些，轻微风险厌恶者的无差异曲线就比较平缓一些。图 8-14 显示了三种不同风险厌恶程度的投资者的无差异曲线对比：图(a)表示高风险厌恶型投资者；图(b)表示中等风险厌恶型投资者；图(c)表示轻微风险厌恶型投资者。

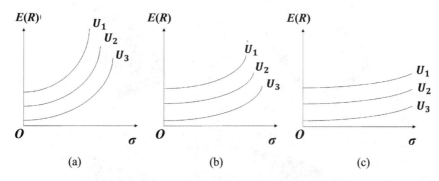

图 8-14 风险厌恶程度不同的投资者的无差异曲线

3. 最优选择

由于假定投资者是风险厌恶的，因此，最优投资组合必定位于有效前沿上，其他非有效的组合可以首先被排除。虽然投资者都是风险厌恶的，但程度有所不同，因此，最终从有效前沿上挑选哪一个资产组合，则取决于投资者的风险厌恶程度。度量投资者风险偏好的无差异曲线与有效前沿共同决定了最优的投资组合。

最优投资组合的确定：投资者效用无差异曲线和有效前沿的切点 A 就是多元资产组合的最佳组合点。这个组合可以让投资者获得最大的投资效用，如图 8-15 所示。

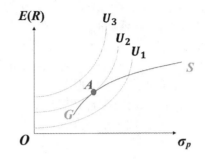

图 8-15 最优投资组合的确定

最优资产组合是无差异曲线簇与有效前沿的切点所表示的组合，特定投资者可以在有效组合中选择他自己最满意的组合。这种选择依赖于他的个人偏好，投资者的偏好通过他的无差异曲线来反映。不同投资者的无差异曲线簇可获得各自的最佳资产组合，一个只关心风险的投资者选取最小方差组合作为最佳组合。

(七)Matlab 在投资组合中的应用

1. 卖空限制下，多种资产组合的可行集

在限制卖空的情况下，三种资产组合的可行域是两种资产组合后再和第三种资产进行再组合后得到的，这时的可行域不再局限于一条曲线上，而是坐标系中的一个边缘弧度的类似扇形区域，如图 8-16 第 2 个图 "三组证券组合的可行域" 所示，其中每一个组合称为一个可行组合，而曲线 AC 就是最小方差曲线。

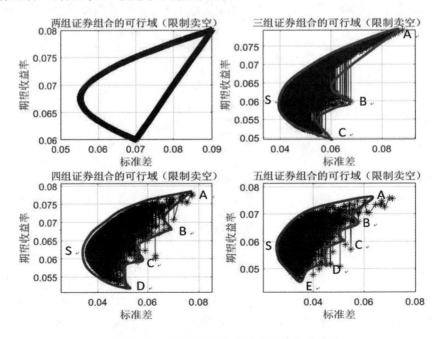

图 8-16 多种资产组合的可行集(限制卖空)

第八章 证券投资基金投资管理

由此推广到多种资产组合的情况，四个资产组合相当于前三个资产组合后再和第四个资产组合，五个资产组合依次类推，忽略部分异常值后可行域如图 8-16 所示，图中位于曲线最左侧的 S 是最小方差组合。SA 代表有效前沿。

2. 卖空限制下，多种资产组合的有效前沿的确定

在不允许卖空的情况下，求解有效前沿是一个约束条件为线性，同时含有不等式的二次规划模型，有效前沿是：

$$\min \frac{1}{2} W^{\mathrm{T}} V W$$
$$\text{s.t.} \quad W^{\mathrm{T}} R = E(R_p), \quad W^{\mathrm{T}} 1 = 1, \quad \omega_i \geqslant 0$$

其中，W 为证券组合中各证券投资比例向量；R 为各证券的收益向量；组合的风险由组合收益率的方差 $W^{\mathrm{T}} V W$ 表示；V 为资产收益率的协方差矩阵；$E(R_p)$ 为预期达到的收益率。二次规划问题可以通过调用 Matlab 函数 quadprog 求解。

【例 8-4】在中国证券市场上选择近 20 年来经营状况良好的上海证券交易所和深圳证券交易所的 8 只股票构造投资组合，时间区间为 2000 年 1 月至 2022 年 9 月的月度数据，股票代码如下：伊利股份(600887.SH)，申华控股(600653.SH)，平安(000001.SZ)，万科A(000002.SZ)，国华网安(000004.SZ)，中国卫星(600118.SH)，复星医药(600196.SH)，福耀玻璃(600660.SH)。

求解限制卖空条件下的证券组合的有效前沿的步骤如下。

(1) 估计各证券的年预期收益率和标准差，结果如表 8-4 所示。通过计算以上结果可得各证券在 $E\text{-}\sigma$ 坐标上的位置，如图 8-15 所示。由图表可观察到申华控股的标准差最小，预期收益率最高，福耀玻璃的标准差最大。

表 8-4 各证券的预期收益率及标准差

	预期收益率(%年度)	标准差
伊利股份(600887.SH)	7.75	1.7085
申华控股(600653.SH)	19.00	1.5701
平安(000001.SZ)	10.03	1.6185
万科 A(000002.SZ)	9.46	1.7772
国华网安(000004.SZ)	14.37	1.8478
中国卫星(600118.SH)	12.23	1.9387
复星医药(600196.SH)	9.12	1.8230
福耀玻璃(600660.SH)	9.09	2.0296

(2) 求解出 8 只股票的协方差矩阵。

(3) 取期望收益率从 7.75%(8 只股票中期望收益率最小值)开始，每次递增 0.005，到 19.00%(8 只股票中期望收益率最大值)，共 24 个点，每取一个期望收益率，应用一次二次规划模型，计算出一个最小标准差，得到 $E_p\text{-}\sigma_p$ 坐标系上的一个点，当取编 24 个期望收益率时，在坐标系上得到一条曲线，即最小标准差曲线，同时利用 MATLAB 软件的 Portfolio Optimization 程序包画出有效前沿，获得预期收益率和风险(标准差)的取值范围，月度预期

收益率范围为 1.03% 至 1.58%，月度风险(标准差)范围为 6.3% 至 13.08%，年度预期收益率为 12.36%至 18.96%，年度风险(标准差)为 21.82%至 45.31%。将特定的年度预期收益率15%和年度风险(标准差)40%标注到有效前沿上，如图 8-17(a)所示，当股票数量增加至 21 支时，所得结果如图 8-17(b)所示。按照年度预期收益率目标值 15%可得到证券投资组合的权重比例见表 8-5。

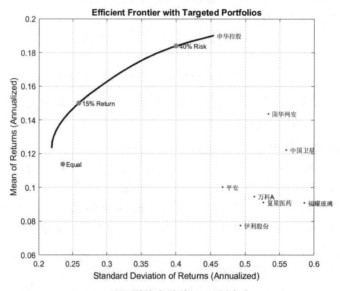

(a) 8 只股票的有效前沿(限制卖空)

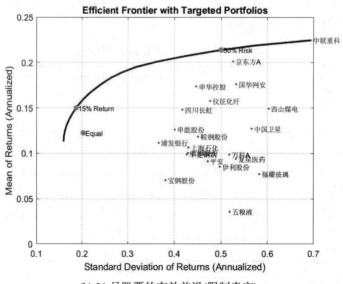

(b) 21 只股票的有效前沿(限制卖空)

图 8-17　多支股票的有效前沿(限制卖空)

马科维茨的投资组合理论在实践中存在一些明显的缺陷：①组合的权重可能集中在少数资产上；②前沿组合权重对参数的变化非常敏感，因此，参数的估计误差，尤其是期望收益估计的误差可能会给组合权重带来巨大变化；③组合在样本外的表现不理想。

表 8-5　年度预期收益率目标值为 15%的投资组合权重比例

序　号	股票名称	权重(%)
1	申华控股	19.183
2	国华网安	13.468
3	首钢股份	11.083
4	四川长虹	10.329
5	中联重科	7.6252
6	华菱钢铁	6.8925
7	上海石化	6.3736
8	仪征化纤	6.0755
9	京东方 A	5.4437
10	万科 A	4.6685
11	浦发银行	4.0961
12	西山煤电	2.5074
13	伊利股份	1.358
14	申能股份	0.89591

针对以上缺陷,许多新的资产组合模型发展起来了。归结起来主要从以下几个方向进行了改进:①直接应用最简单最直接的方法进行分散投资,无须对资产的收益和协方差矩阵进行估计,常见的方法是等权重方法(即 N 个资产的权重各为 $1/N$)和市值权重法(以资产市值的占比为权重);②对组合权重施加不同的约束条件,比如权重最少不低于某个比例、权重最高不超过某个比例等;③应用贝叶斯方法对收益和协方差进行估计缓解资产的收益和协方差矩阵估计的误差问题;④根据协方差矩阵而忽略资产收益来选择资产组合,从而避免期望收益估计的误差对组合权重的影响;⑤引入 VaR、CVaR、下半方差、绝对离差等风险指标代替方差进行最优化组合选择;⑥引入投资者看法结合资产定价理论对收益和协方差进行估计;⑦引入投资者的非理性,从行为金融的角度发展出行为投资组合理论(behavioral portfolio theory,BPT)。

二、资本市场理论

(一)资本市场理论的假设

20 世纪 60 年代,美国经济学家夏普、林特尔和布莱克三人基于马科维茨的均值-方差模型,提出了资本市场理论和资本资产定价模型(CAPM),研究在特定假设下均衡价格的形成。

资本市场理论和资本资产定价模型是建立在一系列简化的假定条件基础上的。这些假定条件的核心一是投资者同质化,二是市场有效性。这些假定条件包括以下几点。

(1) 所有投资者都是理性的。他们都极力避免投资风险,遵循马科维茨投资组合理论挑选证券,追求效用最大化,购买最优组合。

(2) 假定投资者可以按固定的无风险利率任意地借入或贷出资金,同时投资范围仅限于公开市场上可以交易的资产,如股票、债券、无风险借贷安排等。这一设定排除了非流动性资产,如人力资本、私有企业、政府资产等。

(3) 所有投资者的投资期限都是相同的,并且不在投资期限内对投资组合做动态的调整。

(4) 所有投资者都具有同样的信息,他们对各种资产的预期收益率、风险及资产间的相关性都具有同样的判断,即对所有资产的收益率所服从的概率分布有一致的看法。这意味着他们通过马科维茨投资模型得到同样的投资组合策略。这一假定也被称为同质期望假定或同质信念假定。

(5) 所有投资都可以无限分割,投资数量随意。

(6) 不存在交易费用及税金,无摩擦市场。

(7) 市场上存在大量投资者,每个投资者的财富相对于所有投资者的财富总量而言是微不足道的。这一假定意味着每个投资者都不能对市场定价造成显著影响,他们都是价格接受者。

上述假设条件与实际观察的情况多少存在一些不一致,例如"市场是无摩擦的"与现实情况不符,现实中的金融交易会涉及交易佣金及税收负担,不同的交易者可能具有不同的税收负担,交易佣金可能也会在不同的投资者之间存在差异。这些差异会影响到投资者对投资对象的选择。但即便如此,也不意味着理论或模型是无效的。如果理论及模型能够解释各种风险资产的收益率,那么它就是非常有用的,一些需要探讨的假设对于实际资本市场理论和资本资产定价模型的最终目标来说并不重要。

基于以上假设,市场均衡状态总结如下:①所有投资者将选择持有包括所有证券资产在内的市场组合 M。市场投资组合包括市场上所有的风险资产。②市场组合位于有效前沿,它是最优风险投资组合,即资本市场线与有效前沿的切点。CML 是最佳资本配置线。所有投资者均将 M 作为其最佳风险投资组合,区别在于市场组合资产和无风险资产的配比。③市场组合的风险溢价与市场组合的方差和投资者的典型风险偏好成正比。④单个资产的风险溢价与市场投资组合 M 的风险溢价和该资产的 β 系数成正比。

(二)资本配置线 CAL

马科维茨的有效前沿只包含了风险资产,而夏普则在此基础上引入无风险资产。资本配置线(capital allocation line,CAL)是引入无风险资产后,描述所有可能的新组合的预期收益与风险之间关系的直线,有效前沿变成了射线。

对于一个由风险资产 x 和无风险资产 f 组成的投资组合,假设风险资产的权重为 ω_x,收益率为 R_x,标准差为 σ_x,无风险资产的权重为 $1-\omega_x$,收益率 R_f,标准差为 0,则组合的期望收益率为

$$E(R_p) = (1-w_x)R_f + w_x E(R_x) = R_f + w_x[E(R_x) - R_f] \tag{8-14}$$

组合方差为

$$\sigma_p^2 = \omega_x^2 \sigma_x^2 + (1-\omega_x)^2 \sigma_f^2 + 2\omega_x(1-\omega_x)\sigma_x \sigma_f \rho_{xf} \tag{8-15}$$

由于无风险资产的标准差为 $0(\sigma_f = 0)$ 且无风险资产和风险资产之间的协方差为 0,因此,可以得到组合方差为:$\sigma_p^2 = \omega_x^2 \sigma_x^2$,组合标准差为:$\sigma_p = \omega_x \sigma_x$。将 $\omega_x = \dfrac{\sigma_p}{\sigma_x}$ 代入式

(8-14)可以得到：

$$E(R_p) = R_f + \left[\frac{E(R_x) - R_f}{\sigma_x}\right] \times \sigma_p \tag{8-16}$$

式(8-16)为资本配置线 CAL 的表达式，而 $\left[\dfrac{E(R_x) - R_f}{\sigma_x}\right]$ 则为资本配置线的斜率，也是风险资产 x 的夏普比率，也是这条 CAL 上任一点的夏普比率。

反映在平面图中，CAL 是一条斜率为正的连线，左端点为无风险资产回报的点，与纵轴相交，线段经过风险资产回报的点，位于二维坐标内，收益高于无风险资产，如图 8-18 所示。当投资人重视安全性时，会增加对无风险资产的持有；而当投资人重视收益时，会增加对风险资产的持有，对应的组合点在资本配置线上下移动。

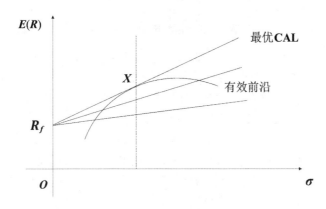

图 8-18 资本配置线 CAL

每一个投资者对于收益和风险都有不同的预期和偏好，因此，每一个投资者都有不同的最优投资组合和不同的 CAL。有效前沿上的点表示所有投资者最优的风险资产组合。综合可知，在风险资产的有效前沿上任取一点与无风险资产连接，会得到无数条 CAL。在这无数条 CAL 中，最优的 CAL 是与有效前沿相切的那条线。因为在相同的风险水平下，最优的 CAL 期望收益率最高。

(三)资本市场线 CML

如果不考虑无风险资产，由风险资产构成的马科维茨有效前沿在标准差-预期收益率平面上的形状是双曲线的上半支。当引入无风险资产之后，不同的投资者有不同的最优资产组合以及不同的资本配置线。对于投资者来说，最佳的资本配置线是与马科维茨有效前沿相切的一条线，这条直线取代了马科维茨有效前沿，成为新的有效前沿，就是资本市场线(Capital Market Line，CML)。如图 8-19 所示，它包含了所有的风险资产投资组合 M 与无风险资产的组合。

资本市场线可表示为

$$E(R_p) = R_f + \left[\frac{E(R_M) - R_f}{\sigma_M}\right] \times \sigma_p \tag{8-17}$$

CML 的斜率被称为风险价格(Price of Risk)或夏普比率(Sharpe Ratio)，表示为有效投资组合每增加一单位风险时,所应该增加的期望回报率。

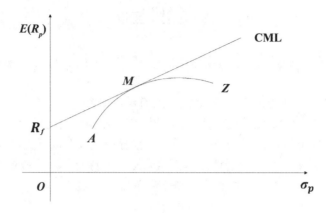

图 8-19 资本市场线 CML

资本市场线的意义:虽然资本市场线表示的是风险和收益之间的关系,但是这种关系也决定了证券的价格。因为资本市场线是证券有效组合条件下的风险与收益的均衡,如果脱离了这一均衡,则就会在资本市场线之外形成另一种风险与收益的对应关系。这时,要么风险的报酬偏高,这类证券就会成为市场上的抢手货,造成该证券的价格上涨,投资于该证券的报酬最终会降低下来;要么会造成风险的报酬偏低,这类证券在市场上就会成为市场上投资者大量抛售的目标,造成该证券的价格下跌,投资于该证券的报酬最终会提高。经过一段时间后,所有证券的风险和收益最终都会回落到资本市场线上来,达到均衡状态。

当市场达到均衡时,切点 M 为市场投资组合。所谓市场投资组合,包含市场上所有的风险资产,并且其包含的各资产的投资比例与整个市场上风险资产的相对市值比例一致。根据 CAPM 模型的假定,每一位投资者都将以无风险资产和市场投资组合 M 来构造适合自己需求的最优投资组合。所不同的是每个投资者在 M 上的资金投放比例不同。由于每个投资者都持有相同的风险资产组合 M,而市场投资组合是所有投资者持有的风险资产的加总,所以风险投资组合 M 中各资产的比例恰好与市场投资组合一致,或者说 M 就是市场投资组合。

市场投资组合 M 具有三个重要特征:①它是有效前沿上唯一一个不含无风险资产的投资组合;②有效前沿上的任何投资组合都可看作是市场投资组合与无风险资产的再组合;③市场投资组合完全由市场决定,与投资者的偏好无关。

与资本配置线 CAL 相比,资本市场线 CML 是 CAL 的特例,CAL 是无风险资产与任意风险资产的组合,资本市场线 CML 则是无风险资产与市场投资组合 M 的组合。

(四)系统性风险和非系统性风险及风险分散化

在金融市场中,收益和风险相伴而生,投资者不仅关心证券的收益,也关心风险。风险分为系统性风险和非系统性风险两类。

1. 系统性风险和非系统性风险

系统性风险是指在一定程度上无法通过构造资产组合来分散掉的风险,它的大小取决于资产组合的 β 值和市场风险水平。系统风险与整体市场相关联,对所有证券的收益都会产生影响,如政策风险、购买力风险、利率汇率风险等。

非系统性风险是指可以通过构建投资组合来分散掉的风险,是可以避免的风险,一般是与某个具体的证券相关联,与整个市场无关,如破产风险、流通风险、违约风险、经营风险等。因此承担非系统性风险不能得到风险补偿,风险补偿只能是对于不可避免的风险,即承担系统性风险的补偿。

【例8-5】假设有两家公司,一家是电动汽车生产公司,另一家是燃油汽车制造公司,业绩都受国际油价上涨的影响。电动汽车公司油价上涨时业绩好,燃油汽车油价下跌时业绩好。假设未来一年油价平均上涨的概率为50%,平均下跌的概率为50%,两家公司相关系数则为-1,两家公司在两种油价变动的预期收益率如表8-6所示。

表8-6 两公司在不同油价变动状态下的预期收益率

状 态	油价上涨	油价下跌
电动汽车公司	20%	-4%
燃油汽车公司	-4%	20%

由表8-5可知,电动汽车公司和燃油汽车公司未来一年的预期收益率均为 20%×50%+(-4%)×50%=8%,标准差均为

$$\sqrt{(20\%-8\%)^2 \times 50\% + (-4\%-8\%)^2 \times 50\%} = 12\%$$

如果将资金平均投资到两家公司,组合投资收益为

$$E(R_p) = \omega_1 E(R_1) + \omega_2 E(R_2) = 0.5 \times 8\% + 0.5 \times 8\% = 8\%$$

由于两家公司相关系数为-1,标准差为

$$\sigma_p = \omega_1 \sigma_1 - \omega_2 \sigma_2 = 0$$

2. 风险分散化

通过例8-5我们可以看到分散化投资的效果,如果投资者将资金平均地投资于两家公司,那么无论未来油价是上涨还是下跌,投资组合的预期收益率均为8%,而投资风险为零。通过此特殊例子,得以分散化投资消除风险,其中的关键在于两种资产的收益波动存在相反趋势。

我们也可以考虑两种资产的预期收益具有同样的波动规律的情形。显然,如果不允许投资者卖空资产的话,那么投资者无法利用这样的两种资产构建出预期收益率相同而风险更低的投资组合。然而,又因为系统性因素总是使得投资组合中的所有资产出现同向的收益波动,从而投资组合也出现同向的收益波动,所以我们通常无法分散资产收益中的系统风险。

根据以上关于"多种证券的投资组合风险与组合中证券数量的关系"的讨论,我们发现风险分散化的效果和资产组合中的资产数量是正相关的,但是伴随资产数量的增加,风险的降低仅仅降低了非系统性风险,不论数目如何增加,系统风险并未受到影响,只有撤出投资市场,才能避免系统风险(见图8-20)。

资本市场线CML上的任一组合由无风险资产和市场组合构成,市场组合是一个完全分散化的资产组合,只有系统性风险,没有非系统性风险。因此,资本市场线上的任一组合也只有系统性风险,没有非系统性风险。那么,如何衡量系统性风险呢?答案是贝塔系数(β)。

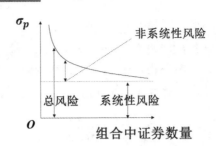

图 8-20 投资组合的风险分散化

(五)贝塔系数的衡量

夏普在研究单个证券的定价决定因素时，提出了 β 系数，我们引入 β 系数来衡量资产所面临的系统性风险，衡量资产收益率与市场组合收益率之间的线性关系。

$$R_p = \alpha_p + \beta_p R_m + e_p \tag{8-18}$$

其中：R_p 是资产 p 的实际收益率，R_m 是市场组合的收益率，β_p 为该资产的 β 系数，是这个方程式的斜率，α_p 是线性方程式的截距，e_p 为误差项。

经过推导可得：

$$\beta_p = \frac{\sigma_{im}}{\sigma_m^2} = \frac{\sigma_i}{\sigma_m} \times \rho_{im} \tag{8-19}$$

β_p 是资产 p 的 β 系数，σ_{im} 是资产收益率和市场组合之间的协方差，ρ_{im} 是资产收益率和市场组合收益率之间的相关系数。

β 系数衡量的是资产收益率相对市场波动的敏感程度。市场投资组合的 β 系数是 1，当 β 系数为 1.5 时，表示市场上涨 1%，该组合上涨 1.5%。

(六)资本资产定价模型

资本资产定价模型(capital asset pricing model，CAPM)以马科维茨证券组合理论为基础，研究如果投资者都按照分散化的理念去投资，最终证券市场达到均衡时，价格和收益率如何决定的问题。这种方法是描述性的，它用一般均衡模型刻画所有投资者的集体行为，揭示在均衡状态下，证券收益率与风险之间关系的经济本质。

资本资产定价模型(CAPM)是现代金融学的奠基石，模型对于资产风险及其预期收益率之间的关系给出了精确的预测。这一关系引出了两个极富创造力的命题。

第一，它提供了一种对潜在投资项目估计其收益率的方法。举例而言，投资人在分析证券时，最关心股票在给定风险的前提下其期望收益同其"正常应有"的收益之间的差距。第二，模型使得我们能对不在市场交易的资产同样作出合理的估价。譬如说，证券一级市场的发行应如何定价？投资者通过什么途径将新的投资项目反映在股票价格的要求收益率上？尽管资本资产定价模型同实证检验并不完全一致，但由于该模型简单明了，在诸多重要应用中具有高精确度，所以仍然得到了广泛的应用。

1. 资本资产定价模型的主要思想

资本资产定价模型认为只有证券或证券组合的系统性风险才能获得收益补偿，其非系统性风险将得不到收益补偿。按照该逻辑，投资者要想获得更高的报酬，必须承担更高的系统性风险；承担额外的非系统性风险将不会给投资者带来收益。那么为什么承担非系统性风险得不到收益呢？其实，这源于CAPM的一个假设，即所有的投资者都进行充分分散化的投资，因此没有投资者会"关心"非系统性风险。当然，现实中并不是所有的投资者都能够持有充分分散化的投资组合，这也是造成CAPM不能够完全预测股票收益的一个重要原因。

2. 资本资产定价模型的基本假设

(1) 所有的投资者处于同一单期投资期，即认为投资者行为短视，不考虑投资决策对该期之后的影响。

(2) 市场上存在一种收益大于0的无风险资产，而且所有的投资者均可以按照该无风险资产的收益率进行任何数量的资金借贷，从事证券买卖。

(3) 没有税负，没有交易成本。

(4) 每种资产都是无限可分的，投资者可以买卖单位资产或组合的任意部分。

(5) 投资者使用预期收益率和标准差这两个指标来选择投资组合，投资者遵循的是马科维茨的组合理论。

(6) 投资者永不满足：当面临其他条件相同的两种组合时，他们将选择具有较高预期收益率的组合。

(7) 投资者风险厌恶：当面临其他条件相同的两种组合时，他们将选择具有较低风险(标准差较小)的组合。

(8) 市场是完全竞争的：存在着大量的投资者，每个投资者所拥有的财富在所有投资者财富总和中只占很小的比重，因此是价格的接受者(Price-takers)；每个投资者拥有相同的信息，信息充分、免费并且立刻可得。

(9) 投资者以相同的方法对信息进行分析和处理，从而形成对风险资产及其组合的预期收益率、标准差以及相互之间协方差的一致看法。这被称为一致性预期假设(homogeneous expectations assumption)。

资本资产定价模型(CAPM)也是现实世界的抽象化，因此它也是以某些简化的假设为基础的，其中有些假设看上去甚至有些不现实。但是，从数学的角度看，这些假设使得CAPM在应用中更方便。例如，CAPM假设所有的投资者在某单一投资期间制定投资决策。这一期间的长短(6个月、1年、2年等)并不是规定不变的。在现实中，投资决策过程比这一假设更复杂，因为许多投资者的投资期间不止一个。然而，单一投资期间的假设对于简化该理论的数学计算是必需的。

3. 证券市场线

前述资本市场线表示的是风险和收益之间的关系，但这种关系也决定了资产(组合)的价格。

这里引入另一概念：证券市场线。证券市场线(securities market line，SML)是以资本市场线为基础发展起来的。资本市场线给出了所有有效投资组合风险与预期收益率之间的关系，但没有指出每一个风险资产的风险与收益之间的关系。而证券市场线则给出了每一个风险资产风险与预期收益率之间的关系。也就是说，证券市场线为每一个风险资产进行定价，它是CAPM的核心。

资本市场线 CML 式(8-17)经过一系列数学推导后可得到证券市场线 SML，如下：

$$E(R_i)=R_f+\left[\frac{E(R_M)-R_f}{\sigma_M^2}\right]\times\sigma_{iM} \qquad (8\text{-}20)$$

值得注意的是，这里的资产的风险已不再用预期收益的标准差来衡量，而是用该资产与市场组合的协方差。这是因为，风险回避的投资者都尽量通过资产的多元化降低风险，当市场达到均衡时，所有的投资者都会建立市场组合与无风险资产的某种比例的组合，从而最大限度地降低风险，最终使得非系统性风险等于 0，只剩下不可分散的系统风险。

4. 资本资产定价模型的定价公式

假设 t_0 期资产 i 的市场价格为 P_i，t_1 期该种资产能给投资者带来的全部收益为 R_i，则资产 i 的预期收益率可表达为

$$E(R_i)=\frac{R_i-P_i}{P_i}=\frac{R_i}{P_i}-1 \qquad (8\text{-}21)$$

当市场达到均衡时，资产 i 的预期收益率一定满足证券市场线式(8-20)。

$$E(R_i)=E\left(\frac{R_i-P_i}{P_i}\right)=R_f+\left[\frac{E(R_M)-R_f}{\sigma_M^2}\right]\times\text{cov}\left[\left(\frac{R_i}{P_i}-1\right),R_M\right] \qquad (8\text{-}22)$$

由于市场价格 P_i 和 1 都是常数，根据协方差的性质可以得到：

$$\text{cov}\left[\left(\frac{R_i}{P_i}-1\right),R_M\right]=\frac{1}{P_i}\sigma_{iM} \qquad (8\text{-}23)$$

将式(8-23)代入式(8-22)，推导得到：

$$P_i=\frac{E(R_i)-\left[\frac{E(R_M)-R_f}{\sigma_M^2}\right]\sigma_{iM}}{1+R_f} \qquad (8\text{-}24)$$

式(8-24)就是资本资产定价模型 CAPM 的一般表达式，是一种线性模型，即风险资产在达到均衡时决定的价格水平。

CAPM 的另一种表达形式为

$$P_i=\frac{E(R_i)}{1+R_f+\beta(E(R_M)-R_f)} \qquad (8\text{-}25)$$

其中，$\beta=\frac{\text{cov}(R_i,R_M)}{\sigma_M^2}$，是 β 系数，风险资产实际获得的市场风险溢价收益取决于 β 的大小，β 值越大，则风险贴水就越大；反之，β 则越小，风险贴水就愈小。

β 系数反映证券或者证券组合对市场组合方差的贡献率，反映了证券或组合的收益水平对市场平均收益水平变化的敏感性，是衡量证券承担系统风险水平的指数。$\beta>1$ 意味着投资于该证券要承担高于市场组合的波动敏感度，为高风险的进取型证券；$\beta<1$ 意味着其相对于市场组合波动水平不敏感，为低风险的防御型证券，是保守型投资。市场组合的 $\beta=1$，无风险资产组合的 $\beta=0$。

【例 8-6】 某投资者预投资一个信托基金，这个基金将其 10%投资于利率为 7%的无风险资产，而将剩余 90%投资于一个极其分散化的投资组合，该组合近乎于市场投资组合，

期望收益率为15%。基金中的每一股份代表其资产100美元，可利用CAPM定价公式计算每股股份的价值。

解析：若投资者观察到 $\beta = \dfrac{\text{cov}(R_i, R_M)}{\sigma_M^2} = 0.9$ ，一年后每股的期望价值为 $10 \times 1.07 + 90 \times 1.15 = 114.2$，根据式(8-25)，得到每股股份价值为：$P = 114.2/(1.07 + 0.9 \times 0.08) = 100$(美元)。结果显示一股股份等于它所代表的基金价值。

(七)市场有效性理论

在股票投资中，如果你获取某家公司的信息比其他投资者多且早，可以在获知利好消息的时候买进公司的股票，在获知不利消息的时候卖出公司的股票，从而获得超额利润。也可以将信息卖给其他投资者，为了从市场交易中赚取利润而提供、研究、销售和使用信息的结果是使得市场成为有效的市场。如果任何人都没有办法利用任何信息赚取超额利润，市场就是有效的。当市场对于信息来说有效的时候，我们就说"价格反映了信息"。在一个有效的市场上，将不会存在证券价格被高估或被低估的情况，投资者将不可能根据已知信息获利。有效市场理论下的有效市场概念指的是信息有效。如前所述，资本资产定价理论运行有效的假定之一便是市场有效。

1970年，美国芝加哥大学的教授尤金·法玛为市场有效性建立了一套标准。法玛依据时间维度，把信息划分为历史信息、公开可得信息以及内部信息。根据证券价格对各类信息的反映程度，法玛将有效市场划分为三类：弱有效、半强有效与强有效(见图8-21)。

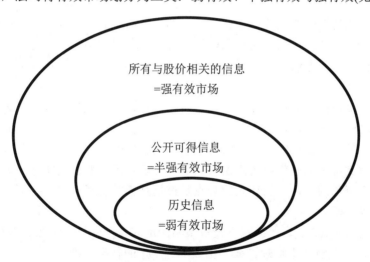

图8-21 三种市场有效性的层次关系

1. 弱有效市场

在弱有效市场中，资本市场上证券的价格充分包含和反映了其历史价格的信息。弱有效的存在意味着以历史信息为根据的技术分析无用。在弱有效市场上，如果只依靠过去的历史价格发展出来的交易规律进行交易，投资者获得的收益不会高于单纯购买并持有而得到的收益。大部分早期的研究表明，在考虑了交易费用之后，利用交易规律获得的交易利润都将被损失掉。但近年来越来越多的实证研究却发现有些技术分析是有用的，例如公平博弈模型(fair game model)和随机漫步模型等。

如果股票价格已经完全反映了所有已知的信息，则股票价格的进一步变化只依赖于新信息的披露。根据定义新信息的到来是随机的，股票价格被称为遵循"随机漫步"(random walk)。股票价格的这种特性，就是股票市场的有效性。

2. 半强有效市场

如果证券价格反映了所有"公开"的信息，任何人都不会通过"公开"信息而获取超额收益，则称市场为半强有效。证券价格反映所有公开可得的信息。公开可得的信息包括历史价格和交易量、发行的会计报表、年报披露的信息、报纸上的信息、分析师的建议，等等。因此，半强有效市场假设又进一步否定了基本面分析存在的基础。

通常情况下，可以将半强有效市场假说的研究分为两组。首先，运用除弱有效市场假说中的纯市场信息(如历史价格、交易量)以外的其他可获得的公开信息来预测未来收益率的研究；其次，对股票能多快调整至可以反映某些特定重大经济事件的研究，列举几个股票市场上的重要事件，观测对股票价格的反应，这些重要的事件主要包括股份分割、IPO、交易所上市、不可预期的经济和政治事件、会计变动公告等。当然，半强有效市场的股票价格对信息的反应需要一段时间消化，前期会经历短暂的剧烈价格波动时期，只要公开信息传播的速度快且均匀，证券价格就会在很短时间内调整到位，在尚未达到半强有效状态之前，一些人能够通过分析这些公开信息获取超额利润。

3. 强有效市场

强有效市场认为当前的证券价格反映了全部信息的影响。全部信息不但包括历史价格信息、全部公开信息，还包括私人信息以及未公开的内部信息等。在这个市场上，任何投资者不管采用何种分析方法，除了偶尔靠运气预测到证券价格的变化外，是不可能重复连续地取得成功的。

对于强有效市场假说的检验可以从公司内幕人员、股票交易所专家、证券分析师和专业基金经理等这些消息灵通、信息全面的专业人士能否获得超额利润进行验证。考虑到受到监管部门出台的各种禁止内幕交易的法规以及交易成本、佣金费和管理成本后，最终的研究结果均表示支持了强有效市场假说。当然，对有效市场假说的实证研究仍在继续，目前成熟资本主义市场国家，一般认同的观点是市场基本实现了弱有效，而半强有效和强有效还需要进一步验证。

对市场有效性的看法，直接影响着投资策略的选取。认为市场有效(无效)，采取消极(积极)投资管理策略，使有效市场理论成为指数基金产生的哲学基础。

第三节 证券投资基金投资策略

证券投资基金投资策略可分为两大类：主动投资策略和被动投资策略。主动投资策略的投资者试图通过选择资产来跑赢市场。被动投资策略的投资者认为系统性地跑赢市场是不可能的，除了靠意识的运气战胜市场之外，没有别的方法。但这并不意味着投资者应该回避股市，而是应该追求被动投资策略。现实中被动投资与主动投资并不是完全对立的，

第八章 证券投资基金投资管理

有些投资策略介于两者之间。例如，基金在使用被动投资策略基础上作出一定的主动调整，成为指数增强基金；采用主动策略的投资者也可以对部分仓位进行指数化的投资，其余做主动投资以提高收益。

一、被动投资和主动投资

(一)被动投资

基金的投资管理

被动投资策略假设市场是有效的，或者证券的市场价格尽管会出现暂时失衡，但瞬间又会达到均衡。被动投资试图复制某一业绩基准，通常是指数的收益和风险。在此策略下，投资经理不会尝试利用基本面分析找出被低估或高估的股票，也不会试图利用技术分析或者数量方法预测市场的总体走势，并根据市场走势相应地调整股票组合。被动投资通过跟踪指数获得基准指数的回报。

1. 证券价格指数

常见的证券价格指数有股票价格指数和债券价格指数。国际上主要的股票价格指数有道琼斯股价指数、标准普尔股价指数、金融时报股价指数、日经指数等。主要的债券价格指数包括美林债券指数、JP 摩根债券指数、道琼斯公司债券指数和摩根士丹利资本国际债券指数等。目前国内也有了较为完备的股票价格指数和债券价格指数，其中股票价格指数主要包括上证股票价格指数、深证综合股票价格指数、沪深 300 指数、上证 180 指数等，债券价格指数主要包括中国债券系列指数、上海证券交易所国债指数和中信债券指数等。

2. 指数跟踪方法

指数跟踪也称指数复制，是指用指数成分证券(根据复制需要可包括少量具有类似性质的非成分证券)创建一个与目标指数相比差异尽可能小的证券组合的过程。尽管在理论上复制一个指数非常简单，但实际操作起来却是一个精细且复杂的过程。首先通过表 8-7 比较一下指数编制和指数复制的区别。

表 8-7 指数编制和指数复制的区别

科目和指标	费　用	价　格
指数编制	无	收盘价
指数复制	有	成交均价

指数复制时需要考虑各种成本。这些成本不仅包括佣金等交易费用，还包括建立、管理指数组合的各种费用，通常表现为运营费用和管理费用。这些成本难以控制。

大多数指数的变动都是在某个交易日收盘时生效，即指数成分的增加、减少或者成分证券权重的调整都是按照调整日的收盘价进行的。但是在跟踪指数的过程中，由于市场在短时间内不能承受大规模的交易，权重的调整往往需要多次交易才能完成。这导致指数复制的价格变成了成交均价，与指数编制所用的收盘价出现了差异。这部分差异通常叫流动性成本，又称冲击成本，需要管理人设计交易算法进行控制。

根据市场条件的不同,通常有三种指数复制方法,即完全复制、抽样复制和优化复制。三种复制方法所使用的样本股票的数量依次递减,但是跟踪误差通常依次增加。

1) 完全复制

完全复制是指购买所有指数成分证券,完全按照成分证券在指数中的权重配置资金,并在指数结构调整时也同步调整来实现与指数完全相同的收益率。完全复制理论上是最好的策略,但其缺点是实际操作难度大,特别是对于流动性较差的证券,在复制过程中买卖的冲击成本较大,在债券指数化投资过程中流动性问题更加显著。有些债券流动性差,导致完全复制不可能实现。

2) 抽样复制

指数的风险收益特征可以抽象地被认为是若干因子的变动,这些因子包括行业因子以及风格因子。抽样复制在尽可能保留因子个数和因子结构不变的情况下,用较少的股票来复制因子,减少复制指数所用的股票个数。由于因子模型并不能100%完全描述指数的风险收益特征,因子所不解释的残余部分会造成跟踪误差。

抽样复制可以分为市值优先、分层抽样等方法。市值优先抽样是把证券按市值大小排序,选择排名靠前的证券,然后计算比重。分层抽样是把指数成分证券按照是否有相同因子进行分类。

3) 优化复制

优化复制是指从一篮子样本证券开始,用数学方法计算样本期内各样本证券的最优组合,使之在样本期内能够达到对标指数的最佳拟合状态。其优点是所用的样本证券最少,缺点是具有较高的跟踪误差。

3. 被动投资与跟踪误差

跟踪误差是度量一个股票组合相对于某基准组合偏离程度的重要指标。该指标被广泛用于被动投资及主动投资管理者的业绩考核,并且这里的业绩既可以是事前的,也可以是事后的。跟踪误差(tracking error)是证券组合相对基准组合的跟踪偏离度的标准差,其中跟踪偏离度(tracking difference)的计算公式如下:

跟踪偏离度=证券组合的真实收益率-基准组合的收益率

跟踪误差是跟踪偏离度的标准差,因此,计算跟踪误差的第一步是选择基准组合,然后计算投资组合相对于基准组合的跟踪偏离度,最后计算跟踪偏离度的标准差,即跟踪误差。

4. 跟踪误差产生的原因

跟踪误差产生的原因包括:①复制误差,指数基金无法完全复制标的指数配置结构会引起结构性偏离,当某些成分股因流动性不足难以以公允价值购买时,指数基金只能抽样复制,增加交易活跃的股票的权重,减少流动性差的股票的权重;②现金留存,由于现金留存,导致实际仓位不到100%;③各项费用,费用越高,跟踪误差越大;④其他影响:如分红因素和交易证券时的冲击成本也会产生影响。

(二)主动投资

在非完全有效市场上,主动投资策略带来更高的收益,主要有两种原因:①拥有更好更全面的信息,即获得公开信息以外的有价值的信息;②能够更高效地利用信息并积极交易。主动投资的业绩主要取决于投资者使用信息的能力和投资者所掌握的投资机会的个数及信息的深度和广度。在投资经理所掌握的投资机会不变的情况下,一个有经验的投资经理比一个经验较少的投资经理更能带来风险调整之后的收益。同时,在同等投资技能下,掌握大量投资机会的投资经理比掌握少量机会的投资经理更能提高投资组合的信息比率。

主动投资者常常采用基本面分析和技术分析两种方法,一些学者根据公司特征以及业绩表现对全体股票进行分类,发现分类后的股票在收益上存在显著差异,即同类股票之间具有较高的相关性而不同类别的股票之间不相关或者相关性较低,基于上述研究发现,实践者们把收益模式相同的股票归为同一类风格,并进行风格投资。

对于主动型投资者而言,偏离基准组合可能是其有意追求主动收益的结果,但是不能保证每次偏离都是正回报,因此出现数额较大的正或者负的主动收益对于主动投资来说都是可能的。

主动收益(active return)即相对于基准的超额收益,计算方法如下:

$$主动收益=证券组合的真实收益-基准组合的收益$$

通过计算主动收益的标准差,可以得到主动型投资者的主动风险。

(三)量化投资

量化投资是指将投资理念及策略通过具体指标、参数设计体现到具体的模型中,让模型对市场进行不带任何情绪的跟踪。相对于传统投资方式来说,量化投资具有快速高效、客观理性、收益与风险平衡、个股与组合平衡四大特点。量化投资技术几乎覆盖了投资的全过程,包括估值与选股、资产配置与组合优化、订单生成与交易执行、绩效评估和风险管理等,在各个环节都有不同的方法及量化模型。量化投资策略有很多种类,包括自上而下的资产配置、行业配置和风格配置,以及自下而上的数量化选股,其中数量化选股可以从 ROE、EPS 等基本面因素或者波动率、换手率、市场情绪等市场面因素入手,也可以基于上述多个因素构建多因子模型。

近 10 多年来,量化投资逐渐在全球资本市场兴起和发展。2009 年,量化投资在全部投资中占 30%以上。其中,指数类投资几乎全部使用量化技术,有 20%~30%的主动投资使用定量技术。2000—2007 年,美国量化投资总规模翻了 4 倍多,与此相比,美国公募基金总规模只翻了 1.5 倍。基金规模持续扩张的背后离不开投资业绩的支撑。量化投资方法以其多元分散、纪律化的投资风格在全球范围内尤其获得了机构投资者的广泛认可。

从全球视野看,量化投资的鼻祖巴克莱全球投资管理公司(Barclays Global Investors, BGI)的投资管理规模更是从 1977 年的 30 亿美元发展到了 2008 年年末的 1.5 万亿美元,高居全球资产管理规模的第二位。从国内量化投资的实践看,2004 年 7 月 20 日,国内第一支量化基金——光大保德信量化核心基金发行,2009 年之后,多家基金公司大力打造量化投资团队,多支量化基金产品随之面市。目前,国内基金市场已有多支量化投资基金,如光大保德信核心、上投摩根阿尔法、嘉实量化阿尔法、中海量化策略、华商动态阿尔法、长盛量化红利策略、富国沪深 300、南方策略优化、华泰柏瑞量化先行、长信量化先锋、大摩多因子策略、申万菱信量化小盘、华富量化生命力等。这些量化基金的运作思路各有不同，采取不同的"全量化"或"半量化"策略，其量化的程度差异明显：有的基金无论是"择时"还是"选股"均采用量化模型，有的则是只进行量化选股；有的基金采取"全量化"，在模型确立后就基本不对模型参数做修改，有的根据市场环境的不同动态调节因子权重，强调主动投资管理与数量化投资结合。

二、资产配置和投资组合构建

(一)资产配置的意义与主要考虑的因素

不同基金类型的资产配置比例不同，对股票和债券的投资比例要求也不同，股票型基金投资股票的比例最低80%，债券型基金的债券投资占比最低80%，混合型基金没有限制。在投资规划阶段便确定了资产配置，资产配置对投资组合业绩贡献率为90%以上。资产配置主要考虑的因素：①影响投资者风险承受能力和收益要求的各项因素，包括投资者年龄、投资周期、资产负债情况、财富净值和风险偏好等，机构投资者则更看重机构本身的资产负债状况；②影响各类资产的风险、收益状况和相关关系的资本市场环境因素；③资产的流动性特征与投资者的流动性要求相匹配的问题：基金经理必须根据自己短时间内处理资产的可能性，建立投资中流动性资产的最低标准；④投资期限；⑤税收考虑。

(二)战略资产配置和战术资产配置

1. 战略资产配置

从一般意义上讲，战略资产配置(strategic assetalloc ation，SAA)是为了满足投资者风险与收益目标所做的长期资产的配比，是根据投资者的风险承受能力，对资产作出一种事前的、整体性的、最能满足投资者需求的规划和安排，是反映投资者的长期投资目标和政策，确定各主要大类资产的投资比例，建立最佳长期资产组合结构。

战略资产配置是在一个较长时期内以追求长期回报为目标的资产配置。战略资产配置结构一旦确定，通常情况下在3~5年甚至更长的时期内不再调节各类资产的配置比例。这种资产配置方式重在长期回报，因此往往忽略了资产的短期波动。

基金经理在进行战略资产配置时，可以采用量化的优化模型，也可以运用经验和判断，对每类资产进行甄选。在进行战略资产配置时，需要考虑资产配置是否能够达到预期收益和投资目标。

2. 战术资产配置

在遵守战略资产配置确定的大类资产比例基础上，根据短期内各特定资产类别的表现，对其权重配置进行调整。战术资产配置是一种根据对短期资本市场环境及经济条件的预测，积极主动地对资产配置状态进行动态调整，从而增加投资组合价值的积极战略。战术资产配置更关注市场的短期波动，其周期较短，一般在一年以内。

运用战术资产配置的前提条件是基金管理人能够准确预测市场变化、发现单个证券的投资机会，并能够得到有效实施。其有效性存在争议。实践证明，只有少数基金管理人能通过择时得到超额收益。

第八章　证券投资基金投资管理

(三)股票投资组合构建

股票投资组合构建通常自上而下与自下而上两种策略。自上而下策略是从宏观形势、行业、板块特征入手，明确资产配置，然后挑选相应的股票；自下而上策略是依赖个股筛选，关注各公司的表现。

自上而下策略可以通过研究和预测决定经济形势的几个核心变量，例如消费者信心、商品价格、利率、通货膨胀率、GDP等，决定大类资产配置，也可以通过积极的风格调整，例如，转换价值股与成长股的投资比例，追求风格收益，也可以进行积极的板块轮换，例如从周期非敏感型行业转换为周期敏感型行业，从而获得板块的差额收益。

值得注意的是，无论是采用自上而下还是自下而上策略，基金的投资组合构建在大类资产、行业、风格以及个股几个层次上都可能受到基金合同、投资政策、基金经理能力等多方面的约束。目前基金经理更多地采用两种策略相结合的方式，而个股的选择与权重受到基金的契约、合规、投资比例等限制。

所有的基金都需要选定一个业绩比较基准，业绩比较基准不仅是考核基金业绩的工具，也是投资经理进行组合构建的出发点。基金的业绩基准往往是复杂基准，例如，积极配置基金 A 选择了如下业绩比较基准：上证综指收益率×85% +上证国债指数收益率×15%；又如，小盘精选基金 B 则选择了如下业绩比较基准：天相小盘股指数收益率×60% +上证国债指数收益率×40%。

(四)债券投资组合构建

债券与股票不同，债券的收益在很大程度上是可以预测的，未来收益是确定性的。债券有独特的收益率和风险分析指标，如到期收益率、利率期限机构、久期、凸性等。

债券型基金也同样需要考虑投资目标、投资理念、投资策略、投资业绩基准和风险收益特征等内容。除此以外，构建债券组合还需要考虑信用结构、期限结构、组合久期、流动性和杠杆率等因素，自上而下进行债券配置，通过大类资产配置、类属资产配置和个券选择三个层次进行决策。同时也必须选择一个业绩比较基准，选择业绩比较基准时以债券指数为主。

【本章小结】

(1) 投资基金作为一个庞大的机构投资者，建立一个规范有效的投资决策系统对基金来说是必需的。基金的决策系统通常包括决策机构、决策的制定、实施和风险管理等。通常由决策机构"投资决策委员会"依据规范的决策程序，制定并下达投资决策，由实施机构负责投资决策的具体实施，同时基金管理人的风险控制机构及内部监察稽核机构进行风险评估，以督促基金管理人防范投资风险。

(2) 证券组合管理理论的发展，为基金的投资决策起到了较好的指导作用。基金管理人通过熟练运用证券组合理论，以实现扩大投资收益、降低投资风险的目标。证券投资组合管理的理论主要包括均值-方差投资组合选择理论、资本资产定价模型、套利定价理论、行为投资组合理论，广义的现代投资组合理论(modern portfolio theory，MPT)等。现代投资组合理论是现代金融理论研究的起源和不竭动力之一。然而，随着大数据、人工智能等技术的不断涌现，现代计算机软件将证券组合管理理论应用得更加广泛。

(3) 根据市场有效性假说，基金的投资策略从被动投资和主动投资两个角度展开，量化投资在现代投资领域也得到了很广泛地应用。

(4) 资产配置分为战略资产配置和战术资产配置，采用自上而下和自下而上的策略构建股票和债券的投资组合。

【翻转话题】

现在我们介绍一位明星基金经理人张坤，现任易方达基金董事总经理。2021 年年初基金经理张坤正式"出道"，投资者为其成立粉丝后援团，单日涨粉上万人，张坤的照片在社交网络刷屏，配上"坤坤勇敢飞，ikun 永相随"的口号，折射出全民"炒基"热的景象，然而近半个月后，其行情急转直下，甚至近两年业绩表现都一般。

尽管如此，回顾基金经理张坤的业绩，仍旧让人眼前一亮：2021 年 9 月 28 日接手中小盘至今，截至 2022 年 9 月，基金年化收益率 19.64%，累积收益 493%，足以证明了其基金管理的能力。

在 2020 年易方达中小盘混合型证券投资基金中期报告中有这样一段话："我们将坚持深度研究，选择生意模式优秀(生意本身能够产生充沛的现金流，并且明智地进行分配)和企业竞争力突出(同行中具备显著领先的地位，相比上下游有较强的议价能力)的高质量企业，长期陪伴并分享这些优秀公司的经营成果。"总结张坤的投资理念是：选择成长确定性强的公司，并长期坚定持有。

根据明星基金经理突然火爆的现象，请探讨各基金经理的投资理念，从而探究该如何选择基金经理。

【课程思政案例】

"前景理论"背后的珍贵友谊——丹尼尔·卡尼曼和阿莫斯·特沃斯基

1969 年春，在以色列的耶路撒冷，32 岁的阿莫斯·特沃斯基(Amos Tversky)受丹尼尔·卡尼曼(Daniel Kahneman)的邀请，到丹尼尔执教的"心理学应用"研究生讨论课上讲课，两人却因为一个实验而产生了激烈的争论。在这个实验里，受试者从两个袋子中取筹码，其中一袋有 75% 是红牌、25% 是白牌，另一袋反之。受试者事先被告知红白牌的比例，但不知道哪一袋红牌多，哪一袋白牌多。在实验过程中，受试者选择一个袋子，然后一边从袋里抽牌，一边告诉实验者自己的猜想：手上的这个袋子里到底是红牌多还是白牌多。

阿莫斯认为人们在面对概率问题时有很好的直觉，而这个实验证实了他的想法——当人们抽到较多红牌时，他们"正确地"猜到了手上的袋子里有更多的红牌。丹尼尔则不以为然，他不认为人的直觉在面对概率问题时有优势。现实生活中，人的直觉是不准确的，更何况大多数人连对实验最开始的"挑一个袋子来进行抽牌"这个任务都不能很好地完成

第八章　证券投资基金投资管理

(比如说在众多追求者中选一个恋爱，或是在几个工作机会中作出决定)。

从那次研讨课后，丹尼尔和阿莫斯开始合作研究人在不确定性环境下的决策行为(decision-making under uncertainty)。他们一起设计调查问卷，一起分析数据，一起写论文。两人的观点在反复的交谈中不断交织升华，旁人很难介入他们的世界。

令人唏嘘的是，作为研究人性弱点的心理学家，他们自己的命运也终究逃离不了人性。随着二人离开以色列来到美国，二人的分歧不断加大，关系也渐行渐远。阿莫斯收到了斯坦福大学的邀请，而丹尼尔却没有，最后去了普林斯顿大学。人们把麦克阿瑟天才奖单独颁给了阿莫斯·特沃斯基，引用的研究却是两人共同完成的。

随着时间的推移，阿莫斯的每一个收益都会被视为是丹尼尔的损失。思维就是这么残酷，即使是发现了思维运行秘密的两大天才，也会受到"锚点效应""损失厌恶"等规则的影响。在学术生涯的后期，他们之间的分歧多于合作，丹尼尔甚至觉得阿莫斯为回应外界质疑而撰写文章是"无用之事"。他们的故事并没有迎来美好的结局，悲剧不期而遇，1996年6月2日，阿莫斯因患恶性黑色素瘤与世长辞。

他们共同创立的前景理论(prospect theory)不仅为日后行为经济学的创立奠定了理论和实验的基础，而且使得心理学家出身的丹尼尔"跨界"赢得了2002年度诺贝尔经济学奖。在诺奖获奖演讲中，丹尼尔以"Maps of Bounded Rationality"为题介绍了他和阿莫斯多年的研究之旅。他一上来就强调被诺奖委员会认可的研究成果来自他和阿莫斯长期的合作，紧接着，他不无伤感地说道："他本应该在这儿。"并同时在PPT上打出了一张阿莫斯生前的照片。

(资料来源：有趣的事情总是发生在有趣的人们身上：两个诺奖得主的故事[EB|OL]. (2017-12-10) http://www.zhishifenzi.com/depth/depth/639.html.)

案例点评：

"前景理论"告诉我们，人在面临获利时，不愿冒风险；而在面临损失时，人人都成了冒险家。损失和获利是相对于参照点而言的，改变评价事物时的参照点，就会改变对风险的态度。而理论背后的故事又告诫我们，珍惜过往的每一份真心、每一份感情，不要被现实的名利蒙蔽双眼，迷失了方向。基金从业者始终要以科学的态度，运用科学的方法来对现实中的个人、科学、社会等有关问题做出明智的抉择和判断。

【复习思考题】

一、单项选择题(以下各小题所给出的4个选项中，只有1项最符合题目要求，请选出正确的选项)

1. 未来可能收益率与期望收益率的偏离程度由(　　)来度量。
   A. 未来可能收益率　　　　　　B. 期望收益率
   C. 收益率的方差　　　　　　　D. 收益率的标准差
2. (　　)决定结合线在证券A与B之间的弯曲程度。
   A. 权重　　　　　　　　　　　B. 证券价格的高低
   C. 相关系数　　　　　　　　　D. 证券价格变动的敏感性

3. 上边界和下边界的交汇点所代表的组合在所有可行组合中方差最小，因而被称作（   ）。

    A. 最小风险组合　B. 最小方差组合　C. 最佳资产组合　D. 最高收益组合

4. （   ）假设认为，当前的股票价格反映了全部信息的影响。全部信息不但包括历史价格信息、全部公开信息，还包括私人信息以及未公开的内幕信息等。

    A. 强有效市场　　　　　　　B. 有效市场

    C. 半强有效市场　　　　　　D. 弱有效市场

5. 从组合线的形状来看，相关系数越小，在不卖空的情况下，证券组合的风险越小，特别是在（   ）的情况下，可获得无风险组合。

    A. 正完全相关　B. 负完全相关　C. 不相关　D. 不完全负相关

6. （   ）反映证券或组合的收益水平对市场平均收益水平变化的敏感性，是衡量证券承担系统风险水平的指数。

    A. 证券组合的期望收益率　　　B. β 系数

    C. 证券间的相关系数　　　　　D. 证券各自的权重

7. 下列关于有效投资组合的说法，错误的是（   ）。

    A. 在不同的有效投资组合之间不存在明确的优劣之分

    B. 有效投资组合即是分布于资本市场线上的点，代表了有效前沿

    C. 对于每一个有效投资组合而言，给定其风险的大小，便可根据资本市场线知道其预期收益率的大小

    D. 有效前沿中，有效投资组合 A 相对于有效投资组合 B 如果在预期收益率方面有优势，那么在风险方面也有优势

8. 关于资本资产定价模型，下述说法错误的是（   ）。

    A. 资本资产定价模型主要应用于判断证券是否被市场错误定价

    B. 资本资产定价模型的一个重要假设是不允许卖空

    C. 当市场达到均衡时，市场组合 M 成为一个有效组合，所有有效组合都可被视为无风险证券 F 与市场组合 M 的再组合

    D. 资本资产定价模型主要应用于资产配置

9. 跟踪误差产生的原因不包括（   ）。

    A. 完全复制　　B. 复制误差　　C. 现金留存　　D. 各项费用

10. 证券组合可行投资组合集的有效前沿是指（   ）。

    A. 可行投资组合集的下边沿　　　B. 可行投资组合集的上边沿

    C. 可行投资组合集的内部边沿　　D. 可行投资组合集的外部边沿

二、计算题

1. X 股票期望收益率为 12%，β=1；Z 股票期望收益率为 13%，β=1.5。市场预期收益率为 11%，R_f=5%。问：根据 CAPM，购买哪只股票更好？

2. R_f=8%，市场组合的预期收益率为 16%，某投资项目的 β=1.3。求该项目的收益率。

3. 某股票今天的售价为 50 元，在年末将支付每股 6 元的红利。β=1.2，预期在年末该股票售价是多少？已知 R_f=6%，市场组合的预期收益率为 16%。

第九章 证券投资基金风险管理

【学习要点及目录】

- 掌握证券投资基金风险的类型。
- 了解证券投资基金风险的测量方法。
- 掌握不同类型证券投资基金风险管理的方法。

【核心概念】

基金风险类型　　基金风险指标　　基金风险敞口　　基金风险管理方法

【引导案例】

投资别学"苏大强" 理性投资"都挺好"

L 基金公司设立 b 投资基金,分 A、B 两类份额,其中 A 类份额预期年化收益 15%~16.8%,投资期限为 12 个月;B 类份额享有预期年化收益率 20%以上,投资期限为 15 个月。M 基金公司直接认购 b 投资基金的 A 类份额。b 投资基金募集完成后,由托管方将募集款划至某银行委贷账户,通过委托贷款的方式,投资于某房地产项目。b 投资基金募集总规模为 8000 万元。表面上,该基金由 19 名合格投资者认购,但核查发现 A 类份额和 M 基金公司存在异常关系。M 基金公司与 L 基金公司系同一实际控制人,为规避合格投资者监管的要求,专门成立了 M 基金公司,用于吸收非合格投资者的资金。M 基金公司认购的 1638 万元 b 投资基金 A 类份额,通过拆分收益权,最终由 68 名非合格投资者认购。

【案例导学】

风险来源于不确定性,是未来的不确定事件可能对公司带来的影响。有的风险会影响公司的声誉,有的风险会影响公司的利润。证券投资基金面临的风险有哪些?这些风险应该如何进行测量?面对风险,我们应该采取什么样的预防措施?如何对这些风险进行管理呢?

第一节　证券投资基金风险的类型

风险有多种表现形式,并无统一的分类方法。所有的公司都面临在竞争和变化的市场环境下不能正常运转并取得利润的风险,这是商业风险。商业风险是非常重要的风险类别,但并不局限于资产管理公司,本节对此不做讨论。

操作风险是指由于人力、系统、流程出错导致的风险,以及其他不可控但会影响公司运营的风险,例如人为失误、内部欺诈、系统失灵和合同纠纷等。合规风险则与公司因未能遵守所有的法律法规而遭受处罚有关。

投资风险来源于投资价值的波动。投资风险的主要因素包括：市场价格(市场风险)，在规定的时间和价格范围内买卖证券的难度(流动性风险)，借款方还债的能力和意愿(信用风险)。这三种类型的投资风险是本节讨论的重点。

一、市场风险

(一)市场风险的类型

市场风险是指基金投资行为受到宏观政治、经济、社会等环境因素对证券价格所造成的影响而面对的风险。当基金投资于股票市场时，上市公司的股价不但受其自身业绩、所属行业的影响，更会受到政府的经济政策、经济周期、利率水平等宏观因素的影响，从而使股票的价格表现出一种不确定性；而当基金投资于国债市场时，国债的价格也会随着利率的变动而大幅波动，当利率上升时，国债价格会下降。所以即使基金具有分散风险的功能，但由于股票、债券等市场存在固有的风险，投资于股票、债券的基金也难免会面临风险。

市场风险包括政策风险、经济周期性波动风险、利率风险、购买力风险、汇率风险等。

1. 政策风险

政策风险是指因宏观政策的变化导致的对基金收益的影响。宏观政策包括财政政策、产业政策、货币政策等，都会对金融市场造成影响，进而影响基金的收益水平。政策风险的管理主要在于对国家宏观政策的把握与预测。

2. 经济周期性波动风险

经济发展有一定周期性，由于基金投资的是金融市场已存在的金融工具，所以基金便会追随经济总体趋势而发生变动。如当经济处于低迷时期，基金行情也会随之处于低迷状态。2008年金融危机使全球经济处于低迷状态，这种状态同样会影响并波及基金市场。

3. 利率风险

利率风险指的是因利率变化而产生的基金价值的不确定性。利率变动主要受通货膨胀预期、中央银行的货币政策、经济周期和国际利率水平等影响。利率变动是不确定的，经常发生，并且利率变动是一个积累的过程，因此利率风险具备一定的隐蔽性。

4. 购买力风险

购买力风险指的是作为基金利润主要分配形式的现金，可能由于通货膨胀等因素的影响而导致购买力下降，降低基金的实际收益，使投资者收益率降低的风险，又称为通货膨胀风险。通货膨胀是购买力风险出现的原因，使得资产总购买力发生变化。

投资者的实际收益会随着通货膨胀的发生而下降，物价上涨投资者实际购买力就会下降。例如，当年收益率为4%而通货膨胀率为6%时，人们年初持有1万元，到了年终实际持有的1.04万元将不足以支付1.06万元的商品价格，体现出货币购买力的下降。当物价上涨到一定程度时，投资者的实际收益为负。

第九章　证券投资基金风险管理

5. 汇率风险

汇率风险指的是因汇率变动而产生的基金价值的不确定性。影响汇率的因素有国际收支及外汇储备、利率、通货膨胀和政治局势等。合格境内机构投资者(QDII)基金由于涉及外汇业务对汇率反应较为敏感，因而受汇率影响较大。当投资境外的市场时，基金面临最大的风险也是汇率风险。

(二)市场风险管理的主要措施

(1) 密切关注宏观经济指标和趋势，重大经济政策动向，重大市场行动，评估宏观因素变化可能给投资带来的系统性风险，定期监测投资组合的风险控制指标，提出应对策略。

(2) 密切关注行业的周期性、市场竞争、价格、政策环境和个股的基本面变化，构造股票投资组合，分散非系统性风险。应特别加强投资证券的管理，对于市场风险较大的证券建立内部监督机制、快速评估机制和定期跟踪机制。

(3) 关注投资组合的风险调整后收益，可以采用夏普(Sharp)比率、特雷诺(Treynor)比率和詹森(Jensen)比率等指标衡量。

(4) 加强对场外交易(包括价格、对手、品种、交易量、其他交易条件)的监控，确保所有的交易在公司的管理范围之内。

(5) 加强对重大投资的监测，对基金重仓股、单日个股交易量占该股票持仓显著比例、个股交易量占该股流通值显著比例等进行跟踪分析。

(6) 可运用定量风险模型和优化技术，分析各投资组合市场风险的来源和暴露；可利用敏感性分析，找出影响投资组合收益的关键因素；可运用情景分析和压力测试技术，评估投资组合对大幅和极端市场波动的承受能力。

二、流动性风险

基金投资的流动性风险主要表现在两方面：一是基金管理人建仓时或者为实现投资收益而进行组合调整时，可能会由于个股的市场流动性相对不足而无法按预期的价格将股票或债券买进或卖出；二是为应付投资者的赎回，当个股的流动性较差时，基金管理人被迫在不适当的价格大量抛售股票或债券。两者均可能使基金净值受到不利影响。当流动性供给者与需求者出现供求不平衡时便会带来流动性风险。流动性风险有两方面的影响，从资金供给的角度看取决于股票市场和货币市场的资金供给，从资金需求的角度则要看基金持有人的结构。流动性风险管理的主要措施包括以下几点。

(1) 制定流动性风险管理制度，平衡资产的流动性与盈利性，以适应投资组合日常运作的需要。

(2) 及时对投资组合资产进行流动性分析和跟踪，包括计算各类证券的历史平均交易量、换手率和相应的变现周期，关注投资组合内的资产流动性结构、投资组合持有人结构和投资组合品种类型等因素的流动性匹配情况。

(3) 建立流动性预警机制。当流动性风险指标达到或超出预警阈值时，应启动流动性风险预警机制，按照既定投资策略调整投资组合资产结构，或剔除个别流动性差的证券，以使组合的流动性维持在安全水平。

(4) 进行流动性压力测试,分析投资者申赎行为,测算当面临外部市场环境的重大变化或巨额赎回压力时,冲击成本对投资组合资产流动性的影响,并相应地调整资产配置和投资组合。

三、信用风险

信用风险指的是基金投资面临的基金交易对象无力履约而给基金带来的风险,如基金所投资债券的发行人不能或拒绝支付到期本息,不能履行合约规定的其他义务。

信用风险管理的主要措施包括以下几点。

(1) 建立针对债券发行人的内部信用评级制度,结合外部信用评级,进行发行人信用风险管理。

(2) 建立交易对手信用评级制度,根据交易对手的资质、交易记录、信用记录和交收违约记录等因素对交易对手进行信用评级,并定期更新。

(3) 建立严格的信用风险监控体系,对信用风险及时发现、汇报和处理。基金公司可对其管理的所有投资组合与同一交易对手的交易集中度进行限制和监控。

第二节 证券投资基金风险的测量

一、风险指标

风险管理的基础工作是测量风险,而选择合适的风险测量指标和科学的计算方法是正确度量风险的基础。

风险指标可以分成事前和事后两类。事后指标通常用来评价一个组合在历史上的表现和风险情况,而事前指标则通常用来衡量和预测目前组合在将来的表现和风险情况。方差、标准差、跟踪误差等指标描述收益的不确定性,即偏离期望收益的程度,但不能确切地指明证券组合损失的大小。这几个指标的定义和计算在前文已经有详细讨论,这里不再赘述。

下文介绍其他衡量风险的指标。

(一)贝塔系数

贝塔系数(β)是评估证券或投资组合系统性风险的指标,反映的是投资对象对市场变化的敏感度。贝塔系数是一个统计指标,采用回归方法计算,公式如下:

$$\beta_p = \frac{\text{Cov}(r_p, r_m)}{\sigma_m^2}$$

式中:$\text{Cov}(r_p, r_m)$是投资组合 P 的收益与市场收益的协方差,σ_m^2是市场收益的方差。

投资组合 P 与市场收益的相关系数为

$$\rho_{p,m} = \frac{\text{Cov}(r_p, r_m)}{\sigma_p \times \sigma_m}$$

贝塔系数也可以通过相关系数计算得到:

第九章 证券投资基金风险管理

$$\beta_p = \rho_{p,m} \times \frac{\sigma_p}{\sigma_m}$$

式中：σ_p 为投资组合 P 的标准差，σ_m 为市场的标准差。

贝塔系数大于 0 时，该投资组合的价格变动方向与市场一致；贝塔系数小于 0 时，该投资组合的价格变动方向与市场相反。当贝塔系数等于 1 时，该投资组合的价格变动幅度与市场一致；当贝塔系数大于 1 时，该投资组合的价格变动幅度比市场更大；当贝塔系数小于1(大于0)时，该投资组合的价格变动幅度比市场小。

通过对贝塔系数的计算，投资者可以得出单个证券或证券组合未来将面临的市场风险状况。通常贝塔系数是用历史数据来计算的。

(二)下行风险

下行风险(downside risk)是一个受到广泛关注的风险衡量指标。下行风险是指由于市场环境变化，未来价格走势有可能低于基金经理或投资者所预期的目标价位。下行风险是投资可能出现的最坏的情况，也是投资者可能需要承担的损失。

下行风险标准差的计算公式如下：

$$下行风险标准差 = \sqrt{\frac{\sum_{i=1}^{T}(r_i - r_f)^2}{T-1}}, \ r_i < r_f$$

式中：r_i 表示基金收益率；r_f 表示市场无风险收益率；r 表示收益率小于无风险利率的期数。

另一个需要关注的概念叫作最大回撤。这个指标在基金和衍生产品投资者那里得到了广泛的应用。一些投资者将控制下行风险作为投资的重要目标。最大回撤这个指标是要将损失控制在相对于其投资期间最大财富的一个固定比例。根据 CFA 协会的定义，最大回撤是从资产最高价格到接下来最低价格的损失。投资的期限越长，这个指标就越不利，因此在不同的基金之间使用该指标的时候，应尽量控制在同一个评估期间。

从基金经理的角度看，来自客户的收入是其主要的收入来源，失去客户是致命的损失。任何投资策略，均应考虑最大回撤指标，因为不少客户对这个指标相当重视。

二、风险敞口

风险敞口(risk exposure)是对风险因子的暴露程度，可以通过多个维度测量风险敞口。例如，一个全球投资组合，从国家的角度看，投资于美国市场的比例为 50%，那么这个组合对美国市场的风险敞口为 50%；从行业的角度看，投资于信息行业的比例为 30%，那么这个组合对该行业的风险敞口为 30%；从个股的角度看，投资于苹果公司股票占比 10%，那么该组合对该股票的风险敞口是 10%。在某些多因子模型中，可以用偏离均值多少个标准差来衡量对该因子的风险敞口。

有些风险敞口无法直接测量，但可以计算出风险因子的变化对组合价值的影响程度，这就是风险敏感度指标。常见的风险敏感度指标有久系数、久期、凸性等。

三、风险价值

随着计算机技术的快速发展，风险管理中引入了大量的数理统计方法，VaR 模型就是近年普遍采用的重要风险控制统计技术。VaR 模型是 G30 国际经济与金融咨询机构在研究金融衍生品的报告《衍生产品的实践和原则》中提出的，随后摩根公司研究出 VaR 的风险计量和控制模型用于公司的内部风险计量与管理。

风险价值(value at risk，VaR)，又称在险价值、风险收益、风险报酬，是指在一定的持有期和给定的置信水平下，利率、汇率等市场风险要素发生变化时可能对某项资金头寸、资产组合或投资机构造成的潜在最大损失。如图 9-1 所示，某投资组合在持有期为 1 年、置信水平为 95%的情况下，若所计算的风险价值为-0.82%，则表明该资产组合在 1 年中的损失有 95%的可能性不会超过-0.82%。目前常用的风险价值模型技术主要有三种：参数法、历史模拟法和蒙特卡洛法。风险价值已成为计量市场风险的主要指标，也是银行采用内部模型计算市场风险资本要求的主要依据。

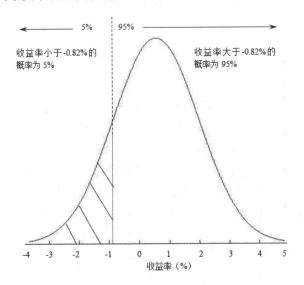

图 9-1 风险价值举例

最常用的 VaR 估算方法有参数法、历史模拟法和蒙特卡洛模拟法。

(1) 参数法。参数法又称为方差-协方差法，该方法以投资组合中的金融工具为基本风险因子的现行组合，且以风险因子收益率服从某特定类型的概率分布为假设，依据历史数据计算出风险因子收益率分布的参数值，例如方差、均值和风险因子间的相关系数等。

(2) 历史模拟法。历史模拟法假设市场未来的变化方向与市场的历史发展状况大致相同，这种方法依据风险因子收益的近期历史数据的估算，模拟出未来的风险因子收益变化。利用历史模拟法可以根据历史样本分布求出风险价值，组合收益的数据可利用组合中投资工具收益的历史数据求得。由于历史模拟法是以发生过的数据为依据的，投资者容易接受这种方法对未来的预测。历史模拟法十分简单，因为这种方法无须事先确定风险因子收益或概率分布，只需利用历史数据对未来方向进行估算，然而也正是因为风险因子收益的历史数据是 VaR 值的来源，历史模拟法也有其局限性，即 VaR 所选用的历史样本期间非常重要。选用的历史区间应与所测算区间大致相同,而且时间上越相近的区间越会有相似的发展方向,因此要选用最近的历史数据作为数据来源。

(3) 蒙特卡洛模拟法。蒙特卡洛模拟法在估算之前,需要有风险因子的概率分布模型,继而重复模拟风险因子变动的过程。蒙特卡洛模拟每次都可以得到组合在期末可能出现的值,在进行足够数量的模拟之后,组合价值的模拟分布将会收敛于组合的真实分布,继而求出最后的组合 VaR 值。蒙特卡洛模拟法虽然计算量较大,但被认为是最精准的计算 VaR 值的方法。

第三节 证券投资基金风险的管理

一、股票基金的风险管理

股票基金是高风险的投资基金品种,相对于混合基金、债券基金与货币基金,股票基金的预期收益与风险皆为最高。股票基金提供了一种长期而高额的增值性,但收益越高风险越大,股票基金面临较其他类型基金更高的投资风险,主要是非系统性风险和系统性风险。

风险管理

股票基金通过分散投资可以大大降低个股投资的非系统性风险。可以设置个股最高比例来控制个股风险,实现风险分散化。不同类型的股票基金所面临的系统性风险不同,例如,单一行业投资基金会存在行业投资风险,而以整个市场为投资对象的基金则不会存在行业风险;单一国家股票型基金会面临较高的单一国家投资风险,而全球股票基金则会较好地回避此类风险。系统性风险往往是投资回报的来源,是投资组合需要主动暴露的风险。从风险管理的角度看,需要控制的是投资经理在该系统性风险的暴露是否符合投资方针的规定。很多公司对基金的可投资股票范围按照基金合同的规定进行限制。

常用来反映股票基金风险的指标有标准差、贝塔系数、持股集中度、行业投资集中度、持股数量等。

有的股票基金每年的净值增长率可能相差很大,有的股票基金每年的净值增长率差异可能较小。净值增长率波动程度越大,基金的风险就越高。基金净值增长率的波动程度可以用标准差来计量,并通常按月计算。在净值增长率服从正态分布时,可以期望在 2/3(约67%)的情况下,净值增长率会落入平均值正负 1 个标准差的范围内;在 95%的情况下基金净值增长率会落在正负 2 个标准差的范围内。

股票基金以股票市场为活动母体,其净值变动不能不受到证券市场系统风险的影响。通常可以用贝塔系数(β)的大小衡量一只股票基金面临的市场风险的大小。如果股票指数上涨或下跌 1%,某基金的净值增长率上涨或下跌 1%,那么该基金的贝塔系数为 1,说明该基金净值的变化与指数的变化幅度相当。如果某基金的贝塔系数大于 1,说明该基金是一只活跃或激进型基金;如果某基金的贝塔系数小于 1,说明该基金是一只稳定或防御型基金。

持股集中度的计算公式为

$$持股集中度 = \frac{前十大重仓股投资市值}{基金股票投资总市值} \times 100\%$$

持股集中度越高,说明基金在前十大重仓股的投资越多。类似地,可以计算基金在前三大行业或前五大行业上的行业投资集中度。持股数量越多,基金的投资风险越分散,风险越低。

依据股票基金所持有的全部股票的平均市值、平均市盈率、平均市净率等指标,可以对股票基金的风格暴露进行分析。

基金持股平均市值的计算有不同的方法,既可以用算术平均法,也可以用加权平均法或其他较为复杂的方法。算术平均市值等于基金所持有全部股票的总市值除以其所持有的股票的全部数量;加权平均市值则根据基金所持股票的比例进行股票市值的加权平均。通过对平均市值进行分析,可以看出基金对大盘股、中盘股和小盘股的投资风险暴露情况。

同理,可以用基金所持有的全部股票的平均市盈率、平均市净率的大小,判断股票基金是倾向于投资价值型股票还是投资成长型股票。如果股票基金的平均市盈率、平均市净率小于市场指数的市盈率和市净率,可以认为该股票基金属于价值型基金;反之,该股票基金则可以归为成长型基金。

基金股票换手率通过对基金买卖股票频率的衡量,反映基金的操作策略。通常它可以用基金股票交易量的一半与基金平均净资产之比来衡量:

$$基金股票换手率 = \frac{期间基金股票交易量 \div 2}{期间基金平均资产净值}$$

用基金股票交易量的一半做分子的原因在于,"一买一卖"才构成一次完整的换手。换手率的倒数为基金持股的平均时间。

如果一只股票基金的年周转率为100%,意味着该基金持有股票的平均时间为1年。

低周转率的基金倾向于对股票的长期持有,高周转率的基金则倾向于对股票的频繁买入与卖出。周转率高的基金,所付出的交易佣金与印花税也较高,会加重投资者的负担,对基金业绩造成一定的负面影响。

二、债券基金的风险管理

债券基金指的是基金资产80%以上投资于债券的基金。债券基金的投资对象主要有国债、可转债、企业债等,由于债券收益波动较小,所以债券基金具有风险低、收益低的特点。债券基金主要的投资风险包括利率风险、信用风险以及提前赎回风险。

(一)利率风险

债券的价格与市场利率变动密切相关,且呈反方向变动。当市场利率上升时,大部分债券的价格会下降;当市场利率降低时,债券的价格通常会上升。通常,债券的到期日越长,债券价格受市场利率的影响就越大。与此类似,债券基金的价值会受到市场利率变动的影响。债券基金的平均到期日越长,债券基金的利率风险就越高。

债券基金常常会以组合已有债券作为质押,融资买入更多债券。这个过程也叫加杠杆。杠杆率的增加也会增大对利率变化的敏感度。一只债券基金的平均到期日只对债券平均偿还本金的时间进行考察,因此并不能很好地衡量利率变动对基金净值变动的影响。

债券基金的久期等于基金组合中各个债券的投资比例与对应债券久期的加权平均。与单个债券的久期一样,债券基金的久期越长,净值的波动幅度就越大,所承担的利率风险就越高。久期在计算上比较复杂,但其应用却很简单。要衡量利率变动对债券基金净值的影响,只要用久期乘以利率变化即可。

(二)信用风险

信用风险是指债券发行人没有能力按时支付利息、到期归还本金的风险。如果债券发行人不能按时支付利息或偿还本金,该债券就面临很高的信用风险。投资者为弥补低等级信用债券可能面临的较高信用风险,往往会要求获得较高的收益补偿。一些债券评级机构会对债券的信用进行评级。如果某债券的信用等级下降,将会导致该债券的价格下跌,持有这种债券的基金的资产净值也会随之下降。

信用风险的监控指标主要有债券基金所持有的债券的平均信用等级、各信用等级债券所占比例等。表9-1是某基金在某日收盘后,对于不同等级债券信用风险的暴露情况。

表9-1 某基金的信用风险暴露情况

项目	仓位
短期融资券	6.60%
A-1 级以上	6.60%
其他	0.00%
企业债(不含短融券)	96.55%
AAA 级	0.00%
AA+ 级	43.86%
AA 级	52.69%
AA- 级	0.00%
A+ 级以下	0.00%

(三)提前赎回风险

提前赎回风险是指债券发行人有可能在债券到期日之前回购债券的风险。当市场利率下降时,债券发行人能够以更低的利率融资,因此可能会提前偿还高息债券,以降低企业融资成本。持有附有提前赎回权债券的基金不仅不能获得高息收益,而且还会面临再投资风险。

债券基金的风险控制包括控制投资对象、合理配置资产。控制债券基金的投资对象指的是对债券投资对象进行选择,通过信用等级、控制企业债比例的方法可以有效地将债券的信用风险进行降低。可以进行合理的资产配置,通过对整体市场的有效分析和债券市场的分析,可以把握市场利率的走向,避免利率变动所带来的债券基金价值变动风险。

三、混合基金的风险管理

混合基金同时以股票、债券等为投资对象,通过对不同金融工具进行投资实现投资收益与风险的平衡。

混合基金的投资风险主要取决于股票与债券配置的比例。一般而言,偏股型基金、灵活配置型基金的风险较高，但预期收益率也较高；偏债型基金的风险较低，预期收益率也较低；股债平衡型基金的风险与收益则较为适中。混合基金通过投资于股市和债市，灵活地调整资产配置，可以应对不同的市场环境。

四、货币基金的风险管理

货币基金是指以货币市场工具(包括银行拆借、短期国债、银行协议存款、短期融资券以及信用等级很高的短期票券等)为投资对象的基金。一般而言，货币基金是风险很小的投资方式，是短期投资的良好选择。

货币基金以其相对活期储蓄存款的较高收益率、强流动性和低风险不断吸引投资者的关注。如"余额宝"挂钩的天弘增利宝货币基金在 2022 年 8 月份的净资产为 7749.11 亿元，仍是市场排名第一位的货币市场基金。但在快速发展的同时，货币基金同样面临多方面的风险。一方面，部分货币基金承诺投资人兑付方式为 T＋0，当出现市场不乐观情况时极易出现挤兑风险；另一方面，货币基金内部也可能出现期限错配问题。因此，货币基金的迅速发展为投资者提供了一条投资新途径，对货币基金的监管与风险管理也在不断加强。

货币基金同样会面临利率风险、购买力风险、信用风险、流动性风险。但由于我国货币基金不得投资于剩余期限高于 397 天的债券，投资组合的平均剩余期限不得超过 180 天，实际上货币基金的风险是较低的。与银行存款不同，货币基金并不保证收益水平。因此，尽管货币基金的风险较低，但并不意味着货币基金没有投资风险。用以反映货币市场基金风险的指标有投资组合平均剩余期限、融资比例、浮动利率债券投资情况等。

(1) 投资组合平均剩余期限。低风险和高流动性是货币市场基金的主要特征，投资组合平均剩余期限是反映基金组合风险的重要指标。投资组合平均剩余期限越短，货币市场基金收益的利率敏感性越低，但收益率也可能较低。目前，我国法规要求货币市场基金投资组合平均剩余期限不得超过 180 天。但有的基金可能会在基金合同中作出更严格的限定，如投资组合平均剩余期限不得超过 90 天。因此，在比较不同货币市场基金收益率的时候，应考虑其投资组合平均剩余期限的控制要求。对于单只货币市场基金，应特别注意其投资组合平均剩余期限的水平和变化情况，以及各期间资产剩余期限的分布情况。

(2) 融资比例。一般情况下，货币市场基金财务杠杆的运用程度越高，其潜在的收益可能越高，但风险相应也越大。另外，按照规定，除非发生巨额赎回，货币市场基金债券正回购的资金余额不得超过 20%。因此，在比较不同货币市场基金收益率的时候，应同时考虑其同期财务杠杆的运用程度。

(3) 浮动利率债券投资情况。货币市场基金可以投资于剩余期限小于 397 天但剩余存续期超过 397 天的浮动利率债券。虽然其剩余期限小于 397 天，但实际上该债券品种的期限往往很长(如 10 年)，因此，该券种在收益率、流动性、信用风险、利率风险等方面会与同样剩余期限的其他券种存在差异。在判断基金组合剩余期限分布时，应充分考虑基金投资该类债券的情况。

五、指数基金与 ETF 的风险管理

指数基金是指以指数成分股为投资对象的基金，通过构建指数基金的投资组合，使组

合与指数有着相同的变化趋势,以达到分散风险并取得收益的目的。

指数基金与其股指成分密切相关,严格按照契约跟踪指数。指数基金通过投资指数成分股分散投资,个别股票的波动对指数基金的整体影响不大,从而达到分散风险的目的。因此对于指数基金的管理主要体现在对基础指数的选择和对指数的严格跟踪方面,可利用跟踪误差对指数基金风险进行衡量。如前文所述,跟踪误差是指指数基金收益率与标的指数收益率之间的偏差,用来表述指数基金与标的指数之间的相关程度,并揭示基金收益率围绕标的指数收益率的波动情况。跟踪误差的准确率与跟踪周期有关,周期越长其准确率越高。作为衡量基金风险的指标,跟踪误差越大,反映其跟踪标的偏离度越大,风险越高;跟踪误差越小,反映其跟踪标的偏离度越小,风险越低。

与其他指数基金一样,ETF 会不可避免地承担所跟踪指数面临的系统性风险。其次,尽管套利交易的存在使二级市场交易价格不会偏离基金份额净值太多,但受供求关系的影响,二级市场价格常常会高于或低于基金份额净值。此外,ETF 的收益率与所跟踪指数的收益率之间往往存在跟踪误差。抽样复制、现金留存、基金分红以及基金费用等都会导致跟踪误差。

六、避险策略基金的风险管理

目前,避险策略基金普遍采用基于参数设定的投资组合保险策略,常用的是 CPPI 策略。CPPI 策略是通过把大部分资产投资于无风险的持有到期债券组合,把确定的债券利息收入按一定比例放大后投资于股票。CPPI 也包括本金保护部分和增值部分,本金保护通过投资低风险债券来实现,增值部分通过投资股票来实现。该策略可以表示为

$$A_t = D_t + E_t$$
$$E_t = m \times (A_t - F_t)$$

式中:A 表示总资产,D 表示保本资产的投资,E 表示风险资产的投资,F 表示保本底线,t 表示期数,m 表示风险系数。

七、合格境内机构投资者(QDII)基金的风险管理

合格境内机构投资者基金是指经国家有关部门批准的可以从事境外股票、债券等有价证券业务的证券投资基金,是在人民币未实现完全自由兑换的情况下,允许境内投资者灵活间接进行境外市场投资的制度性安排。

相对于投资于国内市场的基金,QDII 基金存在特别的外汇风险、特定市场风险等,因此在风险管理中需要特别关注下列事项。

(1) 基金经理需要特别关注汇率变动可能对基金净值造成的影响,定期评估汇率走向并调整基金持有资产的币别和权重,必要时可采用外汇远期、外汇掉期等金融工具对冲汇率风险。

(2) 投资进入特定国家或市场之前,需要对该市场的资本管制、货币稳定性、交易市场体系、合规制度等进行充分的评估和研究,避免对基金运作产生不利的限制或违反当地法规。此外,当地政治动荡等事件也会对基金投资构成重大风险。

(3) 税务风险。跨境投资需要考虑当地的资本利得税、代扣所得税、税收征管要求等事

项，尤其是美国 FATCA 法案等要求。违反《税法》很可能会被处以高额罚款，对基金产生严重后果。

(4) QDII 基金的流动性风险也需注意。由于 QDII 基金涉及跨境交易，基金申购、赎回的时间要长于国内其他基金。

【本章小结】

(1) 投资风险来源于投资价值的波动。投资风险的主要因素包括市场价格(市场风险)，在规定时间和价格范围内买卖证券的难度(流动性风险)，借款方还债的能力和意愿(信用风险)。

(2) 风险管理的基础工作是测量风险，而选择合适的风险测量指标和科学的计算方法是正确度量风险的基础。

(3) 对不同的证券投资基金进行风险管理有不同的方法，主要包括股票基金的风险管理；债券基金的风险管理；混合基金的风险管理；货币基金的风险管理；指数基金与 ETF 的风险管理；避险策略基金的风险管理；合格境内机构投资者(QDII)基金的风险管理。

【翻转话题】

面对证券投资基金风险的论题，映入同学们脑海中的肯定都是一些不大好的情形——某基金交易过程中的"老鼠仓"(道德风险)；某基金交易过程中因人为操纵价格而导致的大面积市场性风险……但是大家可能忽略了证券投资基金本身是否可以成立的风险。请根据本章所学的内容，探讨一下，作为基金经理人如何促使一只基金成功交易，避免发行过程中途夭折的方法或策略。

【课程思政案例】

宝盈事件

2009 年，宝盈基金公司旗下基金整体排名靠后，宝盈泛沿海和宝盈鸿利业绩双双垫底。2010 年年初公司总经理"下课"，基金在分红时"自摆乌龙"。宝盈基金公司遂成为市场和基金业关注的焦点。

深圳证监局在进驻宝盈基金后对其进行了检查，查明宝盈基金存在如下事实。

(1) 在因申购"光大证券"失败而对宝盈泛沿海基金经理陆金海进行内部处理时，未决定代行管理该基金的人选。

(2) 宝盈基金违反《证券投资基金管理暂行办法》中关于"基金经理买入备选股票池中当时的股票市值不得超过 6000 万元与基金净值的 3%两者比较的低限"的规定。

(3) 自 2009 年以来，宝盈基金投委会加强对旗下基金的统一操作，多次大幅调整仓位，

第九章 证券投资基金风险管理

且在短期内提出方向相反的投资策略。

(4) 为追求规模排名，利用货币基金临时突击公募基金管理规模，使当日规模增长率达 95.6%。对基金稳定以及基金持有人利益造成不良影响，甚至引发利益输送等违法违规行为。

(摘抄自证券基金：案例分析—写写帮，https://www.xiexiebang.com/a7/2019051312/51bf394be870e25e.html.)

案例点评：

请大家思考，作为基金管理人，宝盈公司的上述行为分别违反了《证券投资基金法》《证券投资基金管理办法》等法律法规的哪些规定？宝盈公司在公司治理和内部控制上存在哪些问题？怎么完善公司的治理结构？

【复习思考题】

一、单项选择题（以下各小题所给出的 4 个选项中，只有 1 项最符合题目要求，请选出正确的选项）

1. 当投资境外的市场时，基金面临最大的风险是( )。
   A. 利率风险　　B. 购买力风险　　C. 信用风险　　D. 汇率风险
2. 以下哪种基金最适合厌恶风险、对资产流动性和安全性要求较高的投资者进行短期投资？( )
   A. 股票基金　　B. 混合基金　　C. 货币市场基金　D. 主动型基金
3. ( )具有风险低、流动性好的特点。
   A. 股票基金　　B. 债券基金　　C. 货币市场基金　D. 混合型基金
4. 为了防范证券结算风险，中国设立了( )，用于垫付或弥补因违约交收、技术故障、操作失误、不可抗力等造成的证券登记结算机构的损失。
   A. 证券结算风险基金　　　　　B. 证券交易风险基金
   C. 管理风险准备金　　　　　　D. 投资者保护基金
5. 最大程度分散了风险的基金是( )。
   A. 离岸基金　　B. 在岸基金　　C. 国际基金　　D. 国家基金

二、多项选择题（以下各小题所给出的 4 个选项中，有 2 个或 2 个以上符合题目要求，请选出正确的选项）

1. 下列关于货币基金信息披露的说法，正确的是( )。
   A. 货币基金收益公告可以分为封闭期的收益公告、开放日的收益公告和节假日的收益公告三类
   B. 与其他类型基金一样，货币市场基金披露基金份额净值
   C. 货币市场基金应至少于每个开放日的次日披露开放日每万份基金净收益和 7 日年化收益率。
   D. 货币市场基金披露的收益公告，包括每万份基金收益和最近 7 日年化收益率
2. 下列属于基金产品风险评价主要应依据的因素是( )。

A. 基金招募说明书所明示的投资方向、投资范围和投资比例
B. 基金的历史规模和持仓比例
C. 基金的过往业绩及基金净值的历史波动程度
D. 基金管理人的管理能力

3. 下列混合基金中，投资风险最低的是( )。
   A. 偏股型基金   B. 灵活配置型基金
   C. 偏债型基金   D. 股债平衡型基金

4. 所谓提前赎回风险，是指( )。
   A. 发行人在到期日之前买回全部或部分债券
   B. 将导致投资者的现金流量不稳定
   C. 将导致投资者面临较高的再投资风险
   D. 通常投资者乐于接受

5. 主要的风险收益模型有( )。
   A. 资本资产定价模型   B. 马科维茨定价模型
   C. 套利定价模型   D. 回归模型

三、判断题(判断以下各小题的对错，正确的填 A，错误的填 B)

1. 在半强有效市场的假设下，内幕消息依然可以获得超额报酬。   (   )
2. 混合基金风险低于股票基金，预期收益高于债券基金是必然的，为投资者提供一种在不同资产类别之间进行分散投资的工具。   (   )
3. 产业投资基金的投资风险大于证券投资基金。   (   )
4. 违约风险是投资者面临的最主要的风险。   (   )
5. 流动性风险只能由市场决定，不能由特定的合约条款决定。   (   )

第十章　证券投资基金业绩评价

【学习要点及目录】

- 掌握证券投资基金业绩评价的目的、原则和应考虑的因素。
- 掌握衡量绝对收益和相对收益的主要指标的定义和计算方法。
- 掌握风险调整后收益的主要指标的定义、计算方法和应用。
- 理解绝对收益归因和相对收益归因的区别。

【核心概念】

基金业绩评价　绝对收益　相对收益

【引导案例】

中国证监会就个人养老金投资公募基金规则征求意见

为推进多层次、多支柱养老保险体系建设，规范个人养老金投资公开募集证券投资基金(以下简称"基金")业务，近期，中国证监会就《个人养老金投资公开募集证券投资基金业务管理暂行规定(征求意见稿)》(以下简称征求意见稿)向社会公开征求意见。

市场人士表示，个人养老金账户资金规模有望突破万亿元，投资公募基金后，有望为资本市场带来新类型的长期投资者。中国财政学会绩效管理专委会副主任委员张依群表示，开展个人养老金投资公募基金业务具有多重政策效应，首先，可作为对2022年4月份国家出台《关于推动个人养老金发展的意见》的证券业务政策的补充；其次，规范证券基金投资行为，增强个人养老金的资本化、证券化属性，可保障个人养老金的投资安全；最后，能更大限度地增加个人养老金投资收益，进一步拓宽养老金投资渠道，增强个人养老金投资多样性。

征求意见稿共六章30条，主要包括以下三方面内容：一是明确了基金管理人、基金销售机构开展个人养老金投资基金业务的总体原则和基本要求；二是明确了个人养老金可以投资的基金产品标准要求，并对基金管理人的投资管理和风险管理职责进行了规定；三是明确了基金销售机构的展业条件要求，并对基金销售机构信息提示、账户服务、宣传推介、适当性管理、投资者教育等职责进行了规定。

具体来看，对于个人养老金可以投资的基金产品标准要求，征求意见稿指出，拟先行纳入最近四个季度末规模不低于5000万元的养老目标基金。张依群表示，这有助于丰富证券投资基金品种，实现优中选优，稳定投资规模和收益，更好地保证个人养老金投资者的资金安全。

此外，征求意见稿明确了长期考核、长期评价要求，提出，基金管理人、基金销售机构应当建立长周期考核机制，对个人养老金投资基金业务、产品业绩、人员绩效的考核周期不得短于5年。基金评价机构应当坚持长期评价原则，业绩评价期限不得短于5年，不得使用单一指标进行排名或评价，不得进行短期收益和规模排名。

中金公司研究部董事总经理、策略分析师李求索表示，发展个人养老金制度，有助于加速中国居民资产配置由不动产与存款向金融资产转移，为资本市场带来新型长期资金。长期来看，参考海外个人养老金配置经验，结合国内环境，中国个人养老金有望逐步提高权益类资产配置比重。基于一定假设，预期2030年中国个人养老金中权益资产比重可逐步提升至20%左右，为股票市场提供增量资金约2000亿至6000亿元。

(http://epaper.zqrb.cn/html/2022-06125/content-852458.htm.)

【案例导学】

为保障个人养老金的投资安全，更大限度增加个人养老金投资收益，应对基金管理人、基金销售机构建立长周期考核机制，对个人养老金投资基金业务、产品业绩、人员绩效的考核周期不得短于5年。基金评价机构应当坚持长期评价原则，业绩评价期限不得短于5年，不得使用单一指标进行排名或评价，不得进行短期收益和规模排名。什么是基金业绩评价？如何从定性及定量两个角度对基金业绩进行评价？评价基金业绩的定量指标有哪些？

第一节 基金业绩评价概述

一、证券投资基金业绩评价的概念、目的及原则

(一)投资基金业绩评价的概念

基金业绩评价是为了衡量基金管理人的管理能力，为投资者选择基金管理人提供数据与理论上的支持。基金绩效评价是一个复杂的问题，它不仅涉及衡量绩效的客观有效的度量方法，也关系到基金绩效的持续性和业绩归因分析等多方面因素。

(二)投资基金业绩评价的目的

1. 对于基金投资者而言

(1) 通过基金业绩评价，投资者可以辨识具有投资管理能力的基金经理。

(2) 通过跟踪基金业绩，可选择与其投资目标相适应、具有相应投资管理能力的基金进行投资。

2. 对于基金管理人而言

(1) 信息披露或者品牌宣传等外部需求。

(2) 通过基金业绩评价有助于帮助基金公司更好地量化分析基金经理的业绩水平，为投资目标匹配、投资计划实施与内部绩效考核提供参考。

(三)投资基金业绩评价的原则

1. 客观性

为了保证基金绩效评价的可信度，在对基金进行业绩评价时应当公平地对待所有的评

第十章 证券投资基金业绩评价

价对象，既要有标准的评价方法、流程化的评价程序，又要有一致的评价标准。

2. 长期性

基金评价时不能仅局限于评价基金经理的管理能力，在进行基金业绩评价的同时要清晰地认识到，一般的投资者往往仅凭历史业绩选择证券投资基金，因此基金评价也为投资者在进行投资时提供了参考信息。

3. 可比性

不同类型的基金其在风险—收益方面的相差很大，例如股票型基金的收益与风险都要明显高于债券型基金。因此，在进行基金评价时应当注意拿同类基金进行比较，以增加数据的公信力。

二、投资基金业绩评价应考虑的因素

(一)时间区间

同一基金在市场牛市和熊市的时间区间内，其收益—风险方面的表现相差是巨大的，因此在不同的时间区间内进行基金评价是不可取的。对不同基金在不同时间区间内进行比较没有意义。

(二)基金管理规模

与小规模基金相比，规模较大的基金的平均成本更低。

(三)综合考虑风险和收益

基金获取超额收益的能力是基金业绩评价的重点，这种能力充分反映了基金经理对投资风险的管理能力。主动管理型基金为投资者所创造的经济效益就体现在其是否有正的风险调整后的超额收益。

第二节　绝对收益与相对收益

一、绝对收益

(一)绝对收益概述

基金业绩评价的第一步是收益率计算。绝对收益测量的是证券或投资组合是否增值或贬值，即在一定的时间区间内，证券或投资组合所获得的回报。与相对收益不同的是，绝对收益不与基准作比较。

基金业绩的收益

(二)绝对收益的计算指标

绝对收益的计算指标包括现金流和时间加权收益率、持有区间收益率、平均收益率、基金收益率。

1. 现金流和时间加权收益率

时间加权收益率计算方法将收益率计算区间分为若干个子区间，每个子区间可以是一天、一周、一个月等。每个子区间以现金流发生时间划分，将每个区间的收益率以几何平均的方式连接。

2. 持有区间收益率

持有区间所获得的收益通常来源于两部分：资产回报和收入回报。资产回报是指股票、债券、房地产等资产价格的增加或减少；而收入回报包括分红、利息等。

3. 平均收益率

通常会用到平均收益指标对不同基金多期收益率进行衡量和比较。平均收益率一般可分为算术平均收益率和几何平均收益率。其中，算术平均收益率即计算各期收益率的算术平均值。

$$算术平均收益率(R_A) = \frac{\sum_{t=1}^{n} R_t}{n} \times 100\%$$

式中：R_t 表示 t 期收益率，n 表示期数。

几何平均收益率相对于算术平均收益率来说，考虑了货币的时间价值，运用了复利的思想，在这方面与时间加权收益率类似，不同的是时间加权收益率不开 n 次方，而几何平均收益率则要开 n 次方。几何平均收益率衡量收益的情况是通过对时间进行加权平均，因此克服了算术平均收益率会出现的上偏倾向。所以算术平均收益率要大于几何平均收益率。

$$R_G = \left\{ \sqrt[n]{\prod_{t=1}^{n}(1+R_t)} - 1 \right\} \times 100\%$$

式中：R_t 表示 t 期收益率，n 表示期数。

【例10-1】 某基金的份额净值在第一年年初时为 1 元，到了年底基金份额净值达到 2 元，但时隔一年，在第二年年末它又跌回到了 1 元。假定这期间基金没有分红，则：

第一年的收益率 $R_1 = \frac{2-1}{1} \times 100\% = 100\%$

第二年的收益率 $R_1 = \frac{1-2}{2} \times 100\% = -50\%$

其算术平均数 $R_A = \frac{100\% - 50\%}{2} = 25\%$

其几何平均数 $R_G = \sqrt{(1+100\%)(1-50\%)} - 1 = 0$

实际上，投资者尽管进行了两年的股票投资，但他的实际财富状况并未发生任何变化，其净收益为零。此时，几何平均收益率才能反映其真实的收益情况。

4. 时间加权收益率

基金资产增值是基金总资产减去总负债后的余额，与公司账面价值/权益的概念相似。公募基金的资产增值通常以基金单位资产增值的形式公布，其计算公式为

期末基金单位资产净值=期末基金资产净值/期末基金单位总份额

基金单位资产增值与资产净值不同，其不受基金份额申购赎回的影响。利用基金单位资产净值计算收益率，只需考虑分红。

假定红利发放后立即对本基金进行再投资，且红利以除息前一日的单位净值为计算基准立即进行再投资，分别计算每次分红期间的分段收益率，考察期间的时间加权收益率可由分段收益率连乘得到：

$$R = [(1+R_1)(1+R_2)(1+R_3)\cdots(1+R_n)-1] \times 100\%$$

式中：R_1表示第一次分红前的收益率，R_2表示第一次分红后到第二次分红前的收益率，R_n以此类推。

【例10-2】某基金2019年4月2日净资产为1亿元，基金2020年4月2日净资产为1.2亿元，期间2019年4月20日客户申购了2000万元，基金在2020年3月1日进了1000万元的分红。假设投资者在2019年4月2日投资了1元基金，在2019年4月20日，这1元受到5%的损失，2020年3月1日，基金净值变为1.4元，而基金分红以后全部用于投资(如表10-1所示)，问时间加权收益率是多少？

表10-1 基金区间收益率

时间区间	期初资产净值(万元)	期末资产净值(万元)	区间收益率(%)
2019.4.2～2019.4.20	10000	9500	−5
2019.4.20～2020.3.1	9500+2000=11500	14000	21.7
2020.3.1～2020.4.2	14000−1000=13000	12000	−7.7

解析：$R=(1+R_1)\times(1+R_2)\times(1+R_3)-1=(1-5\%)\times(1+21.7\%)\times(1-7.7\%)-1=6.7\%$

二、相对收益

基金的相对收益又叫超额收益，代表在一定时间区间内，基金收益超出业绩比较基准的部分。投资者和基金管理公司可以根据基金特征选择适当的指数作为业绩比较基准并进而评估基金的相对收益。

相对收益可以采用算术法与几何法两种方法进行计算：

$$ER_a = R_p - R_b$$

$$ER_g = \frac{R_p+1}{R_b+1} - 1$$

式中，ER_a代表算术法计算的相对收益，ER_g代表几何法计算的相对收益，R_p为基金收益，R_b为基准收益。算术法计算相对收益较为直观，应用也更广泛。

三、风险调整后收益

(一)特雷诺比率

特雷诺比率(T_p)来源于CAPM理论，表示的是单位系统性风险下的超额收益率，用公式表示为

$$T_p = \frac{\overline{R}_p - \overline{R}_f}{\beta_p}$$

其中：T_p 表示特雷诺比率；$\overline{R}_p$ 表示基金的平均收益率；$\overline{R}_f$ 表示平均无风险收益率；β_p 表示系统风险。

(二)夏普比率

1966 年，威廉·夏普在美国《商业学刊》上发表《共同基金的业绩》一文，提出用单位总风险的超额收益率来评价基金业绩，即夏普比率。夏普比率把资本市场线作为评估标准，在对基金总风险进行调整的基础上，提出基金绩效评估公式。其公式为

$$S_p = \frac{\overline{R}_p - \overline{R}_f}{\sigma_p}$$

其中：S_p 表示夏普比率；$\overline{R}_p$ 表示基金的平均收益率；$\overline{R}_f$ 表示平均无风险收益率；σ_p 表示基金收益率的标准差。

其中基金收益率和无风险收益率应用平均值的原因，是在测度期间内两者都是在不断变化的。由于分母使用的是基金收益率的标准差，所以可知夏普比率是经总风险调整后的收益指标。夏普比率数值越大，表示单位总风险下超额收益率越高。

【例 10-3】假设当前一年期定期存款利率(无风险收益率)为 5%，基金 P 和证券市场在一段时间内的表现如表 10-2 所示，计算夏普比率。

表 10-2 基金和证券市场的平均收益率和标准差

	基金 P	市场 M
平均收益率	41%	30%
标准差	0.43	0.28

解析：$S_p = \dfrac{41\% - 5\%}{0.43} = 0.84$

$S_M = \dfrac{30\% - 5\%}{0.28} = 0.89$

可见，在风险调整之前，基金 P 的收益率达到 41%，高于市场平均收益率的 30%。但由于基金 P 波动性太大，其标准差 0.43 高于市场的标准差 0.28，因此经风险调整后的夏普比率，基金 P 低于整个市场水平。这说明基金 P 的风险或者波动性高于整个市场水平，但并不一定说明基金 P 的收益率会比整个市场水平差，只是说明基金 P 取得收益的不确定性更高。

在风险偏好一定的情况下，较大的 T_p 值对应的投资组合对投资者的吸引力更大。夏普比率和特雷诺比率一样，能够反映基金经理的市场调整能力。和特雷诺比率不同的是，特雷诺比率只考虑了系统性风险，而夏普比率同时考虑了系统性风险和非系统性风险，即总风险。因此，夏普比率相比特雷诺比率更能够反映基金经理分散和降低非系统风险的能力。如果证券投资基金已完全分散了非系统风险，则夏普比率和特雷诺比率的评估结果是一样的。

(三)詹森指数

詹森指数同样也是在 CAPM 基础上发展出的一个风险调整后收益指标。它衡量的是基金组合收益中超过 CAPM 模型预测值的那一部分超额收益，用公式表示为

$$\alpha_p = (\overline{R}_p - \overline{R}_f) - \beta_p(\overline{R}_M - \overline{R}_f)$$
$$= \overline{R}_p - [\overline{R}_f + \beta_p(\overline{R}_M - \overline{R}_f)]$$

其中：$\overline{R}_M$ 表示市场平均收益率；$\overline{R}_p$ 表示基金的平均收益率；$\overline{R}_f$ 表示平均无风险收益率；β_p 表示系统风险。

若 $\alpha_p = 0$，则说明基金组合的收益率与处于相同风险水平的市场指数的收益率不存在显著差异。

当 $\alpha_p > 0$，说明基金表现要优于市场指数表现。

当 $\alpha_p < 0$，说明基金表现要弱于市场指数的表现。

詹森指数为绝对绩效指标，表示基金的投资组合收益率与相同系统风险水平下市场投资组合收益率的差异。当基金和基金之间比较时，詹森指数越大越好。

(四)信息比率与跟踪误差

信息比率(IR)可以用来衡量基金与业绩基准的差异特征，其计算公式与夏普比率类似，但引入了业绩比较基准的因素，因此是对相对收益率进行风险调整的分析指标。其用公式表示为

$$IR = \frac{\overline{R}_p - \overline{R}_b}{\sigma_{p-b}}$$

其中：$\overline{R}_p$ 表示投资组合平均收益率，$\overline{R}_b$ 表示业绩比较基准平均收益率，两者之差即为超额收益；σ_{p-b} 表示跟踪误差。

信息比率是单位跟踪误差所对应的超额收益。信息比率越大，说明该基金在同样的跟踪误差水平上能获得更大的超额收益，或者在同样的超额收益水平下跟踪误差更小。

四、特雷诺比率、詹森指数与证券市场线的关系

证券市场线表示了市场风险暴露程度以及与之相对应的收益；詹森指数是投资组合收益扣除市场风险暴露部分剩余的收益；特雷诺比率是无风险收益到投资组合收益两点间直线的斜率，反映了承担单位市场风险所获得的超额收益。特雷诺比率、詹森指数与证券市场线的关系如图 10-1 所示。

上述风险调整收益计量模型从不同的风险补偿角度对基金收益进行调整，使评价结果兼顾风险和收益两个维度。值得注意的是，上述几个风险调整后收益指标的计算均假定投资组合的风险与收益之间线性相关且在整个时间内均线性相关。在应用 CAPM 进行事后风险调整时，也应注意以下几方面。

(1) 理论上的无风险收益率(证券市场线中使用的无风险收益率)与实际应用中的国债收益率往往不同。

(2) 没有被普遍接受或使用的完全具有代表性的市场指数。

(3) 证券的波动性会使统计误差变得很大，并对超额收益率的测度造成实质影响。
(4) 贝塔系数并不是固定不变的。

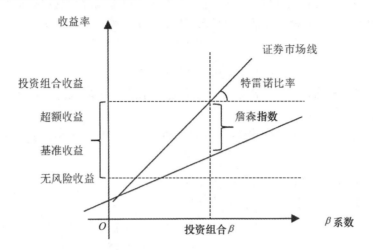

图 10-1 特雷诺比率、詹森指数与证券市场线的关系

五、基金业绩评价的基准组合

实际操作中一般根据投资范围和投资目标选取基准指数，可以是全市场指数、风格指数，也可以是由不同指数复合而成的复合指数。如果一个基金的目标是投资特定市场或特定行业，就可以选取该市场或行业指数。此外，也可以选取几个指数的组合作为个基金的业绩比较基准，混合型基金经常选取这样的业绩比较基准。

第三节 业 绩 归 因

基金业绩归因

基金的业绩归因用来评估投资组合收益的原因或者来源，从而确定是从何处得到的收益。我们可以对基金的绝对收益进行归因，也可以对其相对于业绩比较基准的相对收益进行归因。

一、绝对收益归因

绝对收益归因是考察各个因素对基金总收益的贡献，其本质是对基金总收益的分解。在绝对收益归因中，我们考察在特定区间内，每个证券和每个行业如何贡献到组合的整体收益。假设在考察区间内没有交易行为，每个证券的贡献为自身的收益率乘以其初始权重，即：

$$C_i = \frac{BMV_i}{\sum_{i=1}^{n} BMV_i} \times R_i$$

式中：BMV 是证券期初市场价格；R 为区间收益率；C 为收益贡献；i 表示单个收益贡献因素；n 为贡献因素总数量。

绝对收益归因提供了一个考察行业和证券收益贡献的直观方式。

二、相对收益归因

相对收益归因是通过分析基金在资产配置、证券选择等方面与比较基准的差异，从而回答"基金为什么会跑赢或跑输业绩比较基准"这样一个问题。

对股票投资组合进行相对收益归因分析，最常用的是 Brinson 模型。在 Brinson 模型中，资产配置效应是指把资金配置在特定的行业子行业或其他投资组合子集带来的超额收益，而选择效应则是挑选证券带来的超额收益。

Brinson 模型分为两种：Brinson-Hood-Beebower(BHB)模型和 Brinson-Fachler(BF)模型。

以 BHB 模型为例，在一个持有期内，组合第 i 项投资子集的配置效应为该项投资子集在基准中的收益率乘以该项投资子集在投资组合与基准中的权重之差。

$$\text{Allocation}(i) = r_i^b(w_i^p - w_i^b)$$

式中：r_i^b 为基准中第 i 项投资子集的收益率；w_i^p 为第 i 项投资子集在投资组合中的权重；w_i^b 为第 i 项投资子集在基准中的权重。

对于投资组合整体而言，资产配置效应为所有投资子集的配置效应之和，即：

$$\sum \text{Allocation}(i) = \sum r_i^b(w_i^p - w_i^b)$$
$$= \sum r_i^b w_i^p - \sum r_i^b w_i^b$$

式中：$\sum r_i^b w_i^p$ 是假定投资组合中各投资子集收益率与基准指数相应投资子集相同，而权重不变时，该投资组合的收益率；$\sum r_i^b w_i^b$ 为基准收益率，配置效应即为两者之差。这种分析方式能够将权重配置带来的影响独立出来。

在一个持有期内，组合第 i 项投资子集的选择效应为该项投资子集在组合和基准中的收益率之差乘以该项投资子集在投资组合中的权重：

$$\text{Selection}(i) = w_i^p(r_i^p - r_i^b)$$

式中 r_i^p 为投资组合中第 i 项投资子集的收益率；r_i^b 为基准中第 i 项投资子集的收益率；w_i^p 为第 i 项投资子集在投资组合中的权重。

对于投资组合整体而言，选择效应为所有投资子集配置效应之和，也就是每个投资子集超额收益的加权平均：

$$\sum \text{Selection}(i) = \sum w_i^p(r_i^p - r_i^b)$$

基金 P 当月收益率为：(70%×7.28%)+(7%×1.89%)+(23%×0.48%)=5.34%

基准 B 当月收益率为：(60%×5.81%)+(30%×1.45%)+(10%×0.48%)=3.97%

基金 P 的超额收益率为：5.34%-3.97%=1.37%

基金 P 及其业绩比较基准 B 的组成和收益情况如表 10-3 所示，基金 P 各类收益率及其指数业绩的对比如表 10-4 所示。

资产配置带来的贡献为

　　(70%-60%)×5.81%+(7%-30%)×1.45%+(23%-10%)×0.48%=0.31%

选择效应带来的贡献为

　　70%×(7.28%-5.81%)+7%×(1.89%-1.45%)+23%×(0.48%-0.48%)=1.06%

表 10-3 基金 P 及其业绩比较基准 B 的组成和收益情况

投资子集/基准指数	基金 P 业绩(%)	基金 P 权重(%)	基准 B 业绩(%)	基准 B 权重(%)
股票/沪深 300 指数	7.28	70	5.81	60
债券/中证全债指数	1.89	7	1.45	30
现金/SHIBOR	0.48	23	0.48	10

表 10-4 基金 P 各类收益率及其指数业绩的对比

市　场	基金 P 业绩(%)	指数业绩(%)	超额业绩(%)
股票	7.28	5.81	1.47
固定收益	1.89	1.45	0.44

【本章小结】

(1) 证券投资基金业绩评价的概述,包括目的、原则和应考虑的因素。

(2) 衡量绝对收益和相对收益的主要指标的定义和计算方法。风险调整后收益的主要指标的定义、计算方法和应用。

(3) 基金业绩归因,理解绝对收益归因和相对收益归因的区别。

【翻转话题】

找到三家基金评价机构评价的同一只基金,分析一下评价结果的差异。

如果你是一个投资顾问,请你根据某家机构基金评价的结果,说明你怎样为投资者提供投资建议?

【课程思政案例】

中国基金业金牛奖

"中国基金业金牛奖"评选活动由中国证券报主办,银河证券、天相投顾、招商证券、海通证券、上海证券等五家机构协办。

2010 年,中国证券报与五大协办方同时获得首批基金评奖业务资格,成为国内最权威的基金评价团队。凭借着对公正、公平、公开、有公信力原则的严格执行和对基金发展规律的尊重,该奖项得到了基金行业和基金监管层的广泛认可,成为中国资本市场最具公信力的权威奖项之一,享有中国基金业"奥斯卡"奖的美誉。

参会嘉宾为公募基金公司董事长、总经理,著名基金经理,监管机构领导,国内主流银行、券商资产管理相关部门领导,知名经济学家,金牛私募机构负责人,金牛上市公司高级管理人员及高净值投资者等。

2022年8月29日,由中国证券报举办的第十九届中国基金业金牛奖评选结果正式出炉,易方达获得"金牛基金管理公司""固定收益投资金牛基金公司"等七项大奖。

(资料来源:中国基金业金牛奖[EB/OL]. (2022-12-7). http://baike.baidu.com/item/中国基金业金牛奖? form title=基金金牛奖&fromid=16374022&FromModule=lemma_search-box.)

案例点评:

基金金牛奖的宗旨在于展示中国优秀基金及优秀基金管理公司,提高和扩大基金业在社会上的认同感,引导基金管理人更加注重基金持续回报能力,培育和引导投资人的长期投资理念,推动我国基金业朝着规范健康方向发展。

【复习思考题】

一、单项选择题(以下各小题所给出的4个选项中,只有1项最符合题目要求,请选出正确的选项)

1. ( ) 是以标准差作为基金风险的度量,给出了基金份额标准差的超额收益率。
   A. 特雷诺指数　　B. 道氏指数　　C. 夏普指数　　D. 詹森指数

2. 下列关于特雷诺比率的说法中,正确的是( )。
   A. 使用的是系统风险　　　　B. 使用的是总体风险
   C. 使用的是单一风险　　　　D. 使用的是非系统风险

3. 对基金绩效作出有效的衡量,不需要考虑( )。
   A. 基金的风险水平　　　　B. 比较基准
   C. 基金的投资目标　　　　D. 基金托管人

4. ( )由于没有考虑分红的时间价值,因此只是一种近似计算;时间加收益率由于考虑了分红的再投资,能更准确地对基金的真实投资表现做出衡量。
   A. 简单收益率　　　　　　B. 时间加权收益率
   C. 几何收益率　　　　　　D. 投资收益率

5. 使用 Spearman 等级相关系数检验法时,如果前后业绩排名具有( )时,则表明基金业绩具有持续性。
   A. 显著正相关　　B. 显著负相关　　C. 不相关　　D. 零相关

6. 绝对收益归因提供了考察( )的直观方式。
   A. 基金资产配置效果　　　　B. 行业和证券收益贡献
   C. 基金投资组合分类选择　　D. 不同投资策略收益

二、多项选择题(以下各小题所给出的4个选项中,有2个或2个以上符合题目要求,请选出正确的选项)

1. 基金业绩评价应考虑的因素包括( )。
   A. 时间区间　　　　　　　　B. 基金管理规模

  C. 基金投资者信用   D. 综合考虑风险和收益

2. 下列基金业绩指标中，基于资本资产定价模型提出的业绩指标的是(　　)。

  A. 詹森指数   B. 特雷诺比率

  C. 持有区间收益率   D. 夏普比率

3. 风险调整后收益指标的局限性包括(　　)。

  A. 理论上的无风险收益率与实际应用中的国债收益率可能不同

  B. 证券波动性会加大统计误差，从而影响对超额收益率的测度

  C. β系数是固定不变的

  D. 缺少完全具有代表性的市场指数

三、判断题(判断以下各小题的对错，正确的填 A，错误的填 B)

1. 基金的收益率主要包括简单收益率和时间加权收益率。（　　）
2. 风险调整收益衡量方法包括特雷诺指数、夏普指数和 M2 测度。（　　）
3. 特雷诺指数等于考察期内基金的平均收益率减去平均的收益率后除以基金承担的系统风险。（　　）
4. 詹森指数等于基金的平均收益率减去平均无风险收益率后除以证券投资基金承担的全部风险。（　　）
5. 詹森指数与特雷诺指数给出的是单位风险的超额收益率，而詹森指数给出的是差异收益率。夏普指数考虑的是总风险，而特雷诺指数考虑的是市场风险。（　　）

第十一章　证券投资基金监管与职业道德

【学习要点及目录】

- 掌握基金监管的概念、目标和原则。
- 掌握中国证监会对基金行业的监管职责及监管措施。
- 掌握行业自律组织对基金行业的自律管理。
- 掌握对基金管理人的监管内容。
- 掌握对基金托管人的监管内容。
- 掌握对基金服务机构的监管内容。
- 掌握对公募基金销售活动的监管。
- 掌握对公募基金运作的监管。
- 掌握基金职业道德的含义和要求。

【核心概念】

基金监管　　基金职业道德

【引导案例】

2022年4月1日，中国证监会官网公布了《2021年证监稽查20起典型违法案例》，其中包含广州基岩违法违规案。本案是一起私募基金管理人严重违反信义义务的典型案件。2017年至2020年，广州基岩资产管理有限公司(简称广州基岩)违规实施虚增基金资产、挪用基金财产、承诺最低收益等多项违法行为。本案警示，私募基金管理人应当秉持"受人之托、忠人之事"的理念，依法合规运作，不得实施欺诈客户等违法行为。

【案例导学】

中国证监会作为政府基金监管主体对基金运作进行监督管理，在证券投资基金市场上，证监会的监管对象和监管内容都包括哪些？证监会的监管手段和措施是什么？除了中国证监会，还有哪些主体参与证券投资基金的监督管理？

第一节　证券投资基金监管概述

一、证券投资基金监管的概念及特征

(一)证券投资基金监管的概念

证券投资基金监管一般是指政府基金监管机构依法对基金市场、基金市场主体及其活动的监督和管理。

基金监管概述

(二)证券投资基金监管的特征

1. 监管内容的全面性

政府基金监管的内容,不仅涉及各种基金机构的设立、变更和终止,基金机构从业人员的资格和行为,基金机构的活动规则,而且还涉及基金市场其他诸多方面的监管,监管内容具有全面性。

2. 监管对象的广泛性

政府基金监管机构对所有的基金机构及其从业人员乃至基金行业自律组织均有权监管。

3. 监管时间的连续性

政府基金监管活动贯穿基金机构从设立直至终止的全过程,包括市场进入、市场活动和市场退出的各方面制度,体现为事前监管、事中监管和事后监管的连续活动。

4. 监管主体及其权限的法定性

与基金行业相关的法律法规明确规定政府基金监管机构及其权限和职责,政府基金监管机构依法行使其职责。

5. 监管活动的强制性

有关基金监管的法律规定,具有强制性规范的性质。政府基金监管机构依法行使审批权、检查权、禁止权、撤销权、行政处罚权和行政处分权等监管权,均具有法律效力,具有强制性。

二、证券投资基金监管的目标

(一)保护投资人及相关当事人的合法权益

基金监管的首要目标是保护投资人利益。投资人是基金市场的支撑者,但在基金市场上却处于弱势地位,相对于基金管理人,投资人往往是专业知识欠缺、信息获取途径不足、风险识别和承受能力薄弱,其合法权益容易受到侵害。因此,基金监管必须切实保护投资者的合法权益,使投资者避免遭受误导、欺诈、虚假陈述、内幕交易、操纵市场等行为的损害,使投资者避免遭受不公平对待。同时,证券投资基金监管对于基金市场相关当事人的合法权益也应依法给予保护。

(二)规范证券投资基金活动

规范证券投资基金活动,是保护投资人及相关当事人合法权益的监管目标的必然要求。投资人及相关当事人的合法权益,通常都是在具体的证券投资基金活动中才有可能被侵害。因此,基金监管只有以有效地规范证券投资基金活动为切入点和着力点,才能切实保护投资人及相关当事人合法权益。在这个意义上,规范证券投资基金活动是基金监管的直接目标,也是促进证券投资基金和资本市场健康发展的前提条件。

(三)促进证券投资基金和资本市场的健康发展

证券投资基金市场是资本市场的重要组成部分。投资人及相关当事人是基金市场的主体，证券投资基金活动是基金市场的行为，这是基金市场的两大基本要素。基金市场主体进入基金市场，进行证券投资基金活动，是基金市场活力的源泉。保护投资人的合法权益，提振其对基金市场的信心和投资动机，是基金市场的原动力和价值归宿。而规范证券投资基金活动，则是保护投资人合法权益的主要手段和制度保障。同时，切实保护投资人及相关当事人的合法权益、有效规范证券投资基金活动是形成一个公平、公正、有效率、有秩序的基金市场的基本前提。

三、证券投资基金监管的基本原则

(一)保障投资人利益原则

保障投资人利益原则是基金监管活动的目的和宗旨的集中体现，基金监管应以保障投资人即基金份额持有人的利益为首要目标。投资基金发展的历史表明，投资人的合法权益能否得到有效的保障，是投资基金行业能否持续健康发展的关键。投资基金的发展，必须取信于投资人，必须切实保障投资人的合法权益。

(二)适度监管原则

政府监管不应直接干预基金机构内部的经营管理，监管范围应严格限定在基金市场失灵的领域。应完善基金行业自律机制、健全基金机构内控机制和培育社会力量监督机制，充分发挥基金行业自律、基金机构内控和社会力量监督在基金监管方面的积极作用，形成以政府监管为核心、行业自律为纽带、机构内控为基础、社会监督为补充的"四位一体"的监管格局。

(三)高效监管原则

高效监管原则首先要求基金监管机构具有权威性，要赋予基金监管机构以合法的监管地位和合理的监管权限和职责。高效监管原则还要求确定合理的监管内容体系，要有所管有所不管，要管得有效果。同时，对于违法行为，要规定明确的法律责任和制裁手段。这样，才能有效地保护合法的基金活动，制止基金市场上的非法行为，切实保障基金市场的秩序，提高基金市场的效率，保护投资人的根本利益。另外，在现代市场经济条件下，规范的监管程序、科学的监管技术、现代化的监管手段也是高效基金监管的保证。

(四)依法监管原则

所谓依法监管原则，是指监管机构的设置及其监管职权的取得必须有法律依据；监管职权的行使必须依据法律程序，既不能超越法律的授权滥用权力，也不能怠于行使法定的职责；对违法行为的制裁，必须依据法律的明确规定，秉公执法，不偏不倚。依法监管原则是行政法治原则的集中体现和保障，政府基金监管必须坚持依法监管原则。

我国基金监管活动的主要依据是《证券投资基金法》以及中国证监会、基金业协会、证券交易所发布的一系列相关的部门规章、规范性文件和自律规则。部门规章和规范性文件主要有：《证券投资基金管理公司管理办法》《证券投资基金管理公司子公司管理暂行规定》《证券投资基金行业高级管理人员任职管理办法》《证券投资基金托管业务管理办法》《公开募集证券投资基金风险准备金监督管理暂行办法》《公开募集证券投资基金运作管理办法》《证券投资基金销售管理办法》《证券投资基金信息披露管理办法》《证券投资基金评价业务管理暂行办法》等。自律规则主要有：《私募投资基金管理人登记和基金备案办法(试行)》《基金经理注册登记规则》《基金从业人员证券投资管理指引(试行)》《公开募集证券投资基金销售公平竞争行为规范》等。

(五)审慎监管原则

审慎监管原则，是指基金监管机构在制定监管规范以及实施监管行为时，注重基金机构的偿付能力和风险防控，以确保基金运行稳健和基金财产安全，切实保护投资者合法权益。审慎监管原则贯穿于基金市场准入和持续监管的全过程，体现为基金监管机构对基金机构内部治理结构、内部稽核监控制度、风险控制制度以及资本充足率、资产流动性等方面的监管规制。

(六)公开、公平、公正监管原则

公开原则，不仅要求作为证券监管对象之一的基金市场具有充分的透明度，实现市场信息公开化，而且要求基金监管机构的监管规则和处罚应当公开，这也是政务公开原则的体现。公平原则，是指基金市场主体平等，要求基金监管机构依照相同的标准衡量同类监管对象的行为。公正原则，要求基金监管机构在公开、公平的基础上，对监管对象公正对待，一视同仁。作为基金监管原则的"三公"原则，重在"公正"，即公正监管、公正执法，是依法监管原则的具体化。

第二节 证券投资基金监管机构和行业自律组织

国务院证券监督管理机构即中国证监会，是我国基金市场的监管主体，依法对基金市场主体及其活动实施监督管理。基金业协会作为行业自律性组织，对基金业实施行业自律管理。另外，证券交易所负责组织和监督基金的上市交易，并对上市交易基金的信息披露进行监督。

基金监管机构

一、中国证监会

(一)中国证监会对基金市场的监管职责

中国证监会内部设有证券基金机构监管部，具体承担基金监管职责。中国证监会派出机构即各地方证监局是中国证监会的内部组成部门，依照中国证监会的授权履行职责。

中国证监会依法履行下列职责：①制定有关证券投资基金活动监督管理的规章、规则，并行使审批、核准或者注册权；②办理基金备案；③对基金管理人、基金托管人及其他机构从事证券投资基金活动进行监督管理，对违法行为进行查处，并予以公告；④制定基金从业人员的资格标准和行为准则，并监督实施；⑤监督检查基金信息的披露情况；⑥指导和监督基金业协会的活动；⑦法律行政法规规定的其他职责。

(二)中国证监会对基金市场的监管措施

依据《证券投资基金法》的规定，中国证监会依法履行职责，有权采取下列监管措施。

1. 检查

检查是基金监管的重要措施，属于事中监管方式。检查可分为日常检查和年度检查，也可分为现场检查和非现场检查。中国证监会可以根据实际情况，定期或不定期地对基金机构的合规监控、风险管理、内部稽核、行为规范等方面进行检查。

2. 调查取证

为便于查明事实、获取和保全证据，《证券投资基金法》赋予中国证监会以下职权：①进入涉嫌违法行为发生场所调查取证；②询问当事人和与被调查事件有关的单位和个人，要求其对与被调查事件有关的事项作出说明；③查阅、复制与被调查事件有关的财产权登记、通信记录等资料；④查阅、复制当事人和与被调查事件有关的单位和个人的证券交易记录、登记过户记录、财务会计资料及其他相关文件和资料；⑤对可能被转移、隐匿或者毁损的文件和资料，可以予以封存；⑥查询当事人和与被调查事件有关的单位和个人的资金账户、证券账户和银行账户；⑦对有证据证明已经或者可能转移或者隐匿违法资金、证券等涉案财产或者隐匿、伪造、毁损重要证据的，经中国证监会主要负责人批准，可以冻结或者查封。

3. 限制交易

中国证监会在调查操纵证券市场、内幕交易等重大证券违法行为时，经中国证监会主要负责人批准，可以限制被调查事件当事人的证券买卖，但限制的期限不得超过15个交易日；案情复杂的，可以延长15个交易日。

4. 行政处罚

中国证监会可以采取的行政处罚措施主要包括：没收违法所得、罚款、责令改正、警告、暂停或者撤销基金从业资格、暂停或者撤销相关业务许可、责令停业等。在中国证监会依法履行职责时，被调查、检查的单位和个人应当配合，如实地提供有关文件和资料，不得拒绝、阻碍和隐瞒中国证监会依法履行职责，发现违法行为涉嫌犯罪的，应当将案件移送司法机关处理。

(三)中国证监会工作人员的义务和责任

中国证监会工作人员依法履行职责，进行调查或者检查时，不得少于两人，并应当出示合法证件；对调查或者检查中知悉的商业秘密负有保密的义务。中国证监会工作人员应当忠于职守、依法办事、公正廉洁、接受监督，不得利用职务牟取私利。中国证监会工作人员玩忽职守、滥用职权、徇私舞弊或者利用职务上的便利索取或者收受他人财物的，应当承担相应的法律责任。

中国证监会工作人员在任职期间，或者离职后在规定的期限内，不得在被监管的机构中担任职务。中国证监会领导干部离职三年内，一般工作人员离职两年内，不得到与原工作业务直接相关的机构任职。但经过中国证监会批准，可以在基金管理公司、证券公司、期货公司等机构担任督察长、合规总监、首席风险官等职务。

二、中国证券投资基金业协会

为适应基金行业快速发展的需要，回应基金行业要求成立独立的行业协会的呼声，促进基金行业自律和服务功能的发挥，2012年6月，中国证券投资基金业协会正式成立，原中国证券业协会基金公司会员部的行业自律职责转入中国证券投资基金业协会。在此基础上，2013年《证券投资基金法》专门增设"基金行业协会"一章，详细地规定了基金业协会的性质、组成以及主要职责等，为确定基金业协会的地位和规范基金业协会的职责权限提供了基本的法律依据。

(一)中国证券投资基金业协会的性质

中国证券投资基金业协会是证券投资基金行业的自律性组织，是社会团体法人。基金管理人、基金托管人应当加入中国证券投资基金业协会，基金服务机构可以加入中国证券投资基金业协会。会员分为三类：普通会员、联席会员、特别会员。基金管理人和基金托管人加入协会的，为普通会员；基金服务机构加入协会的，为联席会员；证券期货交易所、登记结算机构、指数公司、地方基金业协会及其他资产管理相关机构加入协会的，为特别会员。

(二)中国证券投资基金业协会的组织机构

中国证券投资基金业协会的权力机构为全体会员组成的会员大会，协会章程由会员大会制定，并报中国证监会备案。中国证券投资基金业协会设理事会，理事会是基金业协会的执行机构。理事会成员依章程的规定由会员大会选举产生。在会员大会闭会期间，理事会依据章程的规定执行会员大会决议，组织和领导基金业协会开展日常工作，其会议机制、决议程序、具体职权等由协会章程规定。

(三)中国证券投资基金业协会的职责

依据《证券投资基金法》的规定，中国证券投资基金业协会的职责包括：①教育和组织会员遵守有关证券投资的法律、行政法规，维护投资人合法权益；②依法维护会员的合法权益，反映会员的建议和要求；③制定和实施行业自律规则，监督、检查会员及其从业人员的执业行为，对违反自律规则和协会章程的，按照规定给予纪律处分；④制定行业执业标准和业务规范，组织基金从业人员的从业考试、资质管理和业务培训；⑤提供会员服务，组织行业交流，推动行业创新，开展行业宣传和投资人教育活动；⑥对会员与会员之间、会员与客户之间发生的基金业务纠纷进行调解；⑦依法办理非公开募集基金的登记、备案；⑧协会章程规定的其他职责。

第十一章 证券投资基金监管与职业道德

三、证券交易所

依据《证券投资基金监管职责分工协作指引》的规定，上海证券交易所、深圳证券交易所都制定有《证券投资基金上市规则》(2017年征求意见稿)以及其他类型基金的业务指引的规定，证券交易所负责对在证券交易所挂牌上市的封闭式基金、交易型开放式指数基金、上市开放式基金的上市条件和程序、信息披露进行监管，负责对基金在交易所内的投资交易活动进行监管。

证券交易所在监控中发现基金交易行为异常，涉嫌违法违规的，可以根据具体情况，采取电话提示、警告、约见谈话、公开谴责等措施，并同时向中国证监会报告。

第三节 证券投资基金监管实务

证券投资基金机构监管

一、证券投资基金机构的监管

证券投资基金机构即基金市场主体，包括基金管理人、基金托管人以及基金销售机构、基金注册登记机构等基金服务机构。对基金机构的监管，包括基金机构的市场准入监管、基金机构从业人员的资格和行为的监管等，是基金监管的重要内容。

(一)对基金管理人的监管

1. 基金管理人的市场准入监管

设立管理公开募集基金的基金管理公司，应当具备下列条件。

(1) 有符合《证券投资基金法》和《中华人民共和国公司法》(以下简称《公司法》)规定的章程。

(2) 注册资本不低于1亿元人民币，且必须为实缴货币资本。

(3) 主要股东应当具有经营金融业务或者管理金融机构的良好业绩、良好的财务状况和社会信誉，资产规模达到国务院规定的标准，最近三年没有违法记录。基金管理公司的主要股东是指持有基金管理公司股权比例最高且不低于25%的股东。基金公司主要股东为法人或者其他组织的，净资产不低于2亿元人民币；主要股东为自然人的，个人金融资产不低于3000万元人民币，在境内外资产管理行业从业10年以上。

(4) 对基金管理公司持有5%以上股权的非主要股东，非主要股东为法人或者其他组织的，净资产不低于5000万元人民币，资产质量良好，内部监控制度完善；非主要股东为自然人的，个人金融资产不低于1000万元人民币，在境内外资产管理行业从业五年以上。

(5) 取得基金从业资格的人员达到法定人数。依据《证券投资基金管理公司管理办法》的规定，设立基金管理公司，应当有符合法律、行政法规和中国证监会规定的拟任高级管理人员以及从事研究、投资、估值、营销等业务的人员，拟任高级管理人员、业务人员不少于15人，并应当取得基金从业资格。

(6) 董事、监事、高级管理人员具备相应的任职条件。担任公开募集基金的基金管理人的董事、监事、高级管理人员应当符合《证券投资基金法》规定的任职资格。

(7) 有符合要求的营业场所、安全防范设施和与基金管理业务有关的其他设施,以保证基金管理业务的正常开展和基金财产安全。

(8) 有良好的内部治理结构、完善的内部稽核监控制度、风险控制制度。

(9) 拥有法律、行政法规规定的和经国务院批准的中国证监会规定的其他条件。

中国证监会应当自受理基金管理公司设立申请之日起六个月内依照上述条件和审慎监管原则进行审查,作出批准或者不予批准的决定,并通知申请人;不予批准的,应当说明理由。

基金管理公司变更持有5%以上股权的股东,变更公司的实际控制人,或者变更其他重大事项,应当报经国务院证券监督管理机构批准。国务院证券监督管理机构应当自受理申请之日起60日内作出批准或者不予批准的决定,并通知申请人;不予批准的,应当说明理由。

2. 对基金管理人从业人员资格的监管

基金管理人的从业人员是指基金管理人的董事、监事、高级管理人员、投资管理人员以及其他从业人员。

1) 基金管理人的从业人员的资格

依据《证券投资基金法》的规定,基金管理人的董事、监事和高级管理人员,应当熟悉证券投资方面的法律、行政法规,具有三年以上与其所任职务相关的工作经历;高级管理人员还应当具备基金从业资格。所谓"相关的工作经历",是指从事基金、证券、银行等金融相关领域的工作经历及与拟任职务相适应的管理工作经历;担任督察长的,还应当具有法律、会计、监察、稽核等工作经历。

基金经理任职应当具备以下条件:①取得基金从业资格;②通过中国证监会或者其授权机构组织的高级管理人员证券投资法律知识考试;③具有三年以上证券投资管理经历;④没有《公司法》《证券投资基金法》等法律、行政法规规定的不得担任公司董事、监事、经理和基金从业人员的情形;⑤最近三年没有受到证券、银行、工商和税务等行政管理部门的行政处罚。

依据《证券投资基金法》的规定,有下列情形之一的,不得担任基金管理人的董事、监事、高级管理人员和其他从业人员:①因犯有贪污贿赂、渎职、侵犯财产罪或者破坏社会主义市场经济秩序罪,被判处刑罚的;②对所任职的公司、企业因经营不善破产清算或者因违法被吊销营业执照负有个人责任的董事、监事、厂长、高级管理人员,自该公司、企业破产清算终结或者被吊销营业执照之日起未逾五年的;③个人所负债务数额较大,到期未清偿的;④因违法行为被开除的基金管理人、基金托管人、证券交易所、证券公司、证券登记结算机构、期货交易所、期货公司及其他机构的从业人员和国家机关工作人员;⑤因违法行为被吊销执业证书或者被取消资格的律师、注册会计师和资产评估机构、验证机构的从业人员、投资咨询从业人员;⑥法律、行政法规规定不得从事基金业务的其他人员。

2) 基金管理人从业人员的兼任和竞业禁止

基于基金从业人员不得兼任不相容职务、竞业禁止和防止利益冲突的规则,《证券投资基金法》规定,公开募集基金的基金管理人的董事、监事、高级管理人员和其他从业人员,

第十一章　证券投资基金监管与职业道德

不得担任基金托管人或者其他基金管理人的任何职务,不得从事损害基金财产和基金份额持有人利益的证券交易及其他活动。

高级管理人员、基金管理公司基金经理应当维护所管理基金的合法利益,在基金份额持有人的利益与基金管理公司、基金托管银行的利益发生冲突时,应当坚持基金份额持有人利益优先的原则;不得从事或者配合他人从事损害基金份额持有人利益的活动。

3. 对基金管理人从业人员执业行为的监管

1) 基金管理人及其从业人员的执业禁止行为

依据《证券投资基金法》的规定,公开募集基金的基金管理人及其董事、监事、高级管理人员和其他从业人员不得有下列行为:①将其固有财产或者他人财产混同于基金财产从事证券投资;②不公平地对待其管理的不同基金财产;③利用基金财产或者职务之便为基金份额持有人以外的人牟取利益;④向基金份额持有人违规承诺收益或者承担损失;⑤侵占、挪用基金财产;⑥泄露因职务便利获取的未公开信息,利用该信息从事或者明示、暗示他人从事相关的交易活动;⑦玩忽职守,不按照规定履行职责;⑧法律、行政法规和中国证监会规定禁止的其他行为。

2) 基金管理人的从业人员证券投资的限制

《证券投资基金法》借鉴发达国家的监管思路和做法,一方面允许基金从业人员进行证券投资,另一方面强化对其监管。基金管理人的董事、监事、高级管理人员和其他从业人员,其本人、配偶、利害关系人进行证券投资,应当事先向基金管理人申报,并不得与基金份额持有人发生利益冲突。公开募集基金的基金管理人应当建立董事、监事、高级管理人员和其他从业人员进行证券投资的申报、登记、审查、处置等管理制度,并报中国证监会备案。

4. 中国证监会对基金管理人的监管措施

1) 基金管理人违法违规行为的监管措施

依据《证券投资基金法》的规定,公开募集基金的基金管理人违法违规,或者其内部治理结构、稽核监控和风险控制管理不符合规定的,中国证监会应当责令其限期改正;逾期未改正,或者其行为严重危及该基金管理人的稳健运行、损害基金份额持有人合法权益的,中国证监会可以区别情形,对其采取下列措施:①限制业务活动,责令暂停部分或者全部业务;②限制分配红利,限制向董事、监事、高级管理人员支付报酬、提供福利;③限制转让固有财产或者在固有财产上设定其他权利;④责令更换董事、监事、高级管理人员或者限制其权利;⑤责令有关股东转让股权或者限制有关股东行使股东权利。

基金管理人整改后,应当向中国证监会提交报告。中国证监会经验收,符合有关要求的,应当自验收完毕之日起3日内解除对其采取的有关措施。

2) 对基金管理人出现重大风险的监管措施

依据《证券投资基金法》的规定,公开募集基金的基金管理人的董事、监事、高级管理人员未能勤勉尽责,致使基金管理人存在重大违法违规行为或者重大风险的,中国证监会可以责令更换。公开募集基金的基金管理人违法经营或者出现重大风险,严重危害证券市场秩序、损害基金份额持有人利益的,中国证监会可以对该基金管理人采取责令停业整顿、指定其他机构托管、接管、取消基金管理资格或者撤销等监管措施。

在公开募集基金的基金管理人被责令停业整顿,被依法指定托管、接管或者清算期间,或者出现重大风险时,经中国证监会批准,可以对该基金管理人直接负责的董事、监事、高级管理人员和其他直接责任人员采取下列措施:①通知出境管理机关依法阻止其出境;②申请司法机关禁止其转移、转让或者以其他方式处分财产,或者在财产上设定其他权利。

3) 对基金管理人职责终止的监管措施

依据《证券投资基金法》的规定,公开募集基金的基金管理人职责终止的事由包括:①被依法取消基金管理资格;②被基金份额持有人大会解任;③依法解散、被依法撤销或者被依法宣告破产;④基金合同约定的其他情形。

基金管理人职责终止的,基金份额持有人大会应当在六个月内选任新基金管理人;新基金管理人产生前,由中国证监会指定临时基金管理人。在指定临时管理人或者选任新的基金管理人之前,原基金管理人应当担负妥善保管基金管理业务资料的责任。在临时管理人或者选任新的基金管理人产生后,原基金管理人与其应当及时办理基金管理业务的交接手续。基金管理人职责终止的,应当按照规定聘请会计师事务所对基金财产进行审计,并将审计结果予以公告,同时报中国证监会备案。

(二)对基金托管人的监管

1. 基金托管人的市场准入监管

担任基金托管人,应当具备下列条件:①净资产和风险控制指标符合有关规定;②设有专门的基金托管部门;③取得基金从业资格的专职人员达到法定人数;④有安全保管基金财产的条件;⑤有安全高效的清算、交割系统;⑥有符合要求的营业场所、安全防范设施和与基金托管业务有关的其他设施;⑦有完善的内部稽核监控制度和风险控制制度;⑧法律、行政法规规定的和经国务院批准的中国证监会、中国银监会规定的其他条件。

为保证基金托管人对基金管理人的有效监督,《证券投资基金法》规定,基金托管人与基金管理人不得为同一机构,不得相互出资或者持有股份。另外,对基金托管人的专门基金托管部门的高级管理人员和其他从业人员任职资格以及兼任和竞业禁止的要求,适用法律法规对基金管理人相关人员的规定。

2. 中国证监会对基金托管人的监管措施

1) 责令整改措施

依据《证券投资基金法》的规定,基金托管人不再具备法定条件,或者未能勤勉尽责,在履行法定职责时存在重大失误的,中国证监会、中国银监会应当责令其改正;逾期未改正,或者其行为严重影响所托管基金的稳健运行、损害基金份额持有人利益的,上述金融监管机构可以根据具体情形,对其采取下列措施:①限制业务活动,责令暂停办理新的基金托管业务;②责令更换负有责任的专门基金托管部门的高级管理人员。

基金托管人整改后,应当向上述金融监管机构提交报告;经验收符合有关要求的,应当自验收完毕之日起三日内解除对其采取的有关措施。

2) 取消托管资格措施

中国证监会、中国银监会对有下列情形之一的基金托管人,可以取消其基金托管资格:①连续3年没有开展基金托管业务的;②违反《证券投资基金法》规定,情节严重的;③法

第十一章　证券投资基金监管与职业道德

律、行政法规规定的其他情形。

3) 对基金托管人职责终止的监管措施

依据《证券投资基金法》的规定，有下列情形之一的，基金托管人职责终止：①被依法取消基金托管资格；②被基金份额持有人大会解任；③依法解散、被依法撤销或者被依法宣告破产；④基金合同约定的其他情形。

基金托管人职责终止的，基金份额持有人大会应当在六个月内选任新基金托管人；新基金托管人产生前，由中国证监会指定临时基金托管人。基金托管人职责终止的，应当妥善保管基金财产和基金托管业务资料，及时办理基金财产和基金托管业务的移交手续，新基金托管人或者临时基金托管人应当及时接收。基金托管人职责终止的，应当按照规定聘请会计师事务所对基金财产进行审计，并将审计结果予以公告，同时报中国证监会备案。

(三)对基金服务机构的监管

开展基金服务业务，首先应取得相应的业务许可，即市场准入监管。依据《证券投资基金法》的规定，从事公开募集基金的销售、销售支付、份额登记、估值、投资顾问、评价、信息技术系统服务等基金服务业务的机构，应当按照中国证监会的规定进行注册或者备案。

1. 基金销售机构监管

依据中国证监会发布的《证券投资基金销售管理办法》及相关的规范性文件，基金管理人可以办理其募集的基金产品的销售业务。商业银行、证券公司、保险公司、期货公司、证券投资咨询机构、独立基金销售机构、保险代理公司、保险经纪公司符合一定条件，均可向中国证监会申请注册为基金销售机构。

商业银行、证券公司、期货公司、保险机构、证券投资咨询机构、独立基金销售机构以及中国证监会认定的其他机构申请注册基金销售业务资格，应当具备下列条件：①具有健全的治理结构、完善的内部控制和风险管理制度，并得到有效执行；②财务状况良好，运作规范稳定；③有与基金销售业务相适应的营业场所、安全防范设施和其他设施；④有安全、高效的办理基金发售、申购和赎回等业务的技术设施，且符合中国证监会对基金销售业务信息管理平台的有关要求，基金销售业务的技术系统已与基金管理人、中国证券登记结算公司相应的技术系统进行了联网测试，测试结果符合国家规定的标准；⑤制定了完善的资金清算流程，资金管理符合中国证监会对基金销售结算资金管理的有关要求；⑥有评价基金投资人风险承受能力和基金产品风险等级的方法体系；⑦制定了完善的业务流程、销售人员执业操守、应急处理措施等基金销售业务管理制度，符合中国证监会对基金销售机构内部控制的有关要求；⑧有符合法律法规要求的反洗钱内部控制制度；⑨中国证监会规定的其他条件。

2. 其他基金服务机构监管

基金销售支付机构可以是具有基金销售业务资格的商业银行或者取得中国人民银行颁发的《支付业务许可证》的非金融支付机构，且应当具备具有安全高效的办理支付结算业务的信息系统等条件。基金销售支付机构需要根据中国证监会的规定予以备案。中国证监会对于公开募集基金的基金份额登记机构、基金估值核算机构实行注册管理，对于基金投资顾问机构、评价机构、基金信息技术系统服务机构实行备案管理。

二、证券投资基金活动的监管

(一)对公开募集基金销售活动的监管

对公开募集基金销售活动的监管主要涉及以下内容。

1. 基金销售适用性监管

依据《证券投资基金销售管理办法》的规定，基金销售机构在销售基金和相关产品的过程中，应当坚持投资人利益优先原则，注重根据投资人的风险承受能力销售不同风险等级的产品，把合适的产品销售给合适的基金投资人。

基金销售机构应当建立基金销售适用性管理制度，至少包括以下内容：①对基金管理人进行审慎调查的方式和方法；②对基金产品的风险等级进行设置、对基金产品进行风险评价的方式和方法；③对基金投资人风险承受能力进行调查和评价的方式和方法；④对基金产品和基金投资人进行匹配的方法。

基金销售机构办理基金销售业务时应当根据反洗钱法规相关要求识别客户身份，核对客户的有效身份证件，登记客户身份基本信息，确保基金账户持有人名称与身份证明文件中记载的名称一致，并留存有效身份证件的复印件或者影印件。基金销售机构销售基金产品时委托其他机构进行客户身份识别的，应当通过合同、协议或者其他书面文件，明确双方在客户身份识别、客户身份资料和交易记录保存与信息交换、大额交易和可疑交易报告等方面的反洗钱职责和程序。

2. 对基金宣传推介材料的监管

基金宣传推介材料的制作、分发和发布应当符合相关规定，应当充分揭示相关投资风险。基金宣传推介材料，是指为推介基金向公众分发或者公布，使公众可以普遍获得的书面、电子或者其他介质的信息，包括：①公开出版资料；②宣传单、手册、信函、传真、非指定信息披露媒体上刊发的与基金销售相关的公告等面向公众的宣传资料；③海报、户外广告；④电视、电影、广播、互联网资料、公共网站链接广告、短信及其他音像、通信资料；⑤中国证监会规定的其他材料。

依据《证券投资基金销售管理办法》的规定，基金管理人的基金宣传推介材料，应当事先经基金管理人负责基金销售业务的高级管理人员和督察长检查，出具合规意见书，并自向公众分发或者发布之日起五个工作日内报主要经营活动所在地中国证监会派出机构备案。其他基金销售机构的基金宣传推介材料，应当事先经基金销售机构负责基金销售业务和合规的高级管理人员检查，出具合规意见书，并自向公众分发或者发布之日起五个工作日内报工商注册登记所在地中国证监会派出机构备案。

制作基金宣传推介材料的基金销售机构应当对其内容负责，保证其内容的合规性，并确保向公众分发、公布的材料与备案的材料一致。

基金宣传推介材料必须真实、准确，与基金合同、基金招募说明书相符，不得有下列情形：①虚假记载、误导性陈述或者重大遗漏；②预测基金的证券投资业绩；③违规承诺收益或者承担损失；④诋毁其他基金管理人、基金托管人或者基金销售机构，或者其他基金管理人募集或者管理的基金；⑤夸大或者片面宣传基金，违规使用安全、保证、承诺、保险、避险、有保障、高收益、无风险等可能使投资人认为没有风险的或者片面强调集中营销时间限制的表述；⑥登载单位或者个人的推荐性文字；⑦中国证监会规定的其他情形。

基金宣传推介材料应当含有明确、醒目的风险提示和警示性文字，以提醒投资人注意投资风险，仔细阅读基金合同和基金招募说明书，了解基金的具体情况。

3. 对基金销售费用的监管

依据《证券投资基金销售管理办法》的规定，基金管理人应当在基金合同、招募说明书或者公告中载明收取销售费用的项目、条件和方式，在招募说明书或者公告中载明费率标准及费用计算方法。

基金销售机构办理基金销售业务，可以按照基金合同和招募说明书的约定向投资人收取认购费、申购费、赎回费、转换费和销售服务费等费用。基金销售机构收取基金销售费用的，应当符合中国证监会关于基金销售费用的有关规定。

基金销售机构为基金投资人提供增值服务的，可以向基金投资人收取增值服务费。增值服务是指基金销售机构在销售基金产品的过程中，在确保遵守基金和相关产品销售适用性原则的基础上，向投资人提供的除法定或者基金合同、招募说明书约定服务以外的附加服务。

基金销售机构收取增值服务费的，应当符合下列要求：①遵循合理、公开、质价相符的定价原则；②所有开办增值服务的营业网点应当公示增值服务的内容；③统一印制服务协议，明确增值服务的内容、方式、收费标准、期限及纠纷解决机制等；④基金投资人应当享有自主选择增值服务的权利，选择接受增值服务的基金投资人应当在服务协议上签字确认；⑤增值服务费应当单独缴纳，不应从申购(认购)资金中扣除；⑥提供增值服务和签订服务协议的主体应当是基金销售机构，任何销售人员不得私自收取增值服务费；⑦相关监管机构规定的其他情形。基金销售机构提供增值服务并以此向投资人收取增值服务费的，应当将统一印制的服务协议向中国证监会备案。

基金管理人与基金销售机构可以在基金销售协议中约定依据基金销售机构销售基金的保有量提取一定比例的客户维护费，用以向基金销售机构支付客户服务及销售活动中产生的相关费用。基金销售机构收取客户维护费的，应当符合中国证监会关于基金销售费用的有关规定。

(二)对公开募集基金投资与交易行为的监管

1. 基金的投资方式和范围

基金管理人运用基金财产进行证券投资，除中国证监会另有规定外，应当采用资产组合的方式。资产组合的具体方式和投资比例，依照法律和中国证监会的规定在基金合同中约定。采用资产组合投资方式是分散投资风险、保持基金财产适当流动性和收益稳定性的重要手段。基金财产应当用于下列投资：①上市交易的股票、债券；②中国证监会规定的其他证券及其衍生品种。

2. 基金的投资与交易行为的限制

依据《证券投资基金法》的规定，基金财产不得用于下列投资或者活动：①承销证券；②违反规定向他人贷款或者提供担保；③从事承担无限责任的投资；④买卖其他基金份额，但是中国证监会另有规定的除外；⑤向基金管理人、基金托管人出资；⑥从事内幕交易、操纵证券交易价格及其他不正当的证券交易活动；⑦法律、行政法规和中国证监会规定禁止的其他活动。

运用基金财产买卖基金管理人、基金托管人及其控股股东、实际控制人或者与其有其他重大利害关系的公司发行的证券或承销期内承销的证券，或者从事其他重大关联交易的，应当遵循基金份额持有人利益优先的原则，防范利益冲突，符合中国证监会的规定，并履行信息披露义务。

第四节　证券投资基金职业道德

基金职业道德是一般社会道德、职业道德基本规范在基金行业的具体化，是基于基金行业以及基金从业人员所承担的特定的职业义务和责任，在长期的基金职业实践中所形成的职业行为规范。2014年12月15日，基金业协会颁布了《基金从业人员执业行为自律准则》(以下简称《自律准则》)，引导全体从业人员以合乎职业道德规范的方式对待客户、公众、所在机构、其他同业机构以及行业其他参与者。我国基金职业道德主要包括以下内容。

对基金活动的监管

一、守法合规

(一)守法合规的含义

守法合规是指基金从业人员不但要遵守国家法律、行政法规和部门规章，还应当遵守与基金业相关的自律规则及其所属机构的各种管理规范，并配合基金监管机构的监管。其目的是为了避免基金从业人员自己实施或者参与违法违规的行为，或者为他人违法违规的行为提供帮助。

(二)守法合规的基本要求

1. 熟悉法律法规等行为规范

守法合规的前提是熟悉相关的法律法规等行为规范。基金从业人员应当通过各种途径、各种方式及时全面地学习和掌握相关的法律法规等行为规范，领会其内容实质，防止因为对法律法规等行为规范的曲解而作出违法违规的行为。对于基金机构而言，一方面，要注重培养从业人员的守法合规意识，强化工作流程管理，完善各项规章制度，在机构内部形成守法合规的企业文化；另一方面，要建立健全重视法律法规等行为规范、学习和运用法律法规等行为规范的各项机制，为从业人员熟悉法律法规等行为规范创造条件。

2. 遵守法律法规等行为规范

基金从业人员应当自觉遵守《自律准则》规定的各类行为规范。当不同效力级别的规范对同一行为均有规定时，应选择遵守更严格的规范。

基金从业人员应当积极配合基金监管机构的监管。负有监督职责的基金从业人员，要忠实履行自己的监督职责，及时发现并制止违法违规行为，防止违法违规行为造成更加严重的后果。普通的基金从业人员，尽管不负有监督职责，但是也应当监督他人的行为是否符合法律法规的要求，一旦发现违法违规的行为，应当及时制止并向上级部门或者监管机构报告。

二、诚实守信

(一)诚实守信的含义

诚实守信是基金职业道德的核心规范。基金行业的本质是资产管理行业，投资人的信心和信任是支撑基金市场存续和基金行业发展的基础。而诚实守信又是赢得投资人信心和信任的基本要素，可谓基金市场和基金行业"无信不立"。

(二)诚实守信的基本要求

诚实守信要求基金从业人员不得欺诈客户，在证券投资活动中不得有内幕交易和操纵市场行为，对于同行不得进行不正当竞争。

1. 不得欺诈客户

在宣传销售基金产品时，基金从业人员应当以诚实的态度和合法的方式执业，如实告知投资人可能影响其利益的重要情况，正确地向其揭示投资风险，不得作出不当承诺或者保证。

2. 不得进行内幕交易和操纵市场

基金从业人员不得自己或者促使他人利用内幕信息牟取不正当利益，不得从事或协同他人从事内幕交易或利用未公开信息从事交易活动，不得泄露利用工作便利获取的内幕信息或其他未公开信息，或明示、暗示他人从事内幕交易活动。

3. 不得进行不正当竞争

基金业协会2014年8月发布的《公开募集证券投资基金销售公平竞争行为规范》规定，基金管理人和基金销售机构在基金销售活动中应严格贯彻国家关于治理商业贿赂和反不正当竞争行为的各项规定，不得违反商业道德和市场规则，影响公平竞争。

基金从业人员不得以排挤竞争对手为目的，压低基金的收费水平，低于基金销售成本销售基金；不得采取抽奖、回扣或者赠送实物、保险、基金份额等方式销售基金。同时，基金从业人员应当尊重竞争对手，不诋毁、贬低或负面评价同业或非合作关系方及其从业人，也不诋毁、贬低或负面评价同业或非合作关系方的产品或服务。基金从业人员应当公平、合法、有序地进行竞争。

三、专业审慎

(一)专业审慎的含义

专业审慎是指基金从业人员应当具备与其执业活动相适应的职业技能，应当具备从事相关活动所必需的专业知识和技能，并保持和提高专业胜任能力，勤勉审慎开展业务，提高风险管理能力，不得作出任何与专业胜任能力相背离的行为。

(二)专业审慎的基本要求

专业审慎对于基金从业人员的基本要求体现在三个方面：持证上岗、持续学习、审慎开展执业活动。

1. 持证上岗

持证上岗是指基金从业人员应当具备从事相关活动所必需的法律法规、金融、财务等专业知识和技能，必须通过基金从业人员资格考试，取得基金从业资格，并经由所在机构向基金业协会申请执业注册后，方可执业。

2. 持续学习

持续学习是指基金从业人员应当热爱本职工作，努力钻研业务，注重业务实践，积极参加基金业协会和所在机构组织的后续职业培训。

3. 审慎开展执业活动

基金从业人员在努力提高并保持自身专业水平的同时，应当本着对投资者高度负责的态度执业，在执业过程中应当审慎处理各项业务。

四、客户至上

(一)客户至上的含义

客户至上是指基金从业人员的执业活动应一切从投资人的根本利益出发。其基本含义有两点：一是客户利益优先，二是公平对待客户。客户利益优先是指当客户的利益与机构的利益、从业人员个人的利益相冲突时，要优先满足客户的利益；公平对待客户是指当不同客户之间的利益发生冲突时，要公平对待所有客户的利益。

(二)客户至上的基本要求

1. 客户利益优先

基金从业人员不得从事与投资人利益相冲突的业务，应当采取合理的措施避免与投资人发生利益冲突。在执业过程中遇到自身利益或相关方利益与投资人利益发生冲突时，应以投资人利益优先，并应及时向所在机构报告，不得侵占或者挪用基金投资人的交易资金和基金份额，不得在不同基金资产之间、基金资产和其他受托资产之间进行利益输送，不得在执业活动中为自己或他人牟取不正当利益,不得利用工作之便向任何机构和个人输送利益,损害基金持有人利益。

2. 公平对待客户

公平对待客户要求基金从业人员在进行投资分析、提供投资建议、采取投资行动或从事其他专业活动时,应当公平地对待所有的客户。

五、忠诚尽责

(一)忠诚尽责的含义

忠诚是指基金从业人员应当忠实于所在机构,避免与所在机构利益发生冲突,不得损害所在机构的利益。尽责是指基金从业人员应当以对待自己事情一样的谨慎和注意来对待所在机构的工作,尽职尽责。

(二)忠诚尽责的基本要求

忠诚尽责要求基金从业人员在工作中要做到两个方面:一是廉洁公正;二是忠诚敬业。

1. 廉洁公正

基金从业人员不得接受利益相关方的贿赂或对其进行商业贿赂,如接受或赠送礼物、回扣、补偿或报酬等;不得利用基金财产或者所在机构固有财产为自己或者他人牟取非法利益;不得利用职务之便或者利用机构的商业机会为自己或者他人牟取非法利益;不得侵占或者挪用基金财产或者机构固有财产;不得为了迎合客户的不合理要求而损害社会公共利益、所在机构或者他人的合法权益,不得私下接受客户委托买卖证券期货;不得从事可能导致与投资者或所在机构之间产生利益冲突的活动;抵制来自上级、同事、亲友等各种关系因素的不当干扰,坚持原则,独立自主。

2. 忠诚敬业

忠诚敬业具体要做到以下几点。

(1) 基金从业人员应当与所在机构签订正式的劳动合同或其他形式的聘任合同,保证基金从业人员在相应机构对其进行直接管理的条件下从事执业活动。

(2) 基金从业人员有义务保护公司财产、信息安全,防止所在机构资产损坏、丢失。

(3) 基金从业人员应当严格遵守所在机构的授权制度,在授权范围内履行职责;超出授权范围的,应当按照所在机构制度履行批准程序。

(4) 基金从业人员提出辞职时,应当按照聘用合同约定的期限提前向公司提出申请,并积极配合有关部门完成工作移交。已提出辞职但尚未完成工作移交的,从业人员应认真履行各项义务,不得擅自离岗;已完成工作移交的从业人员应当按照聘用合同的规定,认真履行保密、竞业禁止等义务。

(5) 基金从业人员本人、配偶、利害关系人进行证券投资,应当遵守所在机构有关从业人员的证券投资管理制度办理报批或报备手续。

六、保守秘密

(一)保守秘密的含义

保守秘密是指基金从业人员不应泄露或者披露客户和所属机构或者相关基金机构向其传达的信息,除非该信息涉及客户或潜在客户的违法活动,或者属于法律要求披露的信息,或者客户或潜在客户允许披露此信息。

基金从业人员在执业活动中接触到的秘密主要包括三类:一是商业秘密;二是客户资料;三是内幕信息。商业秘密是指不为公众所知悉的、能够带来经济利益、具有实用性并被采取保密措施的技术信息和经营信息。具体而言,从机构运营的角度看,可以包括对证券市场的分析报告、对某一行业的研究报告、投资组合、投资计划等;从机构内部治理的角度看可以包括内控制度、防火墙制度、员工激励机制、人事管理制度、工作流程等。客户资料主要是指客户的个人资料,包括客户个人的身份证信息、移动电话号码、家庭成员信息、财务状况、投资需求等。内幕信息是指会对证券价格产生影响的重要的非公开的信息。

(二)保守秘密的基本要求

基金从业人员应当妥善保管并严格保守客户秘密,非经许可不得泄露客户资料和交易信息,且无论是在任职期间还是离职后,均不得泄露任何客户资料和交易信息,不得泄露在执业活动中所获知的各相关方的信息及所属机构的商业秘密,更不得用来为自己或他人牟取不正当的利益,不得泄露在执业活动中所获知的内幕信息。

基金从业人员应当严格遵守所在机构的保密制度,不打听不属于自己业务范围的秘密,不与同事交流自己获知的秘密。如果某一秘密已经被泄露,应当尽快通知有关部门作出补救措施,防止损失进一步扩大。

【本章小结】

(1) 基金监管对于规范证券投资基金活动、保护投资人及相关当事人合法权益,以及促进证券投资基金和资本市场的健康发展意义重大。基金监管的主体包括中国证监会、基金业协会和证券交易所,基金监管的对象包括基金管理人、基金托管人和基金服务机构。

(2) 基金监管的内容覆盖基金运作的全过程,包括基金销售、基金信息披露和基金投资交易等行为。

(3) 基金职业道德规范的具体内容包括守法合规、诚实守信、专业审慎、客户至上、忠诚尽责、保守秘密。

第十一章　证券投资基金监管与职业道德

【翻转话题】

某基金管理公司新聘用了一名基金经理,该基金经理过去六年在另一家基金管理公司的基金投资业绩非常优秀。这家基金管理公司从业人员在制作广告宣传材料时,为达到更好的宣传效果,只强调这名基金经理过去六年的基金投资业绩,却没有注明上述业绩并不是在本公司的业绩。

请探讨该基金管理公司的做法是否正确,为什么?

【课程思政案例】

最勤奋的投资家——彼得·林奇

彼得·林奇是美国最成功的基金经理之一,他于 1977 年管理麦哲伦基金,13 年后,该基金规模达到了 140 亿元,翻了 700 倍,成为当时全球资产管理金额最大的基金,基金持有人超过 100 万人,13 年的年平均复利报酬率高达 29%。彼得·林奇的成功之道只有两个字——勤奋!

根据《新金融大亨》的作者约翰·雷恩的调查,林奇每月走访公司 40~50 家,1 年五六百家。而在《战胜华尔街》一书中,林奇在回答电视台主持人什么是他"成功的秘密"时说:"我每年要访问 200 家以上的公司和阅读 700 份年度报告。" 数量相当惊人。

这个数字之后变本加厉:1980 年他拜访了 214 家上市公司,1982 年拜访了 330 家上市公司,1983 年拜访了 489 家,1984 年拜访了 411 家,1985 年拜访了 463 家,1986 年拜访了 570 家。根据这个速度,即使加上周末和假日,他也几乎平均每天要访问两家上市公司。

林奇就职期间,曾有人统计,他 1 年的行程多达 10 万英里,也就是 1 个工作日 400 英里。早晨 6:15 他乘车去办公室,晚上 7:15 才回家,路上一直都在阅读。每天午餐他都与一家公司洽谈。他大约要听取 200 个经纪人的意见,通常一天他要接到几打经纪人的电话,每 10 个电话他大约要回一个,但一般只交谈 90 秒钟,而且还好几次提示一点关键性的问题。他和他的研究助手每个月要对将近 2000 个公司检查一遍,假定每个电话 5 分钟,这就需要每周 40 个小时。

(资料来源:最勤奋的投资家——彼得·林奇[EB/OL]. (2018-12-03).
https://www.sohu.com/a/279248150_120005838.)

案例点评:

基金职业道德中的专业审慎原则要求基金从业人员应当具备与其执业活动相适应的职业技能和从事相关活动所必需的专业知识技能,并保持和提高专业胜任能力,勤勉审慎开展业务。基金从业人员只有热爱本职工作、努力钻研业务、持续学习、注重业务实践,才能做到专业审慎,从而不辜负投资者的信任之托。

【复习思考题】

一、单项选择题(以下各小题所给出的4个选项中,只有1项最符合题目要求,请选出正确的选项)

1. 日常持续监管方式主要分为( )。
   A. 全面检查和局部检查　　B. 现场检查和非现场检查
   C. 定期检查和非定期检查　　D. 顺序检查和随机检查
2. 下列各项不是基金监管原则的是( )。
   A. 依法监管原则　　B. "三公"原则
   C. 监管与自律并重原则　　D. 真实性原则
3. 目前,我国基金监管的目标不包括( )。
   A. 保护投资者的利益　　B. 保护市场的公平
   C. 降低非系统风险　　D. 推动基金业的规范发展
4. 基金是证券市场的重要参与者之一,其"三公"原则不包括( )。
   A. 公开原则　　B. 公平原则　　C. 公正原则　　D. 公共原则
5. 以下哪项不是基金运作监管所包括的内容?( )
   A. 对基金募集申请的核准　　B. 基金登记机构的准入监管
   C. 基金销售活动的监管　　D. 基金信息披露的监管

二、多项选择题(以下各小题所给出的4个选项中,有2个或2个以上符合题目要求,请选出正确的选项)

1. 下列关于基金投资范围的说法,正确的是( )。
   A. 股票基金应有60%以上的资产投资于股票
   B. 基金不得投资有锁定期但锁定期不明确的证券
   C. 货币市场基金可投资于股票、可转债、剩余期限超过397天的债券等
   D. 货币市场基金仅投资于货币市场工具
2. 基金管理人运用基金财产进行证券投资,不得有以下( )等情形。
   A. 单只基金持有一家上市公司的股票,其市值超过资金资产净值的10%
   B. 同一基金管理人管理的全部基金持有一家公司发行的证券,其持有比例超过该证券发行数量的10%
   C. 基金财产参与股票发行申购,单只基金申报的金额超过基金的总资产
   D. 投资于同一公司发行的短期企业债券的比例,不得超过基金资产净值的10%
3. 基金管理公司变更经营范围,中国证监会将对基金管理公司的( )等相关内容进行审查和评议,作出相关决定。
   A. 投资决策与研究分析体系的建立与执行
   B. 公平交易与防范利益输送相关制度的建立与执行
   C. 公司监察稽核与内部风险控制体系的建立与执行

D. 人员队伍及人力资源管理状况

4. 下列属于基金投资交易监管方式的是(　　)。
   A. 通过托管银行实现对基金投资的监管
   B. 对基金募集申请材料进行合规性审查
   C. 实时监控单只基金的异常交易
   D. 实时监控基金管理公司股东账户的异常交易

5. 下列各项中,属于证券交易所自律管理内容的是(　　)。
   A. 对基金上市交易的管理　　　　B. 对基金销售活动的监管
   C. 对基金信息披露的监管　　　　D. 对基金投资行为进行监控

三、判断题(判断以下各小题的对错,正确的填 A,错误的填 B)

1. 中国证监会对基金销售活动的监管主要涉及两个方面,即对投资组合遵规守信情况的监管,对基金管理公司内部投资、交易环节相关控制制度健全及执行情况的监管。(　　)

2. 现场检查主要以审阅基金管理公司报送材料的方式进行。(　　)

3. 基金管理公司董事应当认真履行职责,对公司各项制度、业务的合法合规性及公司内部控制制度的执行情况进行检查和稽核。(　　)

4. 开放式基金在开始办理申购或者赎回前,至少每周公告三次资产净值和份额净值。(　　)

5. 基金托管银行根据对基金运作的监督情况,每周编制基金运作监控周报,向监管机构报告。(　　)

参考文献

[1] 杨健. 证券投资基金指南：运作模式、绩效评估与风险管理[M]. 北京：中国宇航出版社，2007.

[2] 巩云华. 金融风险管理研究文库：中国私募证券投资基金行为与监管研究[M]. 北京：首都经济贸易大学出版社，2012.

[3] 刘树军. 证券投资基金与交易[M]. 北京：中国金融出版社，2010.

[4] 深圳证券交易所投资者教育中心. 基金投资20讲[M]. 北京：机械工业出版社，2010.

[5] 李曜，游搁嘉. 证券投资基金学[M]. 4版. 北京：清华大学出版社，2014.

[6] 理查德 C.格林诺德，雷诺德 N.卡恩. 主动投资组合管理：创造高收益并控制风险的量化投资方法[M]. 李腾，杨柯，等译. 北京：机械工业出版社，2014.

[7] 中华人民共和国证券投资基金法(2015修正本)[M]. 北京：中国民主法制出版社，2015.

[8] 中国证券投资基金业协会. 证券投资基金[M]. 北京：高等教育出版社，2017.

[9] 中华人民共和国证券法(2019年新修订)[M]. 北京：中国法制出版社，2019.

[10] 中国证券投资基金业协会. 全国公募基金市场投资者状况调查报告[R]. 2020.

[11] 郑泰安，钟凯，钟洪明，赖继，方芸. 证券投资基金法律制度：立法前沿与理论争议[M]. 北京：社会文献出版社，2020.

[12] 上海证券交易所产品创新中心. 2周精通基金投资[M]. 上海：格致出版社，2021.

[13] 鲁鸽. 我国证券投资基金业绩评价研究[D]. 武汉：中南财经政法大学，2021.

[14] 郑丽青，张菊伟. 基金业绩评价指标的对比分析[J]. 环渤海经济瞭望，2021(09)：171-173.

[15] 高顿财经研究院. CFA一级中文教材[M]. 上海：立信会计出版社，2021.

[16] 中国证券监督管理委员会，http://www.csrc.gov.cn/.

[17] 中国证券投资基金业协会，https://www.amac.org.cn/.

[18] 华夏基金官网，https://www.chinaamc.com/index.shtml.

[19] 天天基金网，https://fund.eastmoney.com/.